我的大学

——山东大学政治经济学系 77 级入学 45 周年纪念文集

李齐云　马传景　隋明梅　马卫刚　编

山东大学出版社
SHANDONG UNIVERSITY PRESS
·济南·

图书在版编目(CIP)数据

我的大学：山东大学政治经济学系77级、78级入学45周年纪念文集/李齐云等编. —— 济南：山东大学出版社,2023.12

(山大往事丛书)

ISBN 978-7-5607-8065-8

Ⅰ.①我… Ⅱ.①李… Ⅲ.①山东大学—校友—纪念文集 Ⅳ.①G649.285.21-53

中国国家版本馆CIP数据核字(2024)第002913号

责任编辑　霍馨莹
封面设计　蓝海文化

我的大学:山东大学政治经济学系77级、78级入学45周年纪念文集
WODE DAXUE:SHANDONG DAXUE ZHENGZHI JINGJIXUEXI 77JI、78JI RUXUE 45 ZHOUNIAN JINIAN WENJI

出版发行　山东大学出版社
社　　址　山东省济南市山大南路20号
邮政编码　250100
发行热线　(0531)88363008
经　　销　新华书店
印　　刷　山东蓝海文化科技有限公司
规　　格　720毫米×1000毫米　1/16
　　　　　21.25印张　372千字
版　　次　2023年12月第1版
印　　次　2023年12月第1次印刷
定　　价　99.00元

山东大学政治经济学系 77 级毕业合影

序

45年，弹指一挥间。为纪念政治经济学系77级、78级同学入学45周年，我们相约，金秋十月，相聚校园。筹备组召开第一次会议时，同学们经讨论就撰写回忆文章并结集成册达成一致意见。这是一件很有意义的事。一所大学的校史是在宏阔的时代背景中由全体师生与社会各方共同写就的，而广大师生无疑是创造校史的最重要主体。一个个个体汇聚为班级群体，一个个班级的共性品格形成年级的精神品格，一个个年级的精神品格会形成山大人代代传承的文化基因。同学们回忆的大学生活、师生情谊、专业启蒙、志业起点无不形成山大校史和山大精神的生动素材，很有意思也有意义，十分朴实但却珍贵。近日读过同学们内容丰富、情感真挚的几十篇回忆录，深受感染，引发共鸣，思绪一次次回到那青春洋溢的岁月。

本书呈现了一组改革开放的时代故事。我们几乎每人都回忆了当时在农村、工厂、军营、机关等如何克服种种困难积极备考，以及接到山东大学录取通知书时的惊喜和激动。77级、78级大学生的确是时代的幸运儿，也无疑是中国高等教育史乃至社会发展史上极其独特的一个群体。其独特之处不仅仅在于“十级同进竞技场”，创造了最低录取率下脱颖而出的历史，也不仅仅在于春季秋季陆续入学，创造了一年两级毕业生的奇迹，而且在于我们的高考和入学标志着一个拨乱反正、改革开放新时代的到来。尽管在激烈竞争中胜出、迈进高等学府学习与个体素质、个人努力息息相关，但在紧要的历史关头，伟人的高瞻远瞩、果断决策矫正了中国经济社会的发展方向，为一代青年学子提供了难得的学习机遇，是成就“七七七八现象”“知识改变命运”的关键因素。因此，受益于新时代，感恩新时代，是我们两级学子的共同感受，也是我们几十年持续奋斗的不竭动力。相信读者能够从这本回忆文集中感受到扑面而来的改革开放春风，“实践是检验真理的唯一标准”的思想启迪，以及与时代同行、为强国学习的向上力量。

本书呈现了一组奋发图强的励志故事。77级、78级是一个年龄、知识基础、家庭状况个体差异很大的群体，部分同学面临家庭、经济甚至学业的困难。但奋发图强、振兴中华是共同志向，如饥似渴、勤奋刻苦是学习常态，惜时如金、认真执着是普遍风格。文史楼留下了同学们埋头苦读的身影，小树林见证了大家讨论切磋的场景，《山东大学报》呈现了多位同学专业研究的处女作。回忆文集中同学们讲的故事，如苦读《资本论》原著“跟着思想家思考”，撰写平生第一篇专业论文并参加“五四”论文评选，天天傍晚跟随学校广播学习《英语900句》等，都是那一代人勤奋学习、如痴如醉的缩影。毕业之后，同学们无论在政界、学界还是商界，都秉持崇实求新的山大精神和基础扎实、为人诚实、作风朴实的山大风格，保持了学生时代的奋斗精神，以高度的事业心责任感，踏实工作、奋楫争先，书写了一代人的奋斗故事，创造了一代人的不凡业绩，作出了一代人的历史贡献。可以说，77级、78级这个优秀群体以自己的作为践行了“昨日我以母校为荣，今天母校以我为荣”。

本书呈现了一组师生同学的友谊故事。回忆文章中，我们都深情回顾了辛勤培育我们成长成才的老师们，心中充满感激感恩。马家驹、胡世凯、庄德钧、林白鹏、周之美、陈乃圣、蔺子荣、赵海成等老师，都是同学们十分敬重、爱戴的“大先生”，也是引导我们走进经济学殿堂的引路人。各位辅导员班主任老师为我们的健康成长付出甚多，是同学们的良师益友。两个班级都是团结友爱的集体，也许是同学年龄、家庭、地域、经历的较大差异，扩大了大家相互学习和汲取经验的空间，更利于共同提高进步。在校时，同学们生活上相互关心爱护，学习上相互帮助激励，彼此视为“亲密同窗、良师益友”。毕业后，同学们非常珍视同窗友谊，无论是几次秩年返校的亲切交流，抑或平日的电话问候、同学病中的探望和鼓励，都展示着这个集体的有情有义。这份同窗情谊将作为宝贵财富伴随我们一生一世。

齐云、明梅、卫刚、传景等同学精心编辑回忆文集，不辞辛劳，令人感动。感谢他们的辛勤付出！

是为序。

2023年10月9日于文史楼

目　录

第二编　政治经济学系77级、78级毕业40周年返校活动记录

附 录

第一编

我的大学

致人生航程的难忘岁月

——写在山大入学45周年

77级　丁　娟

光阴似箭。眨眼间，我们进入山大、告别山大已近半个世纪了。那是一段多么青春美好的时光和斑斓难舍的岁月啊！班长段星辰同学打电话要求我就此写点感想，真是从命容易复命难啊，一时不知从何处着笔，就随忆而发些许感想吧。

应当说，我们这代人是幸运的，我们所处的时代是波澜壮阔的，我们的人生阅历是丰富多彩的。我们经历了"文革"、下乡、回城、改革开放、恢复高考、晋职、退休等众多事件。可认真回想起来，其中对自己生活与发展影响深远的经历，则非恢复高考莫属。正是这次高考，使我有幸成为一代"天之骄子"的一员，成为山东大学经济学系77级政治经济学专业的一员；同时，也正是这次高考，划定了我由青年到中年再到老年的人生旅程。弹指一挥间，我们离开母校已经40余年了。可仔细想想毕业后的工作、生活，无不刻有母校的印记。尽管后来也曾有其他的读书进修经历，但只有在山大的学习时光仍历历在目，历久弥新。

那是1977年初冬，中断了十年的高考如期举行，我等这一天，仿佛板上钉钉。记得第一天参加考试，我一早兴冲冲地一手拿笔一手拿墨水，由工作单位出发往考场赶，竟然脚下一绊摔倒了。我站起来掸掸土，看了一下，没伤着，心想没事，笔还能用，墨水重拿！同时却也萌生了诡异的疑问：这难道就是常言说的"出师不利”吗？目睹此情此景的同事，则趁机再次劝我不要去凑热闹参加考试了，因为我已经下乡返城，有了一份不错的工作。可她哪里知道我是铁了心要去应试的。我没有听从她好心的劝说，径自继续前往考场参加了考试。

后来得知，参加那次高考的人数有570多万，积累了十年的考生，而各类高校按计划只录取27万人，录取率不到5%。当得知自己考取全国重点大学——山东大学政治经济学专业时，一是感到十分幸运，庆幸自己高中毕业数年之后又有了上大学的机会，圆了大学梦；二是似乎也在意料之中，并没有太激动；三是感觉有点压力，十年学子同堂学习，担心自己能否跟上学习进度。

经过四年的刻苦努力，或自习于阅览室、图书馆，备考于宿舍里、树荫下、路灯旁，或早晚锻炼于操场上，如此循环往复，最后我也与大家一样，于1982年1月顺利毕业，拿到了校长吴富恒先生签发的毕业证书。

毕业后，我先后在全国妇联妇女干部学院和妇女研究所工作，有幸成为全国首批从事马克思主义妇女解放理论教学研究的专业人员。现在已经退休，回归家庭，含饴弄孙，有时也为社会公益事业发挥绵薄余热。

参加联合国第四次世界妇女大会非政府论坛

在妇女发展研讨会上发言

记得20世纪90年代，一次我到上海为一个局级干部培训班讲课，课前我问大家一个问题：“你们是人才吗？”大家异口同声地回答：“是！”我十分震惊，因为此前我一直认为自己不过是个教书匠或研究人员罢了。他们的自信感染启发了我，使我这个毕业于山大、身居国家教研机构的工作人员也产生了一种“人才”的荣誉感和自豪感，同时也感到了一种莫名的压力。

屈指算来，从1982年到2017年，在各级组织的领导和众多师长的引领下，我为中国妇女解放事业、为马克思主义妇女理论研究中国化也尽了绵薄之力，积极钻研，作出了些许贡献，先后出版各类专著20余部，发表论文500余万字，获国家、省部级奖励十余项，多次承担国家社科基金和联合国相关基金项目，所承担的"中国特色妇女解放理论"课题得到全国人大常委会副委员长顾秀莲专函表扬。在这些成绩背后，山大给予的教育培养所起的作用怎么强调都不会过分。

回眸山大岁月，我有三点感悟与大家分享。

其一，结识了一批来自各地的精英和人才。记得入学时，全班51人，后来增加到60人。大家来自四面八方，职业覆盖工农商学兵，为彼此的沟通交流和共同成长奠定了广博基础。我分在一组，同学中有社会经验丰富、工作已卓有成效的兄长、姐妹，也有直接从学校毕业的老弟。无论在班级还是小组，大家谦虚团结，勤奋上进，互相帮助，既是鞭策自己成长的动力也是压力。记得当时因教材有一定局限，课堂上我们几乎有言必录，下课后也是结伴核对笔记。十年一考，大家自然学习热情高涨，宿舍右前方有一片种满悬铃木的小树林，那是大家背书的好场所。在第一学期，主课《资本论》考试方式是口试，学生抽签回答问题。为了全面掌握这部巨著，同学们结对提问、回答问题，对书中内容，很多同学做到了倒背如流。记得刚分配工作时，我在理论室做教员。有一位同事的女儿在读78级经济学专业，她正写论文，问我一段马克思的语录，我告诉她在《资本论》第几页，她说没找到，我只好帮她找到具体的页码和行。结果她告诉了自己的家长，说山大的学生十分了得，竟然会背《资本论》，这是一件小事，不足挂齿，但多少也为山人扬名了吧。尽管很多同学都可以做到，但不一定有如此机会。遗憾的是，在入学30周年返校时，我希望迈步小树林的愿望已不能实现，代之的是密集的建筑物了。

回想起来，77级学生毕业后受到用人单位的欢迎和肯定，还在于学校管理的严格与学生的自律。比如，无论是寒冬还是酷暑，大家每天都参加晨跑，这不仅是锻炼身体，也是意志力的培养和考验。在这样的班级，大家意气风发，团结友爱，努力学习，是十分宝贵的人生财富。

在澳大利亚参加消除性别歧视培训

在井冈山考察

其二，基本掌握了马克思主义分析问题和解决问题的方法。其中，马克思分析问题的思路有历史与逻辑相统一的方法、控制某个变量观察其他问题走向的方法等。后来，我读过一本书，作者把中国人的思维分成三个阶段三种类型：第一种是与传统社会相辅相成的“混沌思维”的方法，如日常生活中的答非所问、张冠李戴等；第二种是与工业化一脉相承的“分析问题”的方法，如某个问题是怎么形成的、直接原因是什么、影响因素是什么、怎么透过现象看本质等；第三种方法是与现代科技相适应的“系统思维”的方法。我感觉，尽管从《资本论》主要学习的是分析思维的方法，但系统论的思想脉络，我们也是基本掌握了的。在日后的工作和著述中，这种方法论的训练让我十分获益。记得 1993 年，我以论文《试论毛泽东关于中国妇女解放道路的思想》，过十余关而入选毛泽东诞辰百年全国学术会议。会后，有好几位著名教授提出招我读博，理由是我逻辑思路清晰，有培养潜力。

有趣的是，理论层面与实践层面还是有距离的，或可归类为学术与政治的博弈。譬如有些好的思维习惯、方式，或许不太适应当今市场化了的社会环境。我认为，对正确的就应当坚持，至少理论工作者要做好自己，大家共同努力来破除所谓“发展的困惑”这个怪圈。希望我们的文化不断进步，学术更加繁荣。

其三，我在大学同学中，找到了自己生活的伴侣。人生事业有成，婚姻幸福，是中国文化所赞美的境界。虽然成功和幸福的标准很主观、很模糊，但唯其如此，社会才有成功与幸福的共同点，即自己的感觉。在大学毕业前夕，有两位老师给我分享了人生的经验。一位老师告诉我找同学结合是最好的选择。因为同学四年相互了解，婚姻会更加稳定。另一位老师告诉我，工作后应以事业为重，不能因婚姻放弃自己的追求。回想起来，我的婚姻观、生活观确实受益于老师们的教诲。我感觉当时的社会对读大学的女生还是有些偏见的。比如，当时我们去食堂帮厨，时常会有人问："你们会吗？"殊不知我们是经历过上山下乡的一代知青，做饭是不成问题的。毕业分配后，我与同班同学杜鸿礼恋爱结婚。那是1983年，2023年是我们结婚40周年，据说叫作"红宝石婚"。当时恋爱进展顺利，有一个小小的促成因素，就是杜先生说他不觉得家务是负担，家庭的事，家人做，乐在其中。其实，我们婚后基本吃食堂，有了儿子以后家务增加了一些，都是我们两人承担的，并没有感觉家务是负担，也没有找人帮忙。在如今的社会，婚姻的稳定性多少会受到一些不确定因素的影响，但我认为主要因素还是夫妻双方做好自己。在大学期间，我曾经选修心理学课程，2000年考取了中国第一批心理咨询师，经营好婚姻就成为生活的特殊课程。总结40年婚姻生活的经验，我可以自信并自豪地对先生说："选择了你，是我的幸运。"

岁月悠悠，经历的事情很多，但有意义并值得记忆的事情不是太多。我们回首往事，只要无愧于社会和生活，就算很成功了。生命的长度是刚性的，但生命的宽度更富有弹性，愿我们的生活更加幸福美好。

最后，感谢辛勤培养我们的老师，感谢曾经朝夕相处的同学，感谢我的家人，感谢我们幸会的伟大的时代。

退休后积极从事公益事业

2007年山东大学经济学院77级同学返校师生合影

我的山东大学

——写在入学45周年之际

77级　于世良

一

齐鲁大地阔，文化源流长，
清朝衰微季，横出"大学堂"①。
继绝开新育，高教始为庠②。
走来百廿年，分蘖扩并忙③。
戊戌回原迁，辛丑归部管④。
"文革"结束后，始得大发展。
纪末合医工，学科门类全⑤，
三市八校区，在校生七万⑥。
大师辈辈出，科研捷报繁，
英才推前浪，浩浩满赤县。

二

吾侪山大人，对校情独深，
复考第一届，一试跃龙门。
停考十余载，玉璞埋荆榛，
入学经济系⑦，屈志以得伸。
恩师皆大家，解惑义理深，
学习经世策，岂得负师恩。
楼旁那片树，吾等苦读处，
舍室一条线，是吾四年路。
曾忆学来晚，饥肠空辘辘，
相邀加夜餐，勉把精力续。
行“气有浩然”⑧，立志干云天，
毕业赴各界，梦圆鸿翅展。
或主政高校⑨，部厅为高干⑩，
或从商济民，国企做高管⑪。
或育学硕博，从政处级官⑫，
今日漫来忆，统是成功篇。
吾年虽耳顺，仍祝我校、院，
一步一辉煌，复兴以贡献。

注释：

①山东大学起源于1901年在济南泺源书院创办的山东大学堂，是继京师大学堂之后中国创办的第二所官立大学堂。

②中国高等教育起源学校之一。

③1951年，华中建设大学和临沂山东大学合并的华东大学并入山东大学。在院系调整时期，分出的系科和其他院校组建了十所高等院校，包括由山东大学支援师资组建的郑州大学。

④山东大学曾于1929年迁往青岛，1958年7月，山东大学归由山东省领导，同年10月奉命迁校济南，即回到原迁出地。1961年，学校复归教育部领导。

⑤2000 年 7 月，教育部批准由原山东大学、原山东医科大学、原山东工业大学合并组建新的山东大学。

⑥三校合并后，学校形成了一校三市（济南市、威海市、青岛市）八个校区的办学格局。截至 2023 年 3 月，专任教师 4530 人；有全日制本科生 42286 人，研究生 26818 人，留学生 1560 人，共 7 万余人，世称高校四大航母之一。

⑦1977 年建立政治经济学系，1980 年改为经济学系，1988 年成立经济学院。

⑧山东大学校训："学无止境，气有浩然。"

⑨樊丽明曾任上海财经大学校长、山东大学校长，王吉法曾任烟台大学党委副书记，金志涛曾任威海高等职业技术学院院长，杨民刚曾任青岛酒店高等职业技术学院院长。

⑩担任副部级、司局（市厅）级官员的同学有：樊丽明（副部级）、庞义华（副省级）、马传景、徐长发、吕振宇、王吉法、尹建明、杜鸿礼、贾衍邦、金志涛、杨民刚、赵方田、安起雷等。

⑪姜东溟弃官从商为知名企业家；丛日华、胡元奎、李长亮、陈静等，或主政国企或为国企高管。

⑫留校诸同学皆任博导，或兼任山大中层领导；在其他高校同学皆为教授；在党政事业单位的同学，除个别因单位级别所限，皆为处级领导。

附：

偷闲明湖：与庞义华（右一）、赵宗尹（右二）大明湖留影（1980 年）

学习新组：新三组留念，前排左起秦凤鸣、李炳国、崔建平、于世良，后排左起马传景、董树义、袁新平、孙广军、方明（1980 年摄于山东大学）

千佛山上：新三组同学登千佛山留影，前排左起秦凤鸣、马传景、袁新平、于世良、崔建平，后排左起李炳国、方明、董树义、孙广军（1980年）

再攀高峰：登灵岩玉符峰顶留影，前排左起樊丽明、丛日华、赵宗尹、孙广军、于世良，后排左起杨民刚、贾衍邦（1981年）

顶天立地：与团支部成员灵岩辟支塔留影，前排左起赵宗尹、杨民刚、于世良，后排左起樊丽明、丛日华、贾衍邦、孙广军（1981年）

实习纪念：财政组。毕业实习青岛留念，前排左起赵方田、于锡平、董树义、于世良，后排左起王五一、姚鸿健、徐长发、郑起宏（1981年摄于青岛海洋学院）

论文研讨之后：与同学交流毕业论文后留影，前排左起赵方田、郑起宏、董树义、于世良，后排左起姚鸿健、王五一、于锡平、徐长发（1981 年摄于青岛海洋学院）

导师情深：与毕业实习、论文指导导师纪家骝在一起，前排左起于世良、赵方田、纪家骝、董树义、于锡平，后排左起郑起宏、姚鸿健、王五一、徐长发（1981 年摄于青岛海洋学院）

同桌情真：与同学于良春（右一）同桌多年留影纪念（1981 年摄于山东大学）

离校之前：作为现役军人，毕业离校前夕留影作为终生纪念（1982 年 1 月）

友谊长存：赴济参加山大建校 100 周年纪念活动的同学与院长樊丽明留影纪念，
左起于世良、樊丽明、张鲁伟、张平、高小平（2001 年摄于山东大学）

山东大学政治经济学系 77 级毕业 30 年活动合影（2011 年摄于山东大学）

我的山大印记

77级 方 明

被山东大学录取成为政治经济学系77级的学生，是我人生轨迹的重大转折点。我在山大学习了三年，第四学年，到南开大学参加教育部举办的全国重点高校社会学专业班的学习。三年虽短，但母校厚重的底蕴、师长恩、同学情、课程和交流，还是在我的人生底色上铭刻上难以磨灭的山大印记。在毕业40多年后重返母校之际，记述几件往事，以表达对母校的感恩之情和对山大生活的怀念之情。

三门课

对于恢复高考后的第一届学生，学校和系里都很重视，给我们配置了最强师资。虽然用今天的眼光看，由于历史原因，当时的教材是差了些，英语教材还是油印的，但授课的老师们各有所长。这些老师或在学术上高屋建瓴，如讲授《资本论》的马家驹老师；或气场十足，激情洋溢，如讲授欧洲近现代史的朱茂铎老师；或风趣幽默，妙语连珠，如讲授历史唯物主义的王青山老师。他们的敬业精神和各具特色的风采，成为我日后效仿的榜样。

我们的课程设置门类齐全且偏重于通识教育和基础训练，除了政治经济学系的核心课程外，还有中文写作、形式逻辑、欧洲近现代史和高等数学等。这些课程，有些让我开悟，引领我进入一个崭新的境界；有些润物无声，凝结成日后知识体系和基本素养的基座。

有三门课程对我直接影响最大。

一是《资本论》第一卷。讲授这门课程的是马家驹老师。马老师早年在中宣部工作，在于光远先生的指导下研究马克思主义经济学理论。20 世纪 50 年代中期，马老师就研究成果颇丰，对《资本论》的研究更是精深，其研究成果《〈资本论〉的方法和政治经济学社会主义部分的研究》在 1984 年获第一届孙冶方经济科学奖论文奖。

听马老师的课，有三点深刻体会：一是强调把握概念在一个体系中的生成与发展过程，强调对概念的精准理解，如生产方式可以分为技术意义上的生产方式、所有制意义上的生产方式以及技术水平与所有制形式相结合的生产方式三种；二是强调方法论，如从具体到抽象再到具体的闭环、历史与逻辑的一致性、辩证思维在理论研究中的具体应用等；三是强调系统分析，从考察部分与整体之间的关系来认识一个体系，就是对组成部分的分析要参照整体，对整体的考察要结合对组成部分的认识，从而对一个经济形态作出“辩证地分解了的整体的认识”，妥妥的系统论思维。马老师应该是国内最早接触到系统理论的学者，“机制”“反馈”“结构”这些系统理论概念，我都是第一次从马老师这里听说的。马老师挥洒自如、酣畅淋漓的讲解，不仅让我领略了利用分析工具探索奥秘的学术之美，而且不知不觉地体悟到解析或构建一个理论体系的套路。

这些理念和分析模式的建立，在一定程度上决定了我日后的学术取向。在中国社科院读博士时，导师问我：“你的本经是什么？”我说：“《资本论》和结构功能主义社会系统理论。”导师说：“你先写篇《资本论》的读书报告给我。”我参考着听马老师课的笔记，写了一篇呈上。导师说：“学养不错啊，你博士论文别再偏重实证研究了，做理论研究吧。”于是把我的博士论文定为社会结构的理论研究。

二是“经济学说史”。常汝娟老师讲授这门课，教材用的是李宗正先生的《经济学说史》。常老师对教材涉及的内容把握精到，娓娓道来。随着常老师的讲授，各种学说初如涓涓细流，逐渐汇聚成河，时而恣意碰撞激起浪花，时而另辟蹊径形成分支，鲜活生动。常老师侧重于阐释不同流派的继承关系、异同比较及其创新发展之处，分析各类学说发展变化的社会历史原因，把各家学说的源流和特色梳理得脉络清晰。

潜移默化，一门课下来，考察一种理论时要追溯其源流的观念初步建立，传承和扬弃对一种理论路线形成的作用也有了些体会，这对我后来的职业生涯大有裨益。

三是数学与计算机应用。计算机应用部分由数学系一位青年教师刘老师讲授，十分惭愧，老师的名字竟然忘记了。课程先讲述计算机工作原理，“与门”“非门”“或门”，听得云山雾罩，不知有什么用。后来讲 ALGOL 60 算法语言，我对这种能指令机器工作的代码产生了强烈兴趣。最后老师让大家上机实习，编了程序，在黑纸带上穿孔，光电机输入，机器运算输出结果。我编写的是一个简单的算数累加程序，上机结束后发现竟然一次跑通，没有 bug，非常得意。记得班上编程最高级的是王兴华，他写了一个相对复杂的逻辑判断程序，根据给出的不完全线索，判断哪个房客住哪个房间，我很羡慕。

不管如何，上完这门课后，咱也成了用过 DJS -1的人了。仗着这点底气，1982 年我读硕士时参与了一项大型调查，数据量特别大。有人说，如果能用计算机处理就好了，但我们没人会。我大着胆子跳出来说：“我会！在山大学的！”然后买了一本 ALGOL 60 教材就边学边干，边设计边施工，最后居然把任务完成了，着实出了一回风头。后来，还是在读硕士的时候，我用 BASIC 编写了能够完成包括各类相关系数和回归分析在内的常用社会科学统计分析任务的通用程序包，在 SAS 和 SPSS 引入国内之前这算是最好用的软件，这得益于我自创的一组算法，特别适用于小内存 PC 机处理大规模数据。一时索要者甚众，包括中央党校科学社会主义部和团中央的青少年研究所。在以后的日子里，每当我吹嘘自己是第一代计算机用户时，心底都暗暗地感激我们系高瞻远瞩开设了计算机课，感谢刘老师播下的 ALGOL 60 种子。

三件事

我们班的同学尽管在年龄上、经历上差异极大，但有一个共同点，就是学习刻苦，在校时间几乎都是在争分夺秒地学习，课外活动不像后来的大学生那么丰富多彩，有组织的课外活动大多还是同学习有关。

以下是我印象深刻的三件事。

一是办壁报。文史楼北大门左右两侧，有两块大型宣传栏。左边一块由哲学系负责，右边一块由我们系负责，我和我班首席画师杨民刚等同学承办。我负责组稿，杨民刚负责美工。组稿是一件麻烦事儿，大家都挺深沉，大作不轻易出手。当时我还没掌握依靠组织的力量完成任务的方法，比如通过班长向各组摊派，每次组稿，四处央求。常求的人有贾衍邦和姚鸿健这些才子。难得的是秦凤鸣贡献过几首诗，我们如获至宝。刊发后，秦凤鸣还特意和我说以后不要署名。这样艰难地办过几期后，忽一日，灵光乍现，要什么稿子啊，弄个标语不就行了。于是，选择迎国庆的时机，我们作出了重大改革，杨民刚大笔挥动，写了"庆祝国庆"四个大字，周边装饰得花团锦簇，万紫千红效果挺好，大家都说不错。自此，壁报按此办理，省心省力，喜气洋洋，还给杨民刚扩大了挥洒空间，就是水粉颜料用得多了些。后来哲学系的壁报也学着我们样子办了，我们引领了改革。

二是办刊物。1981 年，大三那年，各大学流行学生自办学术刊物。系里决定我们也办一个，我和金志涛，还有 78 级的李宗金等同学负责张罗筹办。经商议，刊物的名字叫《基石》，取意"经济是社会的基石，我们今天的学习是明天事业的基石"。第一期是手工蜡纸刻板后油印的，封面是巨石铺就的阶梯。第一期有一篇是王五一写的同张闻天商榷的论文，属于政治经济学理论研究类，该文得到了马家驹老师的称赞。马老师说，尽管文章的观点他不一定完全同意，但思路、方法、结构和模式，很有学术研究的样子了。第二期，很有办法的李宗金找到学校印刷厂，说动了他们给我们打字印刷，使我们的《基石》正规了不少。后来的著名经济学家马建堂，就是在这个刊物上发表了自己学术生涯的处女作，一篇关于农村承包制的调查报告。当时我们同许多学校的经济系建立了刊物交换关系，如北大、人大、南开、复旦等。后来到南开学习时，有个南开经济系的同学还对我说你们山大经济学系的刊物办得不错。

此次返校，我惊喜地发现，《基石》在 2021 年山大建校 120 年校庆之际复刊了！而且，封面上还标明庆祝《基石》创刊 40 周年。或许，这对日新月异、体量越来越大的山大来说，是一件微不足道的小事，但我觉得，山大厚重的底蕴，有些就是这些带着岁月痕迹的小事积淀而成的。

三是高考评卷。大二暑假，系里让于良春、徐长发和我等人，同系里的几个老师一起到泰安参加高考评卷。当时兴奋莫名，想不到刚刚高考不久的我们，竟然有了给别人判分的机会。评卷大约十天，我们参与了高考试卷的评判全部流程，评卷组织工作严谨，给我们留下了深刻的印象，相当于参加了一次有关组织管理的实习。另外对考试如何获得高分也有了深刻的认识，对此后的考试帮助不小。

此行还有个收获，评卷结束后我们登了一次泰山。由于评卷期间，在于良春的带领下每天早晨跑步，进行登山前训练，登山的时候体能已经调整到最佳状态，身轻如燕，爬十八盘都没怎么累。我们比同行的老师早两个多小时登顶。写到这里，突然心有所感，山大的经历对于我们以后的"登山"，不正是这种登山前训练吗？

俱往矣，40 多年过去，身上的山大印记未曾消退，可见其深刻。我们毕业后的 40 多年来，不知又有多少同学和我一样，带着理想和希望进入山大，带着实现理想的本领和山大特有的印记离开学校。一轮又一轮，山大的底蕴因此愈加厚重。愿母校永远辉煌，为更多青年的人生映上山大的亮色。

幸运遗憾话当年

77 级　马传景

大学毕业四十载，白发苍颜忆当年，别人记起的可能都是幸运与欢乐、光荣与梦想，我却一则以喜，一则以悲。毫无疑问，我们是同代人中的幸运儿，但大学学习期间也留下不少遗憾。这是我们的遗憾，也是时代的缺陷。

一

我们入学那一年，是山东大学政治经济学系成立的第一年，是政治系一分为二分出来的。回过头来看，不能不佩服当时学校领导的远见卓识。吴富恒校长、孙汉卿书记等正确预见到新时代的中国需要经济学，预见到经济学科即将迎来繁荣。要知道，当时全国大学设置政治经济学系或经济系的不超过十五家。我们这一班同学有意识或无意识选择了政治经济学专业，可以说是幸运中的幸运。毕业后的这几十年，赶上了国家实行以经济建设为中心、坚持改革开放的黄金盛世，经济学有了用武之地，学经济的人就可以为国家做点实实在在的事情，更好实现个人价值，做到青春无悔。

从那时开始，年轻的山东大学政治经济学系"筚路蓝缕，以启山林"，也扬起了我校经济学科发展的风帆。但不得不说，当年我们系的学科建设和学科水平既无法与国外学校相比，与国内大学老牌的经济系相比也有相当大的差距。

我们要感谢当年系领导在困难的情况下把政治经济学系应该开设的课程都开出来了，让我们接受了应该接受的教育，不仅学习了经济理论，而且学习了部门经济，开阔了视野，建立了结合经济实际，从经济运动中看待问题、分析问题的思维方式。由于历史的原因，许多部门经济学的课程已经停开多年，有的课程根本没有教材和讲义，有的课程发给我们的是油印的讲义，不少课程质量不高，而且当时学习的知识今天大多完全不适用了。我们当年学习会计学时，课堂上讲的还是增减记账法，今天国内国际通用的早就是借贷记账法了。工业经济当时学的什么，现在已经完全没有印象了。商业经济主要是讲当时的批发和零售体制，改革开放后不久，早就实行批发和零售混合经营了。农业经济当时主要学习的是"八字宪法"，是"土、肥、水、种、密、保、管、工"那一套。课堂上老师讲课时说，耕地时要做到"不重不漏，铧片均匀"。国民计划经济学的主要内容是如何制订经济发展计划，如何分配人财物。随着计委改名为发展改革委，很长一个时期以内，规划已经取代了计划，计划分配资源变成了市场在配置资源过程中发挥主要作用，那些知识早就过时了，进了垃圾箱。经济方面的法律课程，外请北京大学法律系高程德老师讲了一学期经济法。经济法是与计划经济体制相适应、关于政府管理经济的法律。在这种法律体系下，政府高高在上，具有绝对权威，而改革开放以来在经济生活中发挥更大作用的是民法。在民法框架下，政府与其他民事主体在法律上具有平等地位，政府可以依法追究企业和居民的法律责任，民也可以告官，企业也可以告官。

一些公共课程教给我们的知识很多或者早已过时，或者从根本上说就是错误的。党史学的是十次路线斗争史，课堂上还在大讲批深、批臭彭德怀、高岗、饶漱石等。科学社会主义课程，国际共运史的内容今天看来许多观点已不成立，而联系现实政治的课程，简直变成了老师的大批判发言。有位老师在讲到老百姓对腐败现象无可奈何时，说就像"大明湖的蛤蟆——干鼓肚"。这样的讲课有点低估同学们的智商，屡屡遭到大家的质疑，有时课几乎没有办法上下去。

现在回想起来，专业上真正学到了一点东西的课程是政治经济学原理及《资本论》《反杜林论》《帝国主义论》《苏联社会主义经济问题》等原著课和经济学说史。至于西方经济学，只是胡世凯老师讲了凯恩斯经济学等少数几个专题。根据经济学家樊刚的回忆，当年他在河北大学上学时，蒋映光先生的西方经济学课，是带着大家把一本厚厚的英文教材从头读到尾。说到底，我们所学的经济学，就是马克思主义经济学。直到今天，我们这届学生研究问题所用方法和基本观点仍然是马克思主义经济学，很多人不会运用现代西方经济学分析问题、研究问题、解决问题。应当说，马克思主义经济学适合研究经济制度及其发展的历史趋势，适合在更宏大的框架下和更长远的历史背景下研究经济问题，但不适用于研究和解决经济运行中的具体问题，不适用于研究解决中观、微观和中短期经济问题。在不需要发生革命和颠覆现行经济制度的前提下，经济学家更多遇到的是经济运行中的问题，更多的是中观问题、微观问题和中短期经济问题。只掌握马克思主义经济学的立场、观点、方法，只会用马克思主义经济学研究经济问题，对西方经济学知识及方法一无所知，中国经济学家在今天的用场就不多。

《中国改革发展研究论集》

二

我们这一届学生入学后，系里给予了足够的重视，师资配备可以说是系里最强的。周之美老师讲经济学原理，似乎是用生命在讲课，竭尽了心智和努力，使我想起了“呕心沥血”一词。音乐家史塔克曾说，像德国大提琴家杜普蕾那样用生命来演奏，肯定寿命不长。好在我们的周老师讲课像拼命三郎，活得也很长。马家驹老师的《资本论》课程备受大家欢迎。马老师课堂上着装讲究、风度翩翩，讲授内容有难度，更有深度。他把《资本论》吃得很透，所以才言之有物。林白鹏老师的课听时不觉得有多高明，课后看笔记才发现很有内容。庄德钧老师的《苏联社会主义经济问题》、毛永林老师的社会主义经济学、常汝娟老师的经济学说史、欧是老师的《反杜林论》，都是水平很高的课程。这一批名师的精心教导和培育，使我们这一届同学打下了比较坚实的学术基础，成为我们走向社会后的立身之本。

“文革”中，山东大学教经济学课程的老师不少受到影响，有的去了工厂、机关，还有的去了农村。山东大学建立政治经济学系以后，学校积极帮助这些老师返回教学岗位，又从全省各地、不同单位调入了一批从事部门经济学教学的老师。这样凑起来的班底临阵磨枪上了讲坛，教学效果难免参差不齐，质量难以保障。有的老师精于实务，不善表达，讲话像连珠炮，不带标点符号，一堂课也就能听懂一半。有的老师讲课无精打采，内容味同嚼蜡，课堂气氛沉闷，上课效果可想而知：上课前是一盆糊涂，下了课是糊涂一盆。

一些公共课不舍得派骨干老师，课程质量实在难以恭维。

我们这个班开了中文课，讲的什么内容，到底学了什么，至今已没有任何印象，只记得当时老师用胶东话描述青岛之美时说“绿树红瓦，碧海蓝天”。倒是我旁听的历史系的古汉语课程，帮助我过了古汉语这一关，也使我养成了喜爱中国古典文学的习惯，给相对枯燥的经济研究生涯增添了不少乐趣。

教我们英文的老师，英语发音带有浓重的黄县口音。教“披肩”一词时，他还真准备了一条披肩带到课堂，披到坐在前排的杜枫肩上，说这就是 shoulder shawl！问题不在这里，关键是那时的英语教学方法有问题。大家拼命背单词、学语法，就是听不懂，张不开口，学的是“哑巴英语”。大家花费了大量时间学英语，但除了后来在学校和研究机构工作的，没有几个人能突破英语语言关，真正能把英语拿来当工具使用，大把时间都白白糟蹋了。

系里很重视我们这一届的数学教育，设置了微积分、概率论与数理统计、计算机原理和操作三门课程。可惜数学系派来的老师不给力，只顾着自己在黑板上进行公式推导，完全不管同学们是否听懂了、学会了。结果，数学课开了一年半，多数同学一知半解，糊里糊涂，数学成了大家的一块心病和噩梦。我和有的同学交流过，直到现在，有时还会做噩梦：“夜半披衣惊坐起，今天还没做数学！”现代经济学的根本特点就是用自然科学的方法研究经济问题，数学是必不可少的工具。能用数学方法研究经济问题但我偏不用数学，与根本没有能力运用数学工具进行经济研究，完全是两回事。数学根基不牢，成了我们这一届同学的

“阿喀琉斯之踵”。只能进行定性研究，无法进行定量研究，就无法进入经济学前沿，成为现代经济学大家。

三

我深知，评判过去不能脱离当时的历史条件。考虑到这一点，上面讲的话似乎有点刻薄，对学校和老师要求似乎太高。然而，中国有一个“高贵”的传统：“春秋责备贤者。”我的本意是，学校已经做得很好，只是还可以做得更好。“知耻而后勇，知弱而图强”，这个道理永远不过时。一家人不说两家话，爱之深则责之切。耿耿此心，可鉴日月！

往事已矣！

我们在特殊的年代接受了经济学教育，运用所学知识服务国家和人民，完成了我们那一代人的使命。虽然留下了一些遗憾，但那是时代的缺陷。因为曾经努力过，所以今生问心无愧。今天经济学专业的学生赶上了好的时代，有条件接受更好的经济学教育，我很羡慕他们。如果他们能够像我们年轻时那样，珍惜学习机会，发愤忘食，夜以继日，学术水平应该会超过我们那一代。长江后浪推前浪，一代更比一代强，这是规律，也是好事。经济学研究和发展的接力棒传到了下一代手中，希望寄托在年轻一代身上。如果我们那一代学习经济学的人老骥伏枥，壮心不已，不甘人后，那就需要活到老、学到老、干到老，不断学习新知识，掌握新方法，研究新问题，贡献新成果。

大学时光再回首

77 级　吕振宇

癸卯金秋，毕业 40 多年后的同学们又一次走进这既熟悉又陌生的校园，共同回顾在山大度过的那段难忘时光。金秋，是一个美好的季节，也是各类学校举办庆典纪念活动的黄金时节，但对于我们 77 级同学而言似乎没有什么特别的标志性意义，因为我们是新中国历史上少有的一届春季入学冬季毕业的大学生。这是时代的产物，它给我们这届大学生烙下了特殊印记，也昭示着每位 77 级同学都可以讲出异于他人尤其是迥然不同于当代大学生的新奇故事。

入学

写这篇文字时，正是本年度大学招生录取的关键时刻，到处都洋溢着准学子们手捧录取通知书的兴奋之情。但不知怎的，我仍然习惯于把录取通知书说成入学通知书，大概是当年山东大学一纸“入学通知书”的历史记忆铸就了我的思维定式，显得我有些顽固。对大学时光的追忆首先就从本人的入学经历谈起吧。

我是1974届高中毕业生。毕业后待了半年业，然后进入了一家工厂当了一名车工，两年后被调到政府机关当办事员，转为国家干部身份。虽然如此，但我少年时期萌生的大学梦始终未泯。潜意识里我在等待机会，等待着能够走进高等院校的那一天。

1977年10月，恢复高考的消息如春雷般从北京传来，自愿报名，统一考试，择优录取重新被确立为招生的基本准则，高校的大门再次向广大有志青年尽情地敞开。面对突然而至的历史机遇，我毫不犹豫地把准备参加高考的打算告知了父母并得到了他们的赞同支持。其实，当时“文凭热”还没有在社会上普遍兴起，在城镇，不上大学也可以就业，也可以找到不错的工作，上大学并非人们的共识。我身边的一位同事就对我说过：“你已经有工作了，而且都是干部身份了，还上大学干什么？大学毕业还不知道分配到什么地方去，万一分配到边远地区怎么办？如果大学毕业当个老师还不如现在呢！”这位同事说的话反映了那个年代的现实，但是他不知道的是，在我心目中，上大学不仅仅是为了一个饭碗，套用现在时髦的话说，大学里还有我的“诗与远方”。就这样，我完成了报名的一系列手续，准备勇敢地迎接人生的第一次竞争性拼搏挑战。没错，是第一次，因为我这个年龄段的人，小学没毕业就赶上了“文革”，既没见过小学毕业考试，也没经历中考，平时在校的期中期末考试大都不叫“考试”，美其名曰“测验”。一路从“测验”中走过来的我，这时真真地遇上了一次正规得不能再正规的考试，一次国家级大考。

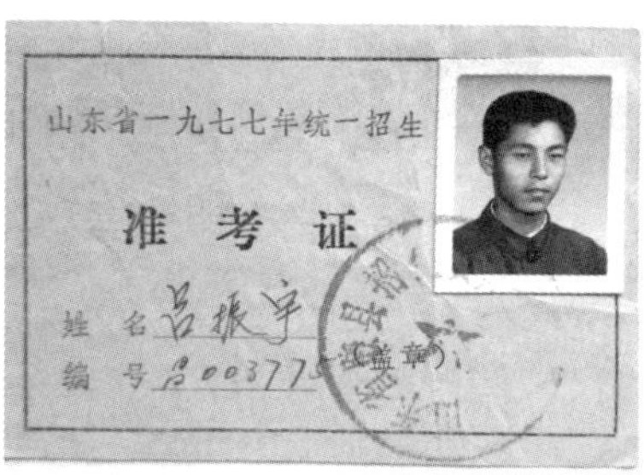

1977年12月，参加高考的准考证

紧接着的事情是报志愿。首先是选学校。1977年的高考是先报志愿后考试，还没参加考试当然就没有成绩，而且更没有现在的各种模拟考试，所以对自己的实力也无从得知，完全是在盲目的基础上凭感觉来填报志愿的。在我的记忆中，没有特别的权衡考虑，只是因为对“山东大学”这个校名感到莫名的亲切，所以就把山大确定为填报的第一志愿。其次是选专业。父亲书架上的书是我闲来无事经常翻阅的精神食粮，其中的《政治经济学简明读本》和《苏联政治经济学教科书》我曾偶尔浏览过，对其中的内容略知一二且颇感兴趣，于是顺其自然地选择了政治经济学这一伴我终生的专业。

复习考试的过程与众同学大同小异，这里就不赘述了。

不久后的一天，我正在办公室忙碌，同事把一封来自山东大学的信函交到了我的手里。说实在的，在考场上不曾紧张的我这时候却是真的有点紧张了，我不知道信封里面的内容是什么，是通知我考上大学了？还是仅仅送我一份成绩单或安慰书？当那张字字千钧的“入学通知书”映入眼帘的时候，紧张瞬间转化为激动，消息不胫而走，收获的自然是亲友同事的一片祝贺。一位“文革”前大学毕业的邻家叔叔认真地对我说：“你是恢复高考后的第一届大学生，你们会被载入史册的。”这句朴实简洁而又耐人寻味的话语给我留下了深刻的印象，事实证明，这位前辈的说法是正确的，我们是承前启后、处在大转折时期的一代大学生，我们身上带着鲜明的历史印记。事后才知，1977 年的高考书写了新中国教育史上一系列独特的记录：备考时间奇短，只有不到两个月；考生年龄跨度颇大，平均来看相差一倍以上；新生来源广泛，除工人、农民、知青、干部、军人之外，引人注目地包括了应届高中毕业生及其他有志青年；录取率最低，全国平均约为 4.7%，在山东这样的人口大省可能更低一些。

根据《新生入学注意事项》的要求做了些准备，1978 年的 2 月 27 日这一天，我与历史系新生李宝金同学做伴，登上了青岛开往济南的 102 次列车。初春天短，到达济南站已是夜幕降临，出得车站，因行李耽搁，直到晚上十点多才乘上了学校接站的大卡车，朝着心中向往已久的山东大学奔去。我之前走过近，也走过远，最远到过南京，但是济南对我来说还是人生第一次亲近。辨不清方位，分不清东西南北，在茫茫夜色中踏进了山大新校，现在叫作中心校区。此时的泉城，乍暖还寒，时令的春天伴随着教育的春天正在一步步走来。

第二天天刚亮，一阵羊叫声把寝室里的同学们吵醒了，趴在床上透过玻璃向外一看，一位老农正赶着一群绵羊从窗前走过，颇为诧异。起床后赶紧到院子里转了一圈，这才发现，当时的山大新校是一所开放式校园，西北角这一段尚无院墙，虽然有些令人不解，但也有好处一个：出入方便。这是母校留给我的第一印象，也是当年山大百事待兴、百端待举的一个侧影。

熟悉后方知，同寝室的七位同学来自山东各地，系里提前根据年龄安排了床位。我的年龄属于中间偏下，被分到了上铺。我的下铺是来自解放军的于世良同学，也是我们的组长。同室还有魏法元、张鲁伟、王五一、姜东溟、李明俭同学。安顿下来之后，四年充实快乐的校园生活也就正式拉开了帷幕。

第二学期初的军训

学习

大学学习生活与中小学迥然不同，走进大学后才真正体验到了大学之“大”的真正含义。这里不仅是知识的乐园，也是全面成长的乐园。在这里，学习不囿于读书，更注重思考。

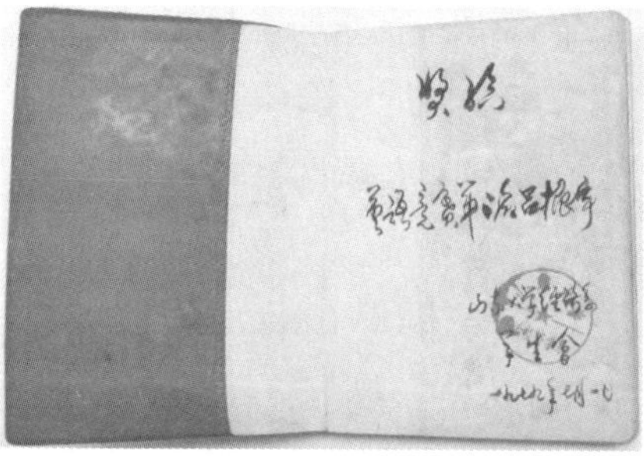

参加英语竞赛获奖

入学教育结束后，正式开始上课。第一学期安排了一部分公共基础课，如党史、写作、英语等，也安排了专业课政治经济学。记得第一堂课是中共党史，与哲学系同学同堂上大课。虽然在中学也了解一些党史知识，但系统地学习党的历史还是从这里起步的，特别是学会了对照史料研究历史的学习方法。写作课是无深无浅的学问，没有很深的印象。英语则是很受同学们重视的课程，虽然当时对外开放的大幕尚未开启，但是莘莘学子都明白，要学好知识做好学问，外语是必不可少的工具，大部分同学都在外语上下了不少的功夫。所谓“校园里的晨读”“路灯下的夜战”，基本上都是在攻读外语。特别是每天早晨学校广播喇叭里播放的《英语 900 句》，铸成了山大新三届一代人难以忘却的记忆。我在中学时期就开始对英语产生兴趣，购买过 1972 年商务印书馆再版的《基础英语教材》，收听过安徽人民广播电台开播的《业余外语广播讲座》。这些铺垫，再加上高中里也曾开设英语课，为我大学期间的英语学习奠定了些许基础。所以，才有了大二参加系里英语竞赛获得第二名的幸事。

第一学期的期末考试，至今记忆犹新。我们的专业主课“政治经济学”竟然采用了口试的形式，这是我第一次经历口试，既高兴又紧张。高兴的是不用死记硬背了，也不用动笔划拉半天了；紧张的是从来没有经历过，考题要随机抽取，不知如何是好。幸运的是，过程进行得很顺利，抽到的题目是简述剩余价值是怎样形成的。经过一学期的反复灌输，这个知识点早已烂熟于心，所以剩下的就是如何逻辑清晰地表述出来的问题。还好，没有慌，没有乱，自认为头头是道地回答了问题。看得出，老师满意，成绩给优，于是满心欢喜地回家欢度第一个暑假去了。

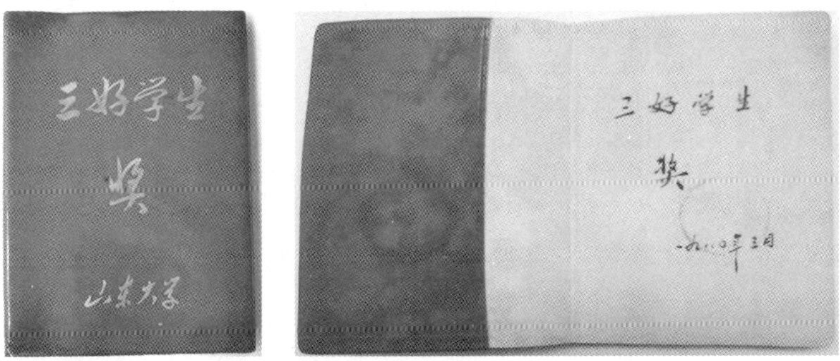

第三学年初获得的“三好学生”证书

除了课堂学习，值得一提的还有文史楼上的图书馆和阅览室，那是让我大开眼界的地方。阅览室位置优越，下了课顺路就可以走进这个第二课堂。记得当时在社会上通常看到的只有主流权威的几份党报党刊，而在这里则可以看到各地方、各部门、各高校的报纸杂志，还有香港《文汇报》《大公报》，学术、文化、商业、生活，各种各样的信息扑面而来，冲击着眼球，开阔着脑路。在阅览室里，我知道了现刊、过刊的概念，在图书馆里学会了按著录查阅图书的方法。20 世纪 70 年代末 80 年代初，纸质的图书报刊是人们获取知识的最重要的渠道，大学的图书馆就是这种渠道的宝库。在我们毕业之前，图书馆新馆落成开放。遗憾的是此时的我已经过了如饥似渴寻求知识的狂热期，思绪已经试图飞出校园，偌大的新馆反而没有给我留下多少印象，脑海里记忆深刻的还是文史楼的那些现在看似逼仄简陋当年却是学生精神家园的神圣空间。

花絮

五湖四海。在当时那个年代，人的流动性很差，交际面十分有限，在上大学之前，身边接触到的人基本都是山东人，听到的几乎全是“葱味”口音。到了山大，虽然我们班的同学都是本省同乡，但我们的老师却是来自天南海北，口音多彩纷呈。庄德钧主任浓重的江苏口音，虽然听起来有些吃力，但却散发着特有的语言魅力。周之美老师和陈乃圣老师的南方口音也让我这土生土长的齐鲁子弟着实耗费了一些脑细胞。自此以后，我对南方口音平添了特殊的兴趣，甚至觉得能讲一口南方话也是一件令人羡慕的事情，我自己是做不到了，就把这份情愫转移到了身边人身上，后来在单位录用新人时，凡是条件相同者，我都愿意把票投在南方人身上，我喜欢五湖四海的感觉。

称呼之趣。在中小学时代，同学都是同龄人，相互之间的称呼非常简单，直呼其名。但是进了大学校门就不一样了，众所周知，我们 77 级同学们的年龄差距很大，由此就产生了一个彼此怎样称呼的问题。从我们班的实践来看，年龄偏小的，或者看上去年龄偏小的，一般都是直呼其名或者是以“小某”相称，究竟以什么相称也没有一定之规，靠感觉，靠先入为主。年龄偏大的，或者看上去年龄偏大的，则按社会上的习惯称呼为“老某”。本人的年龄在班里属于中偏下，所以收获的称呼就有好几种。有直呼全名的，有只喊后面俩字的，还有喊“老吕”的，全凭同学对我的第一印象。我最受用的恰恰是“老吕”这一称呼，也是我上大学的一个收获，说明我成熟了，说明我在别人眼中已经不是稚气未脱的小同志了，这可不是谁规定的，也不是我自己争取的，是大家对我的自发的认可。

重组风波。我们班入学时共有五十几名同学，被分为了六个小组，我所在的是第六组，其中七位男同学住在同一个寝室。起初，同学们来自四面八方，相识相聚，同吃同住，白天一起上课，晚上同室共寝，十分亲切。特别是世良同学“床上军衾薄，怀中暖袋寒，厉号惊梦起，明月照窗前”的军旅体验，五一同学爬电线

第一学年第六小组部分同学

杆子的传奇经历，鲁伟同学无事不通的满满自信，都给寝室的卧谈会带来了不少的欢乐。

但毕竟入学之前的经历不同，个人的脾气个性相异，再加上生活习惯作息时间也五花八门，有时候也难免会引发一些你影响我我影响你的不和谐。说起来都是一些鸡毛蒜皮的小事情，但不知怎的，居然引起了班委的重视，以“照顾部分同学睡眠”为名，后来把我们六组进行了拆分，我被分到了一组，与胡元奎、魏焕信等同学成为新室友。其实，生活习惯作息时间的不同，是普遍存在的，需要大家相互关心、相互忍让，仅仅用拆分重组的办法解决这类问题是不明智的。最负面的影响是，一部分同学说不清自己当年是哪一组的成员了，造成了记忆的负担和混乱。事情客观地发生了，留下的只是一段小小的遗憾。

新一组同学

师恩

回过头来想想，我们 77 级是新中国高等教育史上非同寻常的一个年级，这句话应当从两个方面理解。一方面，我们这届学生是载入史册的一届特殊的学生；另一方面，我们的老师们也是见证和经历了这个教育复兴时期的一批大学教师。此前，老师们荒废了十年正规的专业教学；今天，他们也是如饥似渴地投入了一段崭新的教学生活。为77级学生上课，同样注定在他们的职业生涯中留下了难以磨灭的印迹，若干年后，给我们上过课的老师还对当时的课堂情景记忆犹新，对我们同学的名字还留有不少印象。我们都记得，任课老师们走进我们的教室，都会以不同的话语先给我们送上热情的祝福，然后认真细致地给我们讲课，课后耐心地为我们作辅导，释疑解惑。周之美老师的政治经济学课，讲得不急不缓，循序渐进，引人深思。马家驹老师的《资本论》课，逻辑性强，学术含量高。陈乃圣、毛永林、常汝娟、林白鹏、赵植业等诸位老师，正是他们的诲人不倦，给我们拓宽了思路，夯实了专业基础。尽管十年耽搁的后果和历史条件的限制，有的老师的业务水准并不那么尽如人意，但他们的治学态度、敬业精神是毋庸置疑的。不仅如此，老师们对我们的关心呵护处处体现，生活中的困难、毕业时的选择乃至毕业之后的发展，都在老师们的惦念之中。我至今还保存着毕业后因为联系讲学、求索文稿、新书出版、学术探讨等事项与陈乃圣、蔺子荣、林白鹏、赵海成等老师们的通信，有些事情已经记忆模糊了，但重读信札，老师对学生的殷殷厚爱跃然纸上。

出炉

1982年1月，我们结束了四年大学生活，怀着对未来的憧憬，离开了已经旧貌换新颜的山大校园(留校的同学除外)，跨入或再次跨入火热的社会，实现了人生的一次螺旋式升华。

我走出校门后的第一个工作，是任教于山东化工学院，自己的位置从课桌换成了讲桌，自己的身份从学生变成了教师。从这时起，我也开始体验到了教学工作的荣耀和艰辛，看似没有日晒雨淋，没有挥汗如雨，但却是一项社会必要劳动时间含量很高的复杂劳动。

20世纪80年代是一个激扬奋进的年代。初出校门的我顶着新一代大学生的光环还没兴奋几天，就发现不少曾经的同学已经在向着更高的目标攀登了。榜样的力量是无穷的，1985年在于良春同学的鼓励下，我考取了中央党校的硕士研究生，有幸与于良春、马传景、姜东淇三位同学在中央党校研究生院共同深造，这也是我们四个人两次同窗的难得的缘分。更有缘分的是，我入校一年后，又迎来了进入中央党校培训部学习的张鲁伟等同学，他们是作为优秀青年干部选拔出来进行正规化培训的，学制也是三年，这样，我又与他们在中央党校共同度过了两年时光。算起来，我们班有我们六位同学同时或压茬再续同学缘，这在中央党校恐怕也是罕见的一件幸事。如果再加上同期在中央党校学习的我系78级的段晓光、许子敬、王逸清、张金彪和79级的刘为群、王爱华等诸位同学，那么这个队伍的规模更大、更为称奇。

中央党校研究生院深造期间的留影。左起于良春、吕振宇、姜东溟

研究生毕业后，我又回到青岛从事了十几年的党校教育、十几年的宣传文化工作。迄今，30多年的时光就这样倏忽而过。青丝华发，悄然回眸，不管人生路程走在哪个阶段，不管身处什么位置，“凡我在处，便是山大；有你在时，那便是家”的感觉始终萦绕在心头。进了山大门，终生山大人。感恩母校！

我的大学生活点滴

77 级　孙广军

从山大毕业已经四十一载了，自己也过了耳顺之年，但在校四年一幕幕凡人琐事的场景，却仍然不时浮现在我的眼前。

初入校园的错愕

1978 年 2 月 27 日下午 5 点多，我在兖州换乘了到济南的火车，作为录取新生去山东大学报到。车厢里拥挤、嘈杂，空气浑浊得令人窒息，还好找到了一个座位。看着黑乎乎的窗外，听着"哐当哐当"的车轮声，心里不免有几分忐忑、期待和紧张。火车开得很慢，三百里路程，足足跑了三个半小时，9 点多才到济南火车站。车过白马山以后，铁路由南向东拐了一个 90 度的大弯，但由于夜黑，我并没发觉，于是在出站时把面向正南的出站口看成了朝向正东。尽管后来我在意识上明白了，但在感觉上却始终没有转变过来。至今出入济南站，只要一进车站广场，看到的出站口仍然面向正东。人未到，向先调，使我的大学生活还没开始就增加了一个小插曲。

校车带着我们驶离了济南火车站，沿途的灯光逐渐变得稀疏暗淡起来。在黑暗中转了几个弯以后，终于看到汽车开进了一个大门，大门右边只有一个门垛而没有院墙，后来才知道原来是新校区北大门。等校车到达文史楼政治经济学系迎新点时已夜里 11 点多，学校党委常委、政治经济学系党总支书记刘立魁，还在带领着几位老师和 75 级学兄学姐们迎接我们。在办理完必要的报到手续以后，刘书记亲自帮我扛着行李，把我送到 5 号宿舍楼 106 房间。对于我一个大学新生来说，刘书记也算是个大官了。但他平易近人，毫无架子，并且亲自帮我扛行李，这使我非常感动。45 年过去了，这份感念和敬重至今仍萦绕于我的心中。

几天以后，对山大新校的面貌有了点初步了解。学校坐落于济南市城乡接合部的东郊，1958 年陆续从青岛搬迁过来以后，由于三年经济调整和十年"文革"的影响，基础设施建设已差不多处于停顿状态，整个教学园区只有文史楼、化学楼、数学楼三座教学楼，另有六栋三四层的宿舍楼、三所瓦房食堂和一处功能很不完善的体育场，而数学楼自建成后还未启用。除了学校西面和体育场周边有几段围墙外，其他地方都处于开放状态，与校外菜园麦地连成一片。校园内菜农、羊倌、贩夫走卒自由徜徉，如入无人之境。景象令我感到非常错愕，也不觉有点气馁和失落。这与我在书上看到和听人讲到的恬淡幽静、书香浓浓的大学校园差距也太大了吧！

当然，再看看今天的新山大，真有点恍如隔世的感觉。

学习中的囧和趣

经过几天的入学教育，期待已久的大学课程正式开始了。第一学期开设的课程都是公共基础课（现在称"通识课"），包括哲学、政治经济学、高等数学、英语等。由于高中毕业已五六年，再回到课堂上很不适应，脑子老是开小差，听讲不得要领，笔记也记得乱七八糟，开学好几周还没找到北。特别是高等数学课更是听得很累。本来自己在中学阶段数学课学得是比较好的，平时和期末考试得满分都是很轻松平常的事。但听高等数学课，总是感觉跟不上，费了很大力气，也只是满足于完成作业和期末考试过关而已。仅从这一点就可看出大学与中学的重大差别了。

当然收获和快乐也是有的。除了完成平时课程学习要求以外，我把一部分业余时间用来看小说。四年间，主要利用每天午饭后和晚自习前各一小时左右时间，坐在操场边杨树下和农田田埂上，阅读了近百部中外经典小说和名人传记等作品（当然相当一部分是快餐式领略），多少填补了一些过去农村条件有限而导致的短板。

学习中一件令我终生难忘的事情，是第一学期期末政治经济学的考试。这门课程是我们班的学科基础课，系里很重视，确定用口试方式进行。拟定大约200道题目，捻成60多根小纸棍，考试时每人一根，现场随机抽取。对这种全新的考试方式，大家感到既新鲜又紧张。复习过程中不画重点，不出复习题，犹如老虎吃天，只能整天抱着厚厚的作业本和徐禾编写的教材漫无边际地背诵。抽签确定我的考试顺序是第一天下午第一名。我匆匆吃完午饭，在操场边树荫下看了一会儿小说进行放松，然后留了一个多小时午睡。由于心情过于紧张，躺下许久不能入睡，赶紧起来吃了一大片儿安宁。过了半天仍无睡意，只感觉心脏跳得怦怦作响，于是起来又吃了一片儿，后果你自然懂得了。考试预备时间已到，而我迟迟没有到场，老师让人去催，结果我还在沉沉大睡。被同学(不记得是谁)从床上拽起来，迷迷糊糊跟着往考场跑。到考场抽了签，主考老师(不记得是谁了)交代了注意事项。我的脑细胞被高度抑制，对抽到的题目和老师的交代都恍恍惚惚。只记得陈述完答案后，一老师问我："什么是价值?"我回答："抽象劳动的凝结。""什么是价值实体?"我回答："抽象劳动。""二者有什么区别和联系?"怎么回答的就没有记忆了。最后总评成绩"良好"。这次考试给了我很大的刺激，它使我不仅明白了学习态度和方法的重要性，而且进一步认识到要注重弄清政治经济学概念、范畴的本质和相互联系，以及它们之间相互转化的过程和机制。这一认识影响了我之后几十年的工作。我每次开始讲授政治经济学课程时，面对我的学员和学生们，都现身说法地特别强调，一定要学会抽象思维和咬文嚼字。

大学四年，我用功最多也感到收获最大的一门课程，当属马家驹老师所讲授的《资本论》第一卷。马老师的讲课，思想深邃，思维敏捷，逻辑严密，用语准确，声音洪亮，激情四射，具有很强的学术感染力和人格吸引力。尤其他在讲授《资本论》的研究对象和方法时，我个人感觉，他对马克思在《资本论》中运用的唯物辩证法的理解和阐述，可以说达到了炉火纯青的程度。我在听课时使用一些自造的短语和符号，尽可能把马老师的讲课内容原原本本记录下来，自习课时间抓紧整理课堂笔记，假期里再用横格稿纸重新抄下来。毕业实习结束后，我利用相对空闲的时间，在曹务奇同学的帮助下，对照马老师的讲课录音，又把笔记中关于《资本论》序言的授课内容，用方格稿纸工工整整地誊抄了一遍，这使我对政治经济学研究对象和方法的认识又上升了一步，并使我在工作中受惠一生。

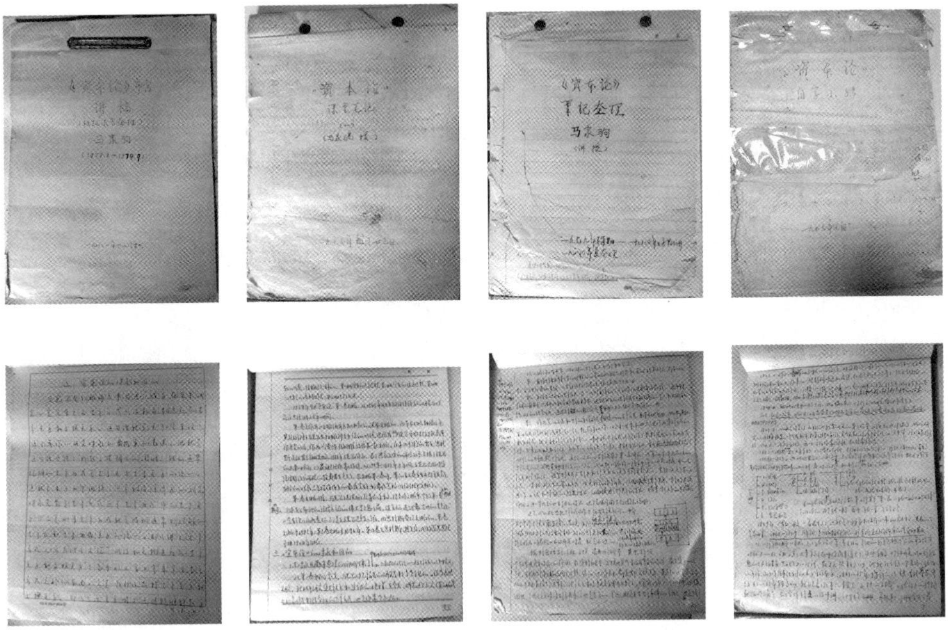

我的学习笔记

周末宿舍的欢闹

三组男生宿舍是一个团结、活跃、和谐的团体。宿舍里先后有 9 人入住过。按照入住顺序，分别是董树义，来自莱阳；李炳国，来自东平；马传景，来自曹县；孙广军，来自费县；方明，来自高青；张平，来自济南军区大院；于世良，现役军人；袁新平，来自济南。

组长兼室长董树义，曾在北京当过卫戍战士，担任过大队党支部副书记和民兵连长，为人宽厚刚直，富有正义感和同情心，是我们组不折不扣的老大哥。经常他从外边回宿舍，都是先用脚把门轻轻踢开，跟着喊一句："弟兄们，好开饭了！"然后学着电影《地雷战》中鬼子进村的音乐，"嘣嘣嘣——嘣嘣嘣——嘣嘣嘣嘣嘣——"，再迈着方步踱进屋内，直惹得全室一片哄笑。毕业后，他被分配到空军勤务学院，重穿军装，驻徐州，离临沂不远。那时临沂交通很不便利，我有两次去南方学习，都是打电话让他提前买好火车票，然后我坐汽车到徐州换乘火车。晚上吃着嫂子做的饭菜，住在他儿子的小房间里，第二天他再骑自行车把我送上火车。这份温暖和情谊我至今不能忘怀。

有时星期天，包括女生秦凤鸣、李晓鲁一起，我们全组会集体出游，或去趵突泉、大明湖，或去千佛山……袁新平有一架只能拍摄黑白照片的120型照相机，每次出游，都给我们留下了充满青春活力的记忆。

我有一个土制卷烟器，利用入学前当过农村放映员的人缘，假期里从一些村队挑选到一些上好烟叶，切成烟丝并喷好香料，然后自制成卷烟，味道香醇。如此一来，把宿舍内本来不会吸烟的同学也都发展成了烟民。

周六晚上都是各男生宿舍最宽松活跃的时候，打牌、下棋、喝酒、吹牛等，不一而足。我们组则更有特色。晚饭时每人从食堂打一份大锅菜，再去洪楼饭店买两暖壶散装啤酒，费用平摊。饭后开打扑克牌“保皇”，先有五人上场，其他人后备。赢方可以喝啤酒，输牌的则只能眼睁睁看着咽唾沫。牌桌上喧闹不止，有的悄悄偷牌、扔牌或者公开赖牌，不时发出一阵阵吆喝笑骂之声，经常吸引其他宿舍甚至外系的同学前来看热闹，观者如堵。

这种种轻松欢快的场景，至今令人心驰神往，回味无穷。只可惜张平同学过早离开了我们，令人痛心不已。

可亲可敬的师长

大学四年，教过我们的各科老师不下40位，管理老师也有好多名。任课老师们大多毕业于20世纪50年代，有着深厚的专业理论功底和丰富的教学经验。“文革”中本科教育停顿了十多年，对他们的学术生命是一个很大的浪费。恢复高考后，他们一个个憋足了劲，要把十几年荒废的时间补回来，所以我们也就成了新中国高校中幸运的一届宠儿。

任课老师及讲授的课程主要有：周之美、毛永林，政治经济学；臧乐源，辩证唯物主义；李树来，基础英语；林白鹏，帝国主义论；马家驹、陈乃圣，《资本论》；赵明义，科学社会主义；于惠棠，形式逻辑；巩丽泽，会计学；常健，统计学；常汝娟，经济学说史；刘洪钟、栾曙生，国民经济计划学；贾象珊，财政与信贷；王福英，工业经济学；白施义，农业经济学；赵植业，商业经济学；孔令仁，中国近代经济史；张宏、黄金平，世界经济；欧是，当代世界经济专题；胡世凯，当代资产阶级经济学说；由其文，经济学专业英语；还有讲中共党史的杨老师、赵老师，讲世界近现代史的朱老师等，名字已记不起来了。

老师们的授课或管理各有特色，其中印象较为深刻的如下。

臧乐源老师夏天习惯穿着大裤衩、圆领衫，踏着车胎凉鞋，摇着大蒲扇，宛然一庄户老头儿。讲到激动处，屁股直往上蹿，引得我们的情绪也跟着起伏跳跃。

于惠棠老师浓眉大眼，普通话字正腔圆，且样貌酷似周总理。同学们议论，如果让他扮演周总理的话，可能都不需要怎么化妆。

孔令仁老师的学术论文《〈子夜〉与中国近代经济史》，几乎成了我们学习中国近代经济史的辅助教材，并且吸引我专门借来茅盾的《子夜》，细细读了两遍。

刘洪钟老师经常戴一顶蓝色呢帽，穿一身蓝色呢料衣服，双手习惯性交叠捂在小腹上，上课前一句"今天啊我又去了一趟计委"的开场白，常常令人捧腹。

赵植业老师性情温和，处事缜密，爱生如子，曾是我们班赴青岛毕业实习的总领队，也是我的毕业论文指导老师。在他的精心带领和管理下，我们班安全出色地完成了异地实习任务。更是由于他的精心指导，我顺利完成了毕业论文的写作任务，并掌握了撰写经济学术论文的基本要领和方法。

曾担任系团总支书记和我们班辅导员的车贵老师，作风朴实，待人亲和，更像我们的兄长。山大政治经济学系乃至后来经济学院的蓬勃发展，车老师功不可没。

季星如老师是我们政治经济学系的首任主任，他温文尔雅，平易近人，关心学生，善于沟通，颇有长者风度。20 世纪 80 年代末，季主任以山东省政府顾问和省经济研究中心领导的身份，到临沂参加全省经济调研工作会议，我曾设家庭便宴，招待季主任和刚调任威海市经济研究中心负责人的金志涛同学，感到非常荣幸。

马家驹老师不仅学术造诣深厚，而且举止高雅。头发梳得一丝不乱，西装、领带、皮鞋一尘不染，白衬衫风纪扣始终紧扣，给人一种清高庄重、不怒自威的感觉。我对《资本论》课下的功夫最深，对马老师也自然格外敬重。

1983 年夏天我去北京出差，有几天住在车公庄大街 6 号北京市委党校，偶然看到有幢楼挂着"中国社科院经济研究所"的牌子，立刻想到了马老师，赶紧打听着前去拜访。见到马老师，师生都很高兴，一直交谈了两个多小时，我又受到了不少的教诲。

现在，大多数老师都已步入耄耋之年，衷心祝福他们健康长寿，能和我们再相聚下一个10年、20年。也真诚祈祷那些已故老师们天堂安乐！

过往大多成了烟云。但是我在山东大学经济学系度过的近1400个日日夜夜中，所经所见所闻的可大可小的凡人琐事，却像透人心脾的清泉，始终一点一滴地浸润在我的脑海里，直到永远。

退休后的近照

山大圆梦之地

77级　杜　枫

走进山大

1978年2月，春光明媚，大学迎来了十年“文革”后高考的第一批新生。我作为其中的一员，怀着幸运激动的心情来到泉城，来到山大。

回想，1977年10月，当恢复高考的消息传出时，我正在农村插队。由于远离城市又消息闭塞，有一天母亲突然来了，找到田头着实吓了我一跳。她带着《人民日报》和一堆书，要我报名参加高考。看过报纸，我犹豫了好久，说“不想考”。第一，高中时基本没怎么正经上过文化课，整天学工学农，与老三届没得拼；第二，家庭出身不好，在那个唯成分论的年代，这顶“可教育好的子女”的帽子把人压得喘不过气来；第三，想好好表现，将来争取能被贫下中农推荐回城。看我不干，老妈就拿老爸来压我。拗不过两位老人，只好同意报考。在填报志愿时，文科只有政治经济学、汉语言文学、哲学、历史几个可选项。我想国家要搞经济建设，就报了政治经济学专业。

当时，知青点报名的知青很多。他们都回家复习了，我去请假，不准。因家庭出身问题，我也不敢擅自离开。只好白天出工修梯田，晚上挑灯夜战。没有钟表，学到几点也不知道，反正熬到睁不开眼了就睡觉，第二天一早再爬起来去修梯田。直到开考前的十天左右，我妈又去村里找我。说别人都回去了，你怎么还不回去？我说就咱家那出身，我要考不上大学，将来还不在农村待一辈子？那一刻我流泪了……我妈也哭了，娘俩哭过后，她什么也不顾了，就把我硬拽着回家了。回到家，时间真的不多了。眼看着高考临近，我全力以赴拼了。除了吃饭睡觉，全部时间都在复习。数学课本看不懂，只好去找高中的数学老师补课，老师讲例题我就死记硬背。就这样临阵磨枪，匆匆上了考场。

1977年12月9日开考，公社考场离我们知青点很远，要顶着星星月亮出发。好在我们知青能抱成团行动，大家从梦中被叫醒，等所有人到齐了一起出发，走前每个人带几个专供的白面馒头夹上咸菜，悄悄地上路，还时不时引来几声狗吠。上午考完，就坐在考场前冷冷的台阶上，吃冷馒头和咸菜再喝几口自来水，稍稍打个盹，再迎考下一场。就这样坚持着考完了。

回想复习备考的情景，我是压力山大啊，可以说是背水一战，如果考不上大学，我就回不了城了。事实证明，的确如我所料。年底，同时下乡的女知青都回城了，就留下我一个。我回家哭诉，老爸也气坏了，就找了他的好朋友区知青办刘主任，给了我一个去电厂的指标。当他们开着吉普车到乡下办手续时，山东省枣庄市齐村区郭里集公社后古屯大队姓梁的书记把我叫到屋外，动员我放弃回城。我坚决不从，就这样，在年末回了城。在进厂学习一个月被分配去总控车间做学徒后，我妈妈的好友意外在区里看到了我的入学通知书，我妈妈直接把入学通知书给截获了。妈妈去厂里交到我手上，我真是傻了。是真的吗？捧着入学通知书，我感慨万千。一是真没想到好事竟然再次眷顾了我，家庭出身问题已不是问题；二是通知书要是被送到乡下，我很可能失去上大学的机会。无数事实证明，人被逼到悬崖边无路可走时，是有巨大潜力的。苍天不负有心人，就这样，我告别了刚进不久的工作岗位，走进了山东大学的校门。

入学军训

1978年秋，作为新生，入学兴奋喜悦的心情尚未退去，就迎来了为期一个月的军训第一课。军人教官按新兵标准训练我们。看着教官那漂亮威武的军姿，我心里既羡慕又紧张。参军是我儿时的梦想，而命运之神却把我投在了广阔天地接受贫下中农再教育。一年四季佝偻着身子在地里干活，胸脯怎么也挺不直。教官要求特严，我的动作常常走样。怎么办？按要求练呗。一遍遍一回回听着口令，变换着姿势。练得汗都流出来了，哦，原来看起来静静的动作竟这样消耗体力！有一个女生忍受不了，不干了，还与教官发生了对抗。女生和男生确实不一样。一个月的军训，自己也赶上了生理期，军训时那滋味真不好受，也想过请假休息，但最后还是咬牙挺过来了。军训苦累，同时也带来了快乐和享受。比如吃饭，当班组值班员端来一大盆菜又端来一盆白面馒头，放在八仙桌上时，大家围一圈伸头一看，"哎哟，菜里有不少肉呢"。可以不付饭票，敞开吃免费的白馍，舌尖上的美味和心理的满足统统溢于言表。再如，当教官看着大家的动作说"很好"时，大家你看看我，我看看你，站军姿就更带劲儿了。一天天汗水湿透衣背，一天天全身带着疲惫，一天天军事素质在提高。一个月下来，入学时的兴奋感减少了，守纪律、集体荣誉感增强了，新的大学生从老百姓变成了半个军人。一个月的军训，使我们的身体和心理都发生了巨大的变化。没入军营，过了一段新兵蛋子的生活，是我今生难忘的一次人生体验。

专业学习

马克思主义分三个部分：政治经济学、哲学、科学社会主义。政治经济学是我所学之专业，当然也是所有课程中最重要的课程。对我来说，学政治经济学真是件头疼要命的事情。当初填报高考志愿时，面对政治经济学和汉语言文学选项，选了与经济有关的政治经济学专业。进校后才发觉自己不适合学此专业，感叹当初要是能转系该多好啊。《政治经济学概论》周之美老师讲得透彻，但交换价值等听得我云里雾里。一个学期下来，学得并不扎实。遇到口头考试，本不善言辞的我更是不知从哪讲起。后来学《资本论》原著，是马家驹教授讲的。马教授是学术权威，《资本论》原著讲解得确实非常精彩，引经据典，深入浅出，逻辑缜密，理论体系很强。但因其理论太深奥，我还是懵懵懂懂理解不透彻。《资本论》原著是德文版翻译过来的，句子很长，用“啃”字来形容一点也不过分。我读起来云里雾里说了什么都不清晰，囫囵吞枣，得了消化不良症。后来，用标出主语、谓语、宾语的方法来帮助理解，这样原著能读出大概意思了，但理解起来还是觉得非常难。好在小组讨论时，有理解能力强的同学发言，也能得到些启发。另一门课哲学，也是晦涩难懂的课程。尽管学起来也吃力，但觉得比政治经济学好学些，多用功多琢磨会开窍的。通过四年的艰苦学习，我从一个对政治经济学一窍不通的学盲，变成了一个有一定专业基础知识的毕业生。从门外到门内，对于专业情感，我在思想上、认识上也发生了很大的蜕变，从开始的抵触到渐渐接受现实。四年的学习对我走上社会后的经历发挥了非常大的作用。哲学是世界观和方法论，使我学会了哲学道理，懂得了辩证思维。而政治经济学是讲社会生产关系的，人类社会离不开政治经济学所涵盖的生产、交换、分配、消费等经济关系。当初抱着参与国家建设的愿望，选择了政治经济学专业，从某种意义上来说，也算选对了专业。国家建设确实离不开政治经济学的理论指导。学了本专业，对政策的理解力是不同的，认识的层次也是不同的。

看电影

大学学习是紧张的，业余生活印象最深的是去老校大操场看电影。吃过晚饭约三两同学从新校提着马扎去老校。等我们赶到时，只见露天扯起一块镶黑边的白幕，常常白幕正面已密密麻麻坐满了人，我们只好去人较少的反面看。电影是精彩的，要说印象最深，应该是《罗马假日》。影片讲的爱情故事深深地打动了当时的我，女主角的美丽脸庞和着装也让我内心好生羡慕。在那个着装灰黑的年代，身边看不到美丽的衣裳，作为穷学生的我，更没有条件穿着打扮、展示腰身。条件所限，但不能限制住内心的渴望，我向往着爱情，向往着美丽。学校规定在校期间不许谈恋爱，到了二十多岁的花季年龄，感情不起波澜是不可能的，但在校内又是绝对不敢的，只好由家长牵线定了门姻缘。我的那个他，也是穷学生一个，在浙江上学，因付不起路费，一年回一次家。难得见上一面，即使见了面，也根本就没谈过什么恋爱。花前月下，对我们而言，就是水中月镜中花。

毕业季

转眼四年过去了，临近毕业，心情也是开心无比的。要写论文，还要去青岛实习一个月。白天做调研，晚上可以看看黑白电视。最激动人心的是，中国女排获得了首个世界冠军。当夜，听到同学们热闹异常：有欢呼雀跃的，有敲饭盆脸盆的，有摔桌椅板凳的，还有从楼上往下摔暖水瓶的……我是不舍得摔暖水瓶的，只能跟着呵呵笑。同学们闹到大半夜也不睡，热血爱国，恰同学少年啊！毕业分配时，我对象分在济南，我却要出省。于良春同学愿把留鲁指标让给我，尽管因种种原因没有成功，但同学的这份情谊我记在了心底。1982 年 1 月，我带着无比感激的心情，告别母校，去了南京。

毕业后，我被分在高校当教师。可惜，我不善于口头表达，试了几年实在不适应教师这个职业，遂决心调离。1987 年 7 月，到中国人民银行南京市分行见到经耀行长。他听说我是山东大学经济学系毕业的，端详着我的毕业证看得很仔细，口中念叨着："山东大学毕业的，不错。"交谈了几句，他直接找部门处长商量去了。一会儿处长告诉我："第二天来上班吧，试用期三个月。"结果，一个月过后，就办了正式调动手续。我作为山大文科生笔头功夫还不错，从 1987 年到 2005 年都在人民银行干文字工作，先在《南京金融》编辑部，后调外汇管理局计划综合处（人民银行和外汇管理局属于一个机构两块牌子），再后调人民银行办公室，2005 年调机关党委四个月，再调工会直至退休。是母校给了我政治经济学方面的理论知识，也是母校培养了我写作的能力。

感恩母校，感恩老师，也感恩同学！

附：

回母校

踏着岁月年轮
回到母校课堂
白发相拥
依然神采飞扬
叫着名字细细端详
皱纹难掩青春的模样

夜的教室灯光闪亮
捧着《资本论》原著
争论着斧头和羊
宿舍里床头旁
口口声声角角落落
溢满了书香

来到小树林旁
幼苗曾伴随着读书郎
走过了四季
沐浴雨露阳光
而今林树参天
学子成棵棵栋梁

仿《沁园春》词牌作词一首：

枫·送银发老同学

金秋十月，南国红透，北疆蔓延。励冬梅傲雪，春花烂漫，夏荷囿藕，秋叶尽渲。巍巍群山，逶迤水岸，绿叶盈目红映天。水清澈，恋绵绵峰岫，红绿骈衍。

二月花逊霜枫，文豪墨客多少诗篇。品江枫渔火，孤舟泛月，西风遥落，寂寞门前。哀怨悲情，愁眠苦难，哪懂枝头春色繁？红浸绿，洒一腔热血，溢爱天边。

忆江南·山大忆(诗四首)

77 级　杜鸿礼

欣逢国家恢复高考、十届学子竞圆大学梦45年之际，山东大学经济学院77级、78级校友应约再回母校参加纪念活动。余心潮澎湃，百感丛生，遂填《忆江南·山大忆》四首以纪之。

一

山大忆，
最忆是同年。
三教九流齐赴试，
五湖四海遍求贤。
十届一科缘。

二

山大忆，
再忆是同班。
一众鲁人成俊彦，
六十骄子结忘年。
同学意绵绵。

三

山大忆，
三忆学生时。
教宿食堂阅览室，
路灯操场树林微。
点点梦依稀。

四

山大忆，
难忘是师恩。
常记老师如父母，
未闻学子是佣人。
今昔不同伦。

我与山大五十三载的情缘

77 级　李齐云

开头语：日月如梭，光阴似箭。一转眼距离我们 77 级入学已经 45 年多，毕业也 41 年多了，我们班年龄大的同学已进入耄耋之年，最小的那位也已退休含饴弄孙。这般岁数虽然都阅历丰富，有很多值得回忆的往事，也有许多喜怒哀乐应当付诸笔端，但要落笔成文何尝不是一件难事。同学们委托我做入学 45 周年征文的编辑工作，并希望我能写点什么，我想我们都已经属于老年群体，到了可以不谈事业工作、不论职务高低、不求钱财多寡、不议学问学术的年纪，想看到的应该是师生、同学、朋友以往相处和以后交往的友谊、情义、趣事和“花絮”。基于这个想法，于是拉拉杂杂、絮絮叨叨记下了下面的文字，但愿不要给老师、同学和读到这篇拙文的朋友们添烦，幸甚幸哉！

我们 77 级同学是“文革”之后恢复高考招收的第一批大学生，从 1978 年 2 月入学算起至今已过 45 个年头，从 1982 年 1 月大学毕业至今也已近 42 年。然而我与山大结缘却有五十三载，这大概是我们全班 60 名同学中的唯一吧。

初始结缘

在 1970 年那个动荡混乱的年份里，靠“造反”起家的山东省革委会主任王效禹一声令下，把坐落在济南的山东大学“一拆为三”：文科搬到曲阜，与曲阜师范学院（现曲阜师范大学）合并，号称“山东大学”；一些与生物相关的学科迁到泰安，合并到山东农学院（现山东农业大学）；留下的理科改校名为“山东科学技术大学”（我们上山大之后使用的饭票菜票上面还有“山东科学技术大学”的字样）。当时我在曲阜师范学院附中上初二（山大迁到曲阜师范学院之后，中学也随之改名为“山东大学附中”），对那么多声名显赫的山大老师（和他们的家属子女）一下子涌入显得逼仄的曲阜师范学院校园，既有敬仰崇拜之心，又感到新奇。

1978 年入学山东大学之后使用过的饭票，上面还有“山东科学技术大学”的字样

自 1966 年“文革”全面爆发后的五年里，全国高考取消了，大学停止招生，大学老师既没有学生教也没有课上，因此“悠闲”了下来，而附中却师资力量不足，于是就“借用”大学的老师来给我们中学生上课。记得有鲁迅文学研究专家孙昌熙教授给我们讲鲁迅的《阿 Q 正传》中的人物个性和旧中国国民的劣根性，讲《论“费厄泼赖”应该缓行》中“痛打落水狗”的革命精神。文心雕龙研究的著名学者牟世金教授给我们讲古典文学《愚公移山》《触詟说赵太后》等，一起诵读《诗经》“蒹葭苍苍，白露为霜”“桃之夭夭，灼灼其华”“关关雎鸠，在河之洲”“窈窕淑女，君子好逑”，真是绝美的诗句，绝美的意境！还有著名考古专家蔡凤书教授讲授中国历史，世界史专家祝明教授讲“社会发展史”，齐朝雪老师担任我们的政治课教师（齐老师后来担任过山大经济学系党总支副书记，管理学院党委副书记、书记），秦汉文学研究专家姜可瑜教授给我们上了三个学期的语文课，并担任我

们班级的班主任(姜老师还是我的入团介绍人,我成了当时山大附中第一个加入共青团的学生,入团的日子是1971年9月13日,那天恰巧“九·一三事件”发生,所以记忆深刻)。1971年恰逢纪念巴黎公社起义100周年,世界史专家朱茂铎教授专为我们开设巴黎公社革命史讲座,介绍世界上第一个无产阶级政权的建立及其失败的原因及启示,给我留下了极其深刻的印象(上大学以后,朱老师又给我们上“世界现代史”,上课时他挥洒自如,抑扬顿挫,声情并茂,激情四溢,总能获得我们满堂喝彩)。住在我家隔壁的是美学专家狄其骢、荣艳芳夫妇(据说荣老师是荣毅仁的堂妹,但她从来没对人们谈起过),当获知我们一知半解、生吞活剥般地读世界名著时诘问我们:“你们感兴趣的只是书中的故事情节,但是理解了其中的文学价值和社会意义了吗?以后读书有不明白的地方可以来问我们。”经他们的指点和指导,我又读过《约翰·克利斯朵夫》《红与黑》《悲惨世界》《牛虻》《战争与和平》等几十部世界名著,受益匪浅。这个时期我还听过著名诗人高兰教授的诗词朗诵《哭亡女苏菲》《送别曲》《初冬》等。现在回想起来,早在50多年前我上中学时,就有幸提前受到了“大学教育”,这或许也是那个特殊年代才有的特殊事例吧。

印象特别深刻的是,山大来了一位年过古稀、走路拄着拐杖的老太,住进2号宿舍楼一层西头,家里两个房间堆满了书籍,但我们这些小孩子都不知道她是谁。我父亲听到我们的议论后插话说:“她是冯沅君先生,她可是国之瑰宝啊!”(新中国第一批一级教授中仅有两位女性——冯沅君和林巧稚。)从父亲的话里能够听得出他对冯先生的敬仰。此后的四年里父亲担任山大中文系主任一职,每逢见到冯先生总是起而迎之,上前问候,对待每位老师都是尊敬有加,关心备至。在我的印象中,我们家还时常迎来萧涤非、高兰、蒋维崧、殷焕先、殷孟伦、袁世硕、董治安等著名学者,父亲与他们亲切交谈,其乐融融,构成那个特殊年代难得的温馨场景。这些用现在的话说是“大腕儿”级的学者的风范学识、音容笑貌,潜移默化地感染了我们。

那个时期我与山东大学从事经济学教学的老师们接触不多,或许因为中学阶段没有专门开设经济学课程,教经济学的老师们没有来附中上过课,或许还因为我们当时年纪还小,跟这些先生们“对不上话”。等上了大学,与很多老师一照面我就立即认出了他们:胡世凯、史祖瑜(及夫人胡瑾)、庄德钧、林白鹏、蔺子荣、毛永林、欧是、周之美(及夫人葛本仪)、戴歇珠等老师,还有当年是工农兵学员后留校任教的刘翠萍老师、担任我们班级辅导员的车贵老师等。

回忆起50多年前的这些往事，当年的情景依然历历在目，可以说这是我跟山大的初次结缘，从此开始，便和以后真正成为我的母校的山大结下了不解之缘。

再续前缘

1974年初夏，我从山东大学附中毕业，随后下乡插队当了知青。在我下乡之后的1974年年底，遵照周恩来总理的指示，被“发配到”曲阜整整四年的原山东大学的老师开始回迁济南，到1975年年底回迁基本结束，山东大学的原建制重新恢复起来。从我高中毕业到考入山大近四年的时间里，我一直在农村广阔天地里“战天斗地”并接受贫下中农的再教育，从未奢望被推荐上大学，更甭说像山大这样的名校，看来我跟大学“无缘”了。

金秋十月惊雷响，一举粉碎“四人帮”。结束“文革”，拨乱反正，恢复高考，重新点亮我们上大学的希望之光。

1977年10月，当恢复高考的通知发布时，我还在距离县城50多里的秋冬季农田水利基本建设工地上干活，平土地、挖地沟、修水渠，住窝棚、睡地铺，浑身生满了虱子。尤其难以忍受的是消息不通、信息闭塞，等我获悉恢复高考的消息时距离高考只剩下30天。工地上繁重的劳作让我每天都疲惫不堪，高考报不报名、有没有时间复习、能不能考上大学一直让我纠结：报考吧，想想当年上中学那会儿经常学工学农学军，不正规的教育环境下所学的那点知识不完整不连贯不系统，加上下乡之后学习荒废，想考上大学岂不是痴人说梦？放弃吧，难道我就这样过一辈子？实在心有不甘，这会让我懊悔终生。直到父母和姊妹们传话过来鼓励我报考，我才抱着碰碰运气的心态报了名。报理科根本没戏，那就报文科试试吧。直到考试前一周，当我向工地上公社带队干部请假时，竟被以“工地建设任务重”的理由拒绝！难道我真要放弃这难得的高考机会，难道我命里注定与大学无缘吗？第二天一大早趁大伙儿不注意，我悄悄溜了（这是我这辈子最严重的一次违反“组织纪律”）。回到曲阜师范学院的家里，挑灯夜战，废寝忘食，玩儿命似地背书、做习题、写作文，一周后披挂上阵跨入设在公社中学的考场。高考时还亲历一件趣事：考场上我左邻是一位某大学中文系毕业的工农兵学员，已在某中学任教一年多，因不甘于工农兵学员的身份而参加高考，语文考卷中“鹬蚌相争渔翁得利”的文言文他居然看不懂，数学几乎是交“白卷”，最终结果可想而知。但愿该老兄在以后的高考中能“金榜题名”。

皇天不负有心人！1978 年元旦过后，我和二哥李肇翔收到了山东大学的入学通知书，我考入政治经济学系，他考进历史系，真的出乎全家人所料，高兴和激动的心情难以言表。那一年，二哥 24 岁，我 22 岁(这应该是大学毕业的年龄了)。

1978 年 2 月 28 日一大早，我们哥俩儿动身向着心仪的山大进发。经过八九个小时的行程，傍晚时分来到山大新校。设在文史楼北门的报到处有姜炳坤、齐朝雪、车贵等几位老师，还有几位老生和已经报了到的新生同学接待我们。几年不见，齐老师看见我俩脱口而出：“你们哥俩儿怎么才来?”这应该不是责备，而是师生急切重见的真实情感流露！(新中国成立之初，齐老师从家乡江苏省邳县考入我父亲任校长的山东省单县一中初中部，那时她十二三岁。当然，那时我们哥俩儿还没出生。)

山大，你真的接纳我了吗，我真的成了山大人了吗？进入这座崇高的学术殿堂，不仅圆了我的“大学梦”，而且让我与山大再续前缘。

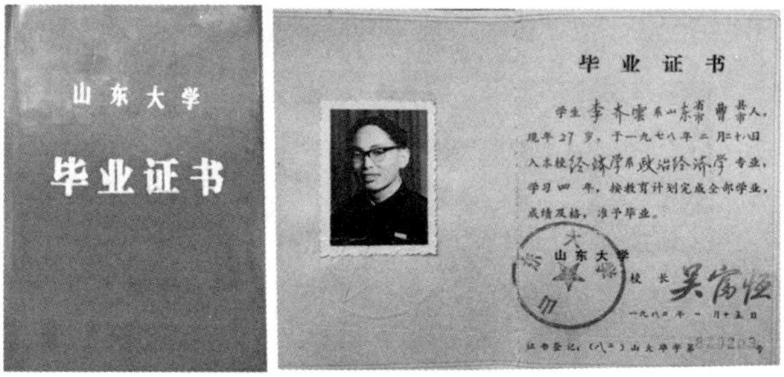

大学毕业证书

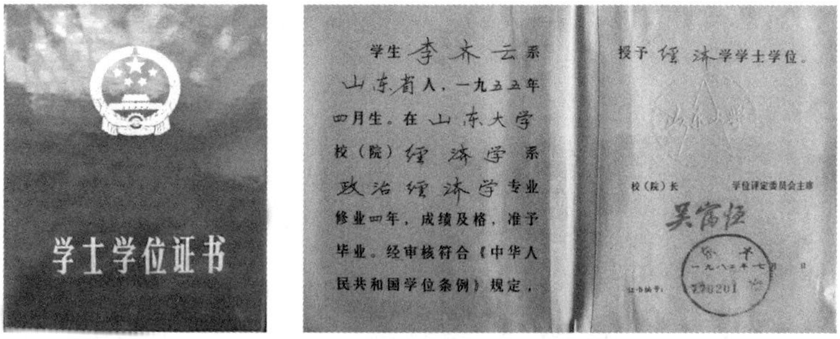

学士学位证书

师生情缘

在山大读书，不仅学到了经济学理论和专业知识，打下了扎实的专业基础，而且受到山大严谨治学、求实创新优良学风的熏陶，培养了学术素养，更在老师们言传身教、诲人不倦的精神感召下，领悟了许多做人做事的道理，并结下了深厚的师生情谊。

学校对恢复高考后招收的第一届大学生的培养格外重视，政治经济学系派出了最强的师资阵容为我们授课。第一堂课在文史楼 301 教室开讲，周之美老师讲授政治经济学，全系的教师以及办公室行政人员和 75 级、76 级的同学悉数到场，整个教室座无虚席，还有很多人站着听讲，气氛隆重热烈。周老师讲课内容充实，重点突出，思路清晰，逻辑严密，其深厚功底令人钦佩。每周 6 课时的授课几乎耗尽了周老师的心血，其敬业精神令人动容。期末考试采用了抽签口试的形式，由周老帅和蔺子荣老师主考。抽题的那一刻我感到紧张，抽到的题目是“为什么说由货币到资本的转化，必须在流通领域内进行，又必须不在流通领域内进行”。我记得在马克思《资本论》第一卷第 220 页和徐禾编写的《政治经济学概论》第 88～89 页对这个问题都有论述，理解和回答起来也并不太难。答完题后看到两位老师点头微笑，心里才觉释然。我留校任教以后，还曾多次到周老师家里请教和拜访，他总是耐心给予我指导，他夫人葛本仪老师还经常问候起我的父母。

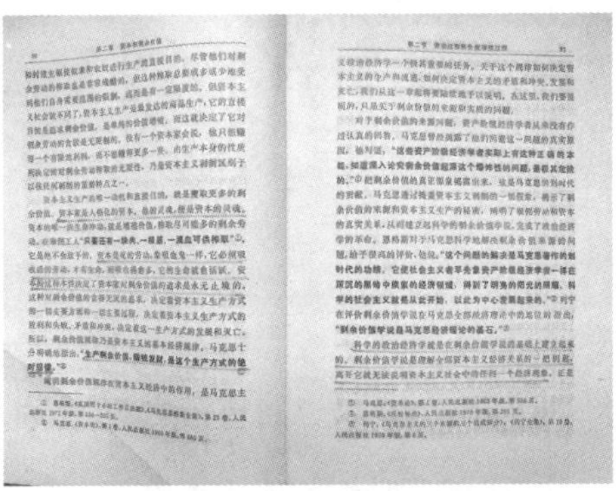

《政治经济学概论》教材和书中的内容

接下来讲授经济学主干课的还有马家驹、林白鹏、毛永林、陈乃圣、常汝娟、庄德钧、欧是等“大咖”先生。对这一批名师的风采风范和人格魅力，已有多位同学写了回忆文章，在此不再赘述。

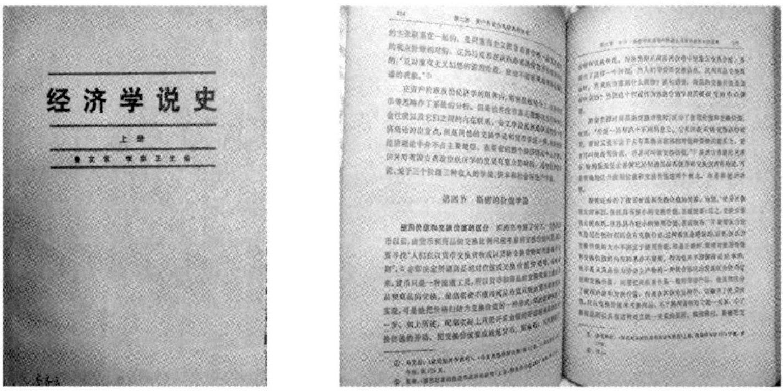

《经济学说史》教材和书中的内容

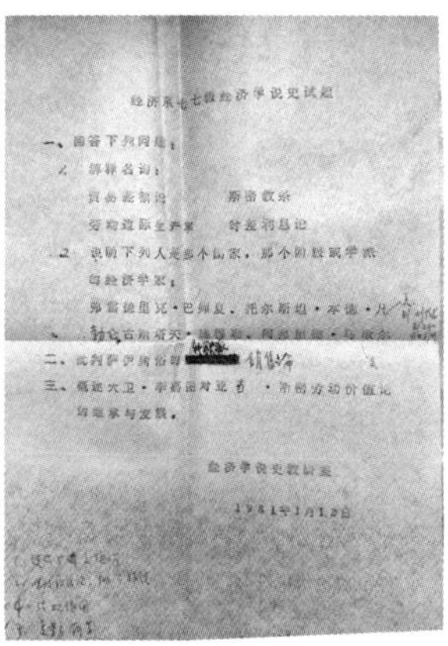

大三期末《经济学说史》考试试题

大四读的《从古典经济学派到马克思》

胡世凯老师是我非常崇敬的一位先生，他不仅学识渊博，而且多才多艺，外语水平更是了得。当年山大在曲阜师范学院时，我中学的一位同学拿着家里一块瑞士手表找胡老师修理，等打开手表后盖胡老师嗔怪：“你把游丝（手表中最精密的部件）都扯出来拉直了，这还怎么修？”胡老师说他能够说出每一款瑞士名牌手表，甚至手表每一个零件的英文名称，让我们惊讶不已。大学期间胡老师为我们讲授“当代西方经济学流派”，上课时手拿两三张纸片的讲课提纲娓娓道来，条理分明，鞭辟入里，给人以深刻印象。在此后的研究生学习阶段，胡老师给我们上专业外语课，使用大块头的《货币银行学》原版英文教材，每堂课先由两位同学接续诵读十几页原文，再由胡老师指正和讲解。胡老师知识渊博，常常旁征博引，既给我们讲授专业知识，还结合外语学习给我们讲拉丁文与英文及法文的渊源，讲古希腊、罗马史诗里的神话故事和欧洲史，让我们在学习经济学知识的同时，还能品味语言艺术之美，品尝古典文学的饕餮大餐！

蔺子荣老师是一位仁慈宽厚、和蔼可亲的学者，曾长期担任经济系和经济学院的领导，为学院的发展作出过重大贡献，取得不凡的成就，深得师生们的拥戴。蔺老师淡泊名利，廉洁奉公，对青年学者的成长倾注满腔热情，奖掖后学，提携新人，甘为人梯，在我的治学、工作和生活中给予了很大的支持和帮助。至今我们深深地怀念他！

山东大学百年校庆留影，摄于 2001 年 10 月

（前排左起：庄德钧老师、毛永林老师、蔺子荣老师。

后排左起：秦凤鸣、樊丽明、范爱军、李齐云）

赵植业老师给我们讲授专业课“商业经济学”，赵老师实际工作经验丰富，教案中穿插很多案例，课上课下注重师生之间的互动，仅过半个学期，他就能叫出全班同学的名字，而且过了 40 年还不曾忘记。赵老师酒量不大但爱张罗，又热情好客，周末或节假日经常邀请同学到他家里小酌几杯。1981 年 11 月至 12 月赵老师担任我们去青岛毕业实习的带队老师，不辞辛劳帮我们联系和对接一个个实习单位，亲自带我们去政府机关、经管部门和工商企业调研。记得他和我去过青岛市工业局、商业局、物价局等经管部门和著名的青岛国棉九厂、卷烟厂等工厂调研，经赵老师指导我撰写了既是调研报告又是毕业论文的2万多字的文章，现在还记得论文题目是《正确确定工业品出厂价格是合理分配工商利润的关键》。文章给调研单位领导和管理人员看过，得到他们很高的评价，评定成绩为"优秀"，自己还颇为得意了好多天。

商业实习组在青岛，摄于1981年12月

(前排右起：陈静、高小平、赵植业老师、李炳国、李齐云。

后排右起：贾衍邦、魏焕信、胡元奎、崔建平、王广信)

还有两位我不得不提到的老师，一位是贾象珊老师，另一位是巩丽泽老师。

大学期间贾象珊老师给我们讲授"财政与信贷"，贾老师讲课的特点是信马由缰、海阔天空地任意发挥，潇潇洒洒、诙谐有趣，听他的课不用也记不了课堂笔记。课堂上讲授什么内容，我现在想不起来了，只记得贾老师讲财政的主要内容基本可以概括为"收、支、平、管"四个字，即财政收入、财政支出、财政收支平衡和财政管理。贾老师是山大财政学专业的创始人，之后在他的带领下，樊丽明同学和我共同参与了财政学专业的创建。经过40个年头的艰辛努力和不懈奋斗，山大财政学专业(学科)从无到有、从有到优，如今已经成为在全国很有学术影响力的国家级一流专业。

巩丽泽老师当年给我们讲授“会计学原理”和“企业财务分析”课程，他是一位温和慈祥、谦谦君子般的学者。记得每次上课前，课代表李长亮同学一手提暖水瓶，一手拎长脚凳进入教室，因为巩老师身体较弱，上课要喝茶水坐着讲(那时候教学楼里没有开水炉，教室讲台上也没有座椅)，让我们误以为巩老师年龄很大了，其实才 50 岁多一点。巩老师讲会计借贷记账法的原理“有贷必有借，借贷必相等”，讲企业资金专款专用的准则“打油的钱不能打醋”，至今印象深刻。巩老师在“文革”中曾被下放到几个工厂，讲课期间就带领我们去他曾经工作过的济南造纸东厂、济南铅笔厂参观学习。巩老师是我留校之后攻读硕士的导师，从选题开题到写作定稿再到答辩，他都给予热情关心和细心指导，因而我从他那里得到比其他同学更多的教诲。还记得 1986 年秋的一个下午，全系教师会议结束后，巩老师从衣兜里掏出一大把建工剧院的电影票分给每位老师，一再叮嘱：“这是我家小俐(巩俐)主演的电影《红高粱》，大家一定去看哟!”我们才知道巩老师家出了个著名影星。

同窗情谊

上大学是每个学子人生道路上的新起点，我们 77 级同学更懂得它来之不易，十分珍惜这难得的机遇，勤奋刻苦学习理论知识，如饥似渴汲取文化营养，丝毫不曾懒散懈怠。上大学也是人生中最美好、最值得回忆的一段时光，盖源于同学们结下的深厚情谊。

大学四年同学们朝夕相处，坦诚相见，互相关心，互助互学，其乐融融。就拿我们学习小组来说，刘庆珊是老大哥，也是第一任小组长，庆珊学兄朴实厚道，待人热情，关心爱护每一位学弟学妹，他在家庭经济条件极为困难的情况下坚持完成学业并取得优良成绩，让我们无不钦佩。

段星辰是从坦克部队考上山大的现役军人，担任我们班的班长。段班长勤勤恳恳尽职尽责，热情为同学服务、为班级操劳，在同学中有很高的威信和号召力，深得同学们拥戴。我入学之后对济南特别干燥的气候很不适应，经常口燥唇干并伴有出血和口腔溃疡，星辰兄把他的军用水壶给我使用，这只水壶我背了整整四年，兄弟间的情义似涓涓甘泉滋润着彼此的心田！

王兴华是位复员兵，复员后在一家报社当记者，能操一口流利的英语，还精通摄影技术，现在保存下来的几张小组同学合影就是他拍下的。记得上大学的第一个元旦夜，兴华学兄邀请几位同学到他家做客，他时任济南市政协主席的父亲作陪，尽管这位大官和蔼可亲，还是让我们感到有些局促拘谨。

赵宗尹上大学前当了四年知青，下乡期间就入了党，大学期间担任班级团支部书记和党支部委员。宗尹学兄社交能力和组织能力非常强，还是个热心人，他组织的各项团的活动和班级活动都有声有色，包括义务劳动、勤工俭学、体育竞赛、参观考察等。宗尹兄爱好广泛，文学功底深厚，还经常跟同学们一起分享课外阅读，他所在处总能给人以快乐。大四那年暑假，他以省级“优秀学生干部”的身份参加了团中央举办的大学生夏令营活动，受到胡耀邦等中央领导的接见并合影留念。

徐长发来自临沂农村，小我一岁却入党比我还早一年，在大学后三个学年里是我们学习小组组长。长发学弟话语不多，虽然年轻却“老成持重”，给人留下的印象是内秀儒雅，他做事认真严谨、责任心强，学习极其用功，可以说达到“废寝忘食”的程度，学习成绩非常突出，毕业以后也取得不凡的工作业绩。

睡在我上铺的是金志涛，我们班同学都称呼他“老金”，其实他在班里年龄并不大，大概因为他身材魁梧、体格健壮，做事稳重，给人特别“成熟”的印象。志涛学弟上进心强，且才华横溢，不仅工作积极主动，而且学习成绩优异，还写得一手潇洒飘逸、苍劲有力的好字，又是班级篮球队的绝对主力，他在班里是第一批被吸收加入党组织的。

张宏良入学前下过乡，在济南铁路局工作过，他涉猎广泛，知识面宽，思路敏捷，口才极好，对古典文学、戏剧电影颇有研究，在专业课学习之余还创作了剧本，才华出众。我们都佩服宏良同学的写作能力，他能在很短的时间里洋洋洒洒写出几千甚至上万字的时评文章，激扬文字，针砭时弊，功夫自然了不得。

樊丽明是我们学习小组唯一的女同学，也是全班的小学妹，用同学的话形容她“人如其名，清丽、大方、沉稳、聪慧”，肯钻研善思索，大学四年从未见过她片刻的懈怠，在她身上似乎永远都有耗不尽的精力，学习成绩一直名列前茅。丽明同学年龄虽小却志向远大，毕业时是我们班通过正式考试考取的第一位研究生。

借用我们班另一位女同学秦凤鸣的话评价她："她的成熟与包容、思虑之深刻、条理之清晰常常会深深地触动我和我的同伴们。"从山大学子、年轻教师，从系主任、学院院长到大学校长，"一路走来，眼见她肩负的使命和责任越来越重，她总是信步于运筹帷幄之中，决胜于千里之外，不负芳华，逐梦前行"。当年的小学妹不负众望，带领母校创造了新成就、新辉煌。

王广信是我们小组另一位兄长，他待人真诚，关心爱护学弟学妹，是公认的厚道人热心人。那时的广信学兄已经成家，儿子还小，女儿尚在襁褓中，家务负担较重，但他从不叫苦，每天准时来校上课，晚上回家还要照料孩子干家务，经常是等家人入睡了再学习到深夜，勤奋刻苦的精神感人至深。广信兄热情好客，多次邀请同学们去他家做客，让我们能在当时那个物质生活条件还很艰苦的年代大快朵颐，好不快哉！毕业前夕，广信兄又把全组同学邀请到他家里吃"散伙饭"，同学们依依惜别，把酒言欢(散)，不醉不欢(散)，一醉方休。

杨民刚是我入学认识的第一位同学，入学报到那天是他接待的我，他热情帮我拿行李，带我去宿舍，一起去食堂吃晚饭，这也是我入学后结下的第一份同学缘分。谁能料到30多年后我们结成了儿女亲家，真可谓亲上加亲，成就了一桩美好姻缘，也成为同学中的一段佳话美谈。民刚来自军医家庭，是我们小组年龄最小，也是全班年龄很小的学弟，长着一张"娃娃脸"，我们也都把他当娃娃学弟看。他年龄虽小但多才多艺，尤其素描绘画堪称一流；他学习勤奋努力，记忆力特强，能够大段大段地背诵经典原著；他开朗活泼，每天下午在篮球场上都能看到他奔跑跳跃的身影；他热情阳光，关心集体，乐于助人，做了我们班四年的报刊书信收发员，每当他在课间取回信函报刊，全班同学都眼巴巴地把目光投向他，期待着收到亲人寄来的邮件，"家书抵万金"嘛！

四年大学生活，带给我们说不完的欢声笑语，留给我们道不尽的美好回忆，四年的朝夕相处寒窗苦读，同学之间结下了深厚的同窗情谊，回顾一桩桩一件件往事，仍然让我心潮起伏，回味无穷。

第二学习小组同学合影，摄于 1978 年秋
（前排左起：樊丽明、段星辰、王兴华、徐长发、李齐云。
后排左起：金志涛、王广信、张宏良、赵宗尹、杨民刚）

毕业实习在青岛，摄于 1981 年 12 月，山东海洋学院（今中国海洋大学）

特殊情缘

除了师生情、同窗情之外，还有一些特殊情缘值得再叙。

首先是师生情＋同事情。留校任教后，我们几位同学的身份从学生转变为教师，因此跟我们的老师和领导之间多了一道同事关系，这种师生情＋同事情贯穿了我的大半生。庄德钧、蔺子荣、陈乃圣、齐朝雪、毛永林、鲍士龙、车贵等老师长期担任院系领导，胡世凯、周之美、林白鹏、常汝娟、欧是、赵植业等当年我们仰慕的老师与我们共事，樊丽明和我与巩丽泽、贾象珊老师在一个教研室。在我们在山大长达 40 多年的教师生涯中，这些领导和老师给予我们巨大的支持和无私的帮助，助力我们成长并走向成功成熟。

其次是同学情＋同事情。大学毕业那年我们班有姜东溟、尹建明、王吉法、范爱军、于良春、秦凤鸣、高小平和我共 8 位同学留校工作，8 人中有 7 人属羊（良春同学年龄小），当时戏言经济系留了“一群羊”。4 年后樊丽明同学回归母校，后来有几位同学陆续调离山大，至今还有 5 位留在母校。以前是同学，如今又成为同事，使得这份情谊得以延续下去。王吉法同学进步快、业绩显著，很快担任了经济系党总支副书记、书记，之后又担任经济学院党委书记，为学院发展做出了突出成绩，此后不久升任了学校领导。樊丽明同学担任过山东大学经济学院副院长、院长，山东大学副校长，上海财经大学校长，直至成为山东大学的“掌门人”，至今仍以饱满的热情和旺盛的精力不知疲倦地工作着。我和她既是同学，又是在同一个学科共事近 40 年的“同行”，她对我这位学兄的帮助和关照也特别多，实在是难以言表。于良春同学年龄虽小，但无论当领导还是做学问，都出类拔萃，成就不凡。他长期担任经济学院党政领导，破格晋升职称，还是国家教学名师和国家级拔尖人才，对我和同学们也是关心备至，热情帮助。范爱军同学学识渊博，学问做得极好，研究成果丰硕，在国际贸易研究领域颇有建树，享有盛名，请他做学术讲座的人排成长龙。爱军同学喜欢体育运动，当兵的从军经历练就了他健硕的体格，年过六旬还能看到他在足球场上与青年人争球奔跑的矫健身影，不能不让人惊叹佩服。秦凤鸣同学我们一直叫她“小秦”，她贤淑文静，性格内向，但外柔内刚，无论从事教学工作还是做学术研究，她都追求完美，做到极致，从不退缩叫苦，不惧任何困难，也从不计较功名利禄。小秦文学功底深厚，外语水平很高，除了金融方面的专业课讲得好，她开设的专业外语课一直受到称赞和好评。

再次是同学情＋校友情。在校是同学，毕业后的身份转变为校友，而校友情谊更是地久天长，历久弥新。校友们关心母校、感恩母校，对母校的发展和母院的进步倾注了满腔热情，给予了大力支持。许多同学和校友担任了兼职教授和校外导师，回母校讲课，做学术报告，带研究生，参加学术会议和从事科研工作。许多同学解囊相助，捐钱捐物，或以多种方式支持母校的发展。张鲁伟、姜东溟、曹务奇……我们77级同学捐赠的刻有校训的雕塑，眼下已经成了山大的"网红"打卡点。

最后是同学情＋晚辈情。可以说这是一种绵延传续下来的特殊情缘。比如，刘庆珊学兄祖孙三代就读于山大，还有很多同学的儿女毕业于山大。再就是原先的同窗情发展成为新的师生情，如有些同学的子女成为在校任教的同学的博士生、硕士生。还有一些同学的子女、晚辈在山大工作，承接了友情传递的"接力棒"。

回想起与山大半个多世纪的情缘，有说不完的心里话和无尽的感慨，心潮起伏，思绪万千。这份情缘及情谊如同甚至胜过了血缘，融化在血液里，贯通于血脉中，掰不开扯不断，绵延不绝。

2023年重聚

77级　李晓鲁

七七山大偶同窗，
毕业踌躇各四方。
四五十年瞬息过，
回头儿女已成行。

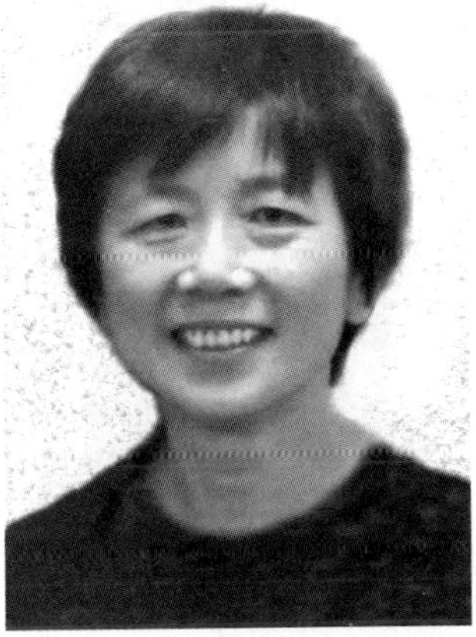

校园重聚辨旧腔，
飒爽犹存话沧桑。
到老方知岁月短，
举樽共庆友情长。

山大的魔盒

77级　杨秉勇

电影《阿甘正传》中有一句经典的台词:“生活就像一盒巧克力,你永远不知道你会得到什么。”这句台词也非常适用于我的山大情怀。1978年2月我来到山东大学,从入学到毕业,山大就像打开了我生命中的魔盒,让我欢喜让我忧。四年的大学生涯犹如梦境一般,跌宕起伏却也精彩纷呈。

入学的阴差阳错

入学山大,一开始就出现了阴差阳错。

1977年10月21日,全国各大媒体都公布了国家恢复高考的消息,并透露本年度的高考将于一个月后在全国范围内进行。当时我正在济南第九中学读高二,本来应该在1978年7月高中毕业时参加高考,但是高考恢复的第一年,国家允许在校就读的一部分优秀学生也可以参加高考,济南九中是重点中学,也获得了高考名额。为了公平起见,学校组织学生进行了数理化竞赛,只有进入竞赛前六名的学生才有资格报名参加高考,我以化学竞赛第一名的成绩获得了报名资格。

接下来一个月就进入了高考前的集中复习阶段。白天我要正常参加高中班的各项课程的学习，只能利用晚上跟着学校组织的数理化辅导班进行集中复习。我更偏爱化学，就把主要精力集中在了对化学的复习上。然而就在高考的前一周，学校通知我要参加的是文科考试，这令我感到万分惊愕。我并不知道高考还要分文理科，至今也不知道是谁给我填报的文科，这就意味着我这一个多月的集中学习白忙活了。不过转念一想，等高中毕业时我还能再次参加高考，现在就把这次高考当作一场演习吧，所以也就没再深究报考文理科的事情，而是抓紧最后一星期的时间复习了文科的地理和历史。临阵磨枪，不快也光，作为学校选拔出来的学生，去参加高考总不能考得太难看了。好在我也没给学校丢脸，竟然过了录取分数线，参加了政审和体检。

然而更奇葩的一幕发生了。填报志愿时要选择学校和专业，我第一志愿毫不犹豫地选择了山东大学，其余三个志愿全部放弃。当时就是抱着只要不被山东大学录取就哪个学校都不去的想法，认为山东大学是山东境内最好的一所大学，今年考不上，明年还可以继续报考。所以选择学校的志愿没问题，问题出在专业的选择上。山大以文史见长，我考的既然是文科，也就直接选择了文学专业。其实我对其他专业既不了解也不想了解，因为本来就不情愿考文科，一旦录取不了，明年正好可以去考理科。没想到接到的录取通知上写的竟然是政治经济学专业。这个专业对我来说太陌生了，过去几乎就没听说过“政治经济学”这个词，于是赶紧去查字典，也没找到“政治经济学”条目，又把“政治”和“经济”两个词分别查了一下，还是没法联系起来。去问老师，老师竟然也说不明白，而是直接告诉我：“你干脆别去报到了，明年报考化学专业，我保你考一个好的学校。”我也就欣然接受了。正当我准备放弃这次录取时，学校告知我，如果被录取后不去报到，三年之内将不允许再次参加高考。于是我就这样阴差阳错地来到了山东大学，开始了政治经济学专业的学习。至今我都不明白为什么我填报的是文学专业却被政治经济学专业录取了，也不想明白了。

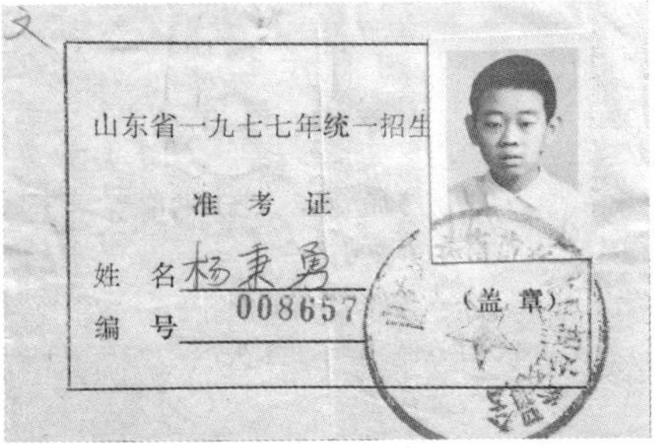

我的高考准考证，时年未满16周岁

学习的种豆得瓜

我是国家实行九年教育体制的最后一届学生，被山东大学录取时还不满16周岁。而大学同班同学中年龄最大的已经32岁，年长我一倍，年龄差距最小的也大我三岁。与这些大哥大姐在一起学习，自然是压力山大。虽然有些偏理科的课程如高等数学、概率论、会计等，还有得一拼，但是社会性、哲理性强的课程如哲学、政治经济学等，我就望尘莫及了。尤其是三年的《资本论》课程，这是我们的核心专业课，对于有着丰富社会经验的年龄大的同学来说，学习起来可能如鱼得水，而对我来说，则犹如读天书一般。尽管这是我最不愿学习的一门课程，但是作为专业必修课又不得不学。

《资本论》开课的第一位老师是马家驹教授。他讲课犹如天马行空，不是对《资本论》进行解说式的讲解，而是讲述他个人的研究和理解。我本来对《资本论》本身就难以理解，对他的理解就更难以理解了。于是买了一大堆《资本论》的参考资料，如卢森贝的《〈资本论〉注释》、郭大力的《关于马克思的〈资本论〉》、王亚南的《关于学习〈资本论〉的几个问题》、陈征的《〈资本论〉解说》、张薰华的《〈资本论〉提要》等。其中陈征的《〈资本论〉解说》写得最容易理解，它成了我读《资本论》的启蒙书。我还采用课前看参考书进行预习、课堂上认真听课记笔记、课后进行原著精读、复习时画出各章节段落的逻辑关系图等多种学习方式进行苦读。这是我这辈子读得最用心的一部书。从预习到精读到复习再到考试，这部书不知反复读了多少遍，甚至工作几年后我还重新读了一遍。尽管在校时读它是迫不得已，但到后来才发现，它竟然也是我这辈子最喜欢的一部书。因为它塑造了我的人生观和价值观，让我学会了看问题的方式方法，提高了我分析问题、解决问题的能力，而这一切都是我在潜移默化中得到的。

马克思的《资本论》就是一座理论丰碑。当年的论敌攻击不动它，今天的理论家也无人能超越他。《资本论》运用的科学抽象法、逻辑与历史相一致原则，尤其是贯穿于整个理论体系中的唯物辩证法，把整个资本主义社会解剖分析得淋漓尽致，借用这些方法来对某些局部的社会问题进行分析就显得游刃有余了。我在学习中首先学到的就是这些分析问题的方式方法。虽然当时对这部书的逻辑理解感到非常吃力，但毕业后在写一些理论文章时，突然觉得下笔如有神，自然而然地就把《资本论》中的一些理论分析方法运用到了写作之中。

《资本论》诞生于19世纪。马克思对当时社会问题的分析现已不可同日而语，但是他对资本本性及资本主义本质的分析依然是最为经典的，对我认知当今的资本主义仍然具有重要的指导意义。在校初读《资本论》时感到很深奥，但每读一遍都有新的理解和认知。毕业后再读任何理论，都有种"曾经沧海难为水"的感觉。精读过《资本论》后，一般很难被国内外的各种理论或观点打动，因为他们的逻辑体系和论证方法就无法让你信服，至今我也没读到任何能撼动或超越这一理论的理论。这也就铸就了我的马克思主义信仰，从此无论是看待各种纷乱的社会现象，还是认识未来的社会发展，我都觉得用马克思主义的世界观和方法论会看得更加准确。

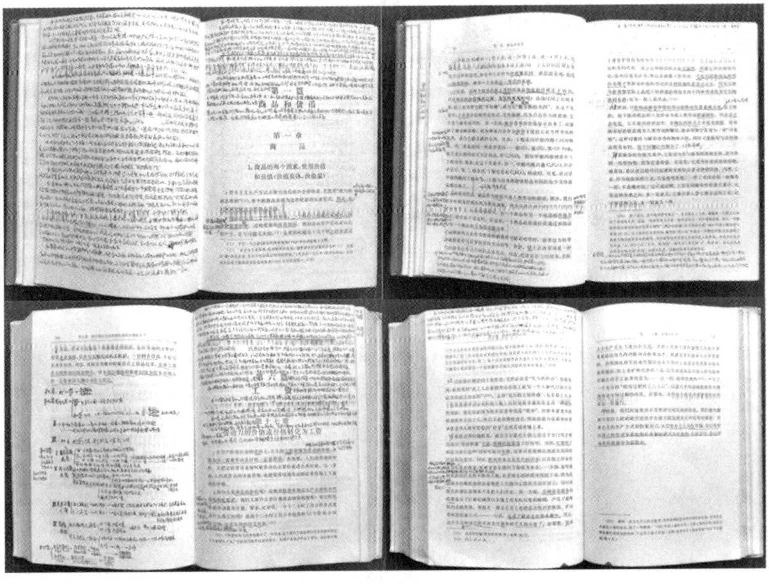

《资本论》阅读批注

购买学习的《资本论》参考书

毕业的柳暗花明

77级毕业生是恢复高考后的第一届毕业生，社会各界都非常重视，但是毕业生不能自主择业，必须由国家统一分配，还不能不服从分配。当时给我们班计划的分配名额主要有三个方向。一是留在山东主要是济南市，二是去北京，三是去南京，还有少量的部队名额。我从小在济南长大，家人、朋友和同学都在济南，自然也想毕业分配在济南，但是班里家在济南的同学非常多，而且大多已结婚生子，由于名额有限，我们几个年轻没结婚的济南人也就无法留在济南了。我的选择只有北上或南下。

北京的名额主要是一些国家机关，说起来都是些大名鼎鼎、让人羡慕的单位。但是我对此并不感兴趣，主要是考虑到北京的大单位都是人才济济，作为年轻人，我到这些单位后也就是做一些给老同志端茶扫地的事情，发挥不了多大作用，然后再多年的媳妇熬成婆，一辈子都要受约束，觉得那样会活得很无聊。

于是我就选择了南下。南京的几个名额中有个规模不大的学院我很想去，觉得自己如果在学院里当个老师讲讲课，压力不大还不用看领导的脸色行事，有寒暑假，可以自由地安排自己的生活，应该是个不错的选择。想法很丰满，现实很骨感。最后分配去南京的都是班里的几个女同学，没能让我去，而是把我分配到了驻地在北京郊区的国家建工总局的一个二级单位。看到这结果我感到非常郁闷，也非常无奈。

但是山大对我来说就是一个充满魅力的魔盒。就在临近毕业"山重水复疑无路"时，班主任突然告诉我，又把我分配到了部队的某个单位，我直接成了军人。据说是这个部队单位专门派人来到学校，看中了我这个不到20岁的年轻人。而我也想趁着年轻，先"到基层去，到艰苦的地方去，到祖国最需要的地方去"锻炼体验一下，以后从部队转业还可以再回到自己的家乡。我得到这一消息感觉"柳暗花明又一村"，于是高高兴兴地去了部队。

在部队经历三次换装用过的帽徽、领章和肩章

然而世事难料，让我没想到的是来到部队这一锻炼就是十几年。原来部队制定了大学毕业生必须服役满20年后才能转业的规定，本以为在部队体验一下军旅生涯，锻炼个三五年就能转业回家，不承想来了就走不了了。不过既来之则安之，虽然在部队用不上自己所学的专业，但也要尽量发挥一下大学毕业生文化水平高的优势。我先是在连队教战士学初中文化，然后到教导大队当高中文化教员，后又在训练团、再到士官学院成为一名教官。十几年换了四个单位，享受不同的生活体验。随着大学生逐年增多，部队也逐渐放宽了对大学生服役年限的管制，当我成为许多人羡慕的最年轻的少校军官时，终于转业到了地方。不过这时已经人到中年，工作事业一切又都从零开始，我也开始了新的生活体验。

"生活就像一盒巧克力"，从走进山大开始，就开启了我的生命魔盒。经历了太多的不确定性后，我对生活也感到释然了。人生就是一场体验。来到人世间，匆匆走一回，就应当尽可能多地去看看人们的生活方式，尽可能多地去体验一下社会生活的方方面面。我现在还在体验之中。

人生际遇随感

77级　张少刚

一

公元，一九七七年，
大约是在秋天。
消息传来：
高考恢复，考场上见。
拨动心弦。
焉可错过，大好机缘。
于是，
次岁阳春三月，
走进了，
山东大学经济学院(系)。
开始了人生新一段。
激动难掩。

二

想当年，
“老三届”高三，毕业之际，
“文革”风云漫卷。戴红袖章“造反”，
书生意气冲天。
然后，
义无反顾下乡上山，
做“新社员”。
再然后，
应召进入工厂车间，
当上产业工人，
手持钢钎……
一晃十二载，
慨然过了“而立”之年。

三

当坐进大学课堂，
胸臆浩然。
理论与知识，
阔似海，深如川，
浇灌心田。
如饥似渴修炼，
乐其苦甜。
饶是《资本论》宏著巨篇，
亦啃得意味满满。
果真是深造之地，
不虚本科四年。

从此又将人生之路改换，
做了个金融研究人员。
也自认无愧山大培养，
有些成果奉献。

四

二〇〇七年，退休赋闲。
倏忽又逝去了十六暑寒。
常忆起，
同班同学，
音容笑脸。
分别四十余春秋，
旅途应各具洞天。
谨致美好祝愿。
但闻一段时间，
有阴风邪气，
袭我山大校院。
更使丽明同学，
遭网暴，受枉冤。
明珠蒙污，令吾等义愤添。
须扫除雾霭，
还母校星光璀璨！

泛黄的山大记忆

77 级　金志涛

1978 年 2 月 27 日，我怀揣着梦想和希冀在人来人往中挤上了西去的列车，这趟人生之旅虽来得晚了一些，却是我一生中最重要也是最得意的一次选择，我有幸成为具有中国时代标志性的“77 级”中的一员。当年，我们吟唱着《年轻的朋友来相会》，恍惚间两个 20 年已经远去了。校园里一幅幅鲜活的画面被渐渐地打上了马赛克，依稀能够忆起的仅有学海中的那么几朵小浪花。

为“半个专家”奋斗

久违的校园，一切都显得那么生疏而又熟悉。她有一栋文史楼和紧挨楼东边的那片耸天粗壮的悬铃木林。文史楼底蕴十分深厚，不必由我赘述。文史楼三层的那间教室是我们学习“政治经济学”和《资本论》的启航地，悬铃木林则成了我们经常集会的大会堂。

我们的学习从商品的二重性开始，把我们一步步引进了政治经济学王国。徐禾教授主编的《政治经济学概论》成了我手不释卷的教科书。周之美老师的授课精彩至极，他总是双手扶桌面对着北窗方向，描绘着资本的运行奥妙，揭示着剩余价值的秘密。他教导我们，只要把这部教科书学会弄懂，就可以成为“半个专家”了。这无疑给了我们一种莫大的学习动力。忘不了课堂上的如饥似渴，更忘不了校园东墙下非常僻静的还没有长高稍有些荫凉的那片小树林。我经常约上徐长发、杨民刚等同学，携带着绿色小马扎来到小树林下，阳光透过稀疏的树叶婆娑地落在书本上，我们相向而坐，互相为师、背诵经典。教科书的每一页上画满了红红绿绿的横线，书破卷了用自行磨制的铁锥和线绳重新穿起来。很快第一学期就要结束了，我们第一次面对大学里的考试，大家都不清楚大学里考试怎么考、考什么，而老师又偏偏把考试的方式由传统笔试改成了口试，我紧张极了。还好，我准备得还算充分，不负小树林里下的那番功夫，做到了教科书中的重要内容和段落几乎能全背下来。我抽签拿到的论述题是“为什么说资本剩余价值在流通领域里产生又不在流通领域里产生”，概念题是要求简答“资本技术构成决定的资本有机构成”。这一大一小两个题目，我烂熟于心，应答如流。当我第一个题目回答了一多半的时候，周之美老师突然宣布后面剩下的内容免答。噢，大学里的考试竟然可以免答！结果可以想知，这次考试我毫无悬念得到了“优秀”，兴奋和自豪感油然而生，更体会到即便当“半个专家”也并非能轻松做到。

学习《政治经济学概论》是为走出知识旷野进一步研习《资本论》打基础的“热身”动作。在马家驹、蔺子荣、陈乃圣等老师的悉心指导与陪伴下，我们用了在校大部分时间精读了《资本论》一至三卷。马家驹老师在课堂上用“这个的这个的那个的那个”逻辑严密、充满智慧而略带些晦涩的独家语言，含英咀华，带着我们一个台阶一个台阶地登上了马克思所构建的跨越经济、政治、哲学等多个领域的理论殿堂。我被马克思的那种伟大而深邃的思辨力和洞察力折服，从他那博大精深的理论体系中读出了观察问题、分析问题和解决问题的立场、观点与方法。

改革开放已 40 多年了，时代的心灵仍然在呼唤着马克思，呼唤着马克思主义，呼唤着马克思主义的中国化、时代化。我虽没有挽狂澜扶颠倒之力，但仍笃守着那份信仰之初心，理智地深信不疑“领导我们事业的核心力量是中国共产党，指导我们思想的理论基础是马克思列宁主义”。毋庸置疑，历 40 年之久矢志不移，我还算得上是一位渺小的马克思主义者，是九十八百万中牢记使命的一员，然而能否称得上政治经济学“半个专家”，连自己也不得而知。

“光膀”一族

文史楼的北面有一个篮球场，这地儿比起现在随处可见的现代化场馆虽显得寒碜，却是我们班“光膀”一族钟爱的乐土。

泉城虽以家家泉水户户垂柳而闻名于世，但它的气候四季并不分明，让人几乎感觉不到春秋两季的存在。在那些酷热如炙的日子里，我们每一日都期待着下午课外活动时光的到来。大家来到球场，一个个约定俗成地褪去背心，裸露出黑油油的臂膀，结成了清一色的“光膀”一族，这在球场上的辨识度非常高，煞是“壮观”。每个人身上都油光腻滑，活力充沛，生龙活虎，互相蹭来抹去，与其说是打球不如说是“泥鳅”大战。虽说不怎么雅观，但我们从不介意他人投来怎样的目光，“走自己的路让别人说去吧”。大家的汗水互相掺和、浸透在一起，你身上有我的，我身上有你的，汇成“光膀”一族特有的一类气息，但大家的味觉已被兴奋的“篮球”神经压了下去，谁也不会五十步笑百步，只有“球味相投”了。

我们班的篮球爱好者众多。张平是教练，我和鲁伟、鸿健是中锋，宗尹和义华、老郑、民刚、明俭、五一等打前锋，家星、长亮打后卫。我身高接近一米八，比较壮实，适合打中锋位置，在张平和鲁伟的指导下，掌握了接球、转身、猛起等几个简单的篮下动作，实战应用效果相当不错。我和前锋民刚、宗尹配合默契，我一人同时会吸引对方两名队员前后夹击防守，当我接到传球后要么硬起跳投擦板命中得分，要么迫使对方打手犯规走上罚球线，屡试屡爽，招招奏效。

我们“光膀”族中的每一员都练就了自己的“绝招”。鲁伟远投的命中率、义华训练有素的规范动作、宗尹踮起脚尖用长臂挑球、家星机灵的弧顶分球、民刚中距跳起投篮的杀伤力、郑兄跑全场如猛虎下山的那股劲头，还有长亮兄“擦头皮”的诙谐传球，都是令人拍手叫绝的拿手好戏，至今历历在目。

每日我们从球场上离去来到食堂，两大碗温乎乎的玉米糊糊是晚餐的标配，一口气灌下去说不出的酣畅和舒服，水和电解质迅速得到补充和平衡，一身的疲劳也随之挥散而去。“光膀”一族的四载是美好的记忆，也得到了回报，让我们应验了那句“每天光膀一小时，健康工作四十年”的名言。

毕业

1982 年 1 月，我独自踏上了东去的列车。这一趟人生之旅着实是我一生中最不情愿也是最无奈之举。自打那时起，遵循着体制内的规矩，“工作天然选择我，而我天然不选择工作”。人都说，爱一行干一行，而我从来都是干一行爱上一行。叹人生苦短，不成大器，一辈子只干了四件事：组建了一个政府研究部门，创办了一所党校，发展了一家报馆，创建了一所万人高职院校。所幸，那所职业学院跌跌撞撞地竟然进入了全国 1300 多所高职院校的前 14 所第一方阵的行列。

人生不能假设，几次的人生变轨说不准其中早已蕴含着某种“定数”。据说，卫星还要经过几次变轨才能被送到预定的轨道。人生走过了，只能不忘来时的路，成功了不能复制，演砸了不可重来。正可谓塞翁失马，焉知非福。

谨以此拙文致敬山大校园里的青春，珍藏师生和同窗的情缘，深切缅怀已逝去的恩师和同学！

怀念张平同学

77级　庞义华

在班里的同学中，我和张平相处并不多，对他的了解也很少，但他在我的印象中是极好的。他虽然去世22年了，至今我仍然不时想念他！

他大我几岁，个子挺高，长得端端正正，皮肤白皙，温文尔雅，言谈举止得体大方。据济南的同学说，他的父亲是济南军区的大官，但他自己从未提及过，他身上完全没有那些人说的高干子弟的毛病，反而满身满脸透出善良和朴素。

张平入学比我们晚了一个多月，是穿着不带领章和帽徽的军装来上学的。他好像也没有什么出众的才能才华，平平淡淡一个人，没有听他谈及什么理想、上进心，没有什么未来的设计，对生活也没有什么过高的要求。他对学习似乎不大感兴趣，更谈不上勤奋，上大学好似就是来度岁月的。但他待人诚恳认真，对所有同学都一视同仁，毫无厚此薄彼，处事毫无私心杂念，在班里他几乎赢得了所有人的尊敬和好感。

张平喜欢打篮球，但是由于心脏不好，他不参加对抗性的比赛活动。但业务活动和有赛事训练时，他总是热心地做场外指导。他的技术不是最好的，况且我们经济学系队里还有校队的核心队员刘立华，可是当他用温和平缓的语气指导讲解时，大家都静静地听他的。

后两年我和他相处的时间多起来。有一段时间经常坐同桌，课前他总是提前到位，手中拿着《好一朵茉莉花》的歌谱。他识一点乐谱，一边学一边唱："好一朵美丽的茉莉花，好一朵美丽的茉莉花，芬芳美丽满枝丫，又香又白人人夸……"有时还转身教我，直到老师上讲台。后来这首歌传唱多了，我才知道这是一首名曲，才知道为什么他这么喜欢！

张平比我见多识广，他对识人和一些社会问题有很深的见解。有一天中午我们到小树林散步，谈同学谈社会，他突然说："你呀心眼太多了，太多了不好，早晚要吃亏！"我自认为自己不属心眼多的人，但他对我的告诫我一直没忘，后来有些事情证明他说的是对的！

那年在青岛毕业实习，晚上去栈桥看海散步，他跟我谈人生和生活中的些许不如意，我看到了他心中的无奈和淡淡的忧伤。我的社会经历和境界都不如他，且正踌躇满志，我能对他说什么呢！

毕业时，他把自己打饭用的我一直喜欢的带盖的大瓷缸子送给我，说："你带着作个纪念吧。"这个缸子我从北京带到黑龙江，退休后藏了起来，睹物思人，不忍再看到它。

毕业一年后，我在《工人日报》报社工作时，他专门来北京看我。我那时没有接待的意识和条件，陪他在天安门周围看了看，最后在天安门东南角的一家饭店吃了饭就分手了。怎能想到那竟是最后一别！

哎呀，苍天啊！他那么好的一个人，怎么早早就走了呢？张平学兄有君子之风，他的境界和品格，我远远不及啊！

谨以此文怀念张平同学，并纪念大学年代的青春年华！

退休后的休闲生活

忆最美青春

77级　赵宗尹

每个人都有自己的青春时光，但因生存时代与家庭出身的不同，各自的成长过程、青春回忆却大不相同；或艰辛、曲折，历经磨难；或幸福快乐，一路坦途；又或……

我出生于1954年，本应是生在新中国、长在红旗下的幸福一代，但不幸的是刚刚记事就遭遇了三年困难时期，吃不上饱饭，经常随奶奶到处捡庄稼、挖野菜。初中阶段又赶上"文革"，父母受冲击，沦为"可教子女"。临近高中毕业，"林彪事件"发生，三年不招工。后在上山下乡大潮中到"广阔天地、大有作为"了四年。幸恢复高考，入山东大学经济学系77级读书，我的青春才进入最值得回忆的美好阶段。

记得是1978年2月底的一天，天气乍暖还寒。我从小县城乘长途客车来到省城济南，跨进国内著名高校、山东最高学府的大门，戴上主席手迹"山东大学"校徽时，金榜题名、鱼跃龙门的幸福感、自豪感充满心间。班内同学来自全国各地，年龄相差很大。大的已30多，小的尚不满16岁，但大家共同的表现是对知识的渴求。教室里、图书馆、阅览室，还有文史楼东边的小树林，都留下了我们勤奋读书的身影。受益匪浅，教诲至深的有几位老师：首先是担任专业基础课"政治经济学"的周之美老师，其清晰的思路、严密的逻辑、简洁的语言，对我们的学风影响深远。原著《资本论》第一卷精读的指导老师马家驹能大段背诵原著，毫无差错。几张卡片深入浅出、旁征博引，其渊博知识令我们折服。赵植业老师讲专业课“商业经济学”，他的案例信手拈来，语言幽默诙谐，表达感情丰富，师生之间进行互动，课堂气氛轻松活跃。赵老师还是我们去青岛毕业实习的指导老师，他对我们实习生活中的细微关心和照顾，令我们至今难以忘怀。还有一位老师不能不提，那就是我们的辅导员车贵老师，他也是我们系的团总支书记。因为团的工作，我与车老师交往甚密，相知颇深。他虽不善言辞，但心地善良，为同学们的方方面面都考虑得很多、很细。他既是良师，也是益友，其人格魅力受到同学们的一致赞誉，对我们毕业后走上社会如何做人、做事影响极深。

就个人而言，大学四年是最美的青春。除了与同学们朝夕相处结下的同窗之谊，还有一件事值得一提。那是1981年暑假，我被学校团委推荐，由团省委批准，以“优秀学生干部”的身份参加了团中央举办的“自行车大学生夏令营北京营地”的活动。山东各高校代表共21人，我们一路骑行千余里，高唱着《年轻的朋友来相会》，意气风发来到首都北京，受到团中央领导的接见并合影留念，为我这段美好的大学生活又增添一笔重彩。

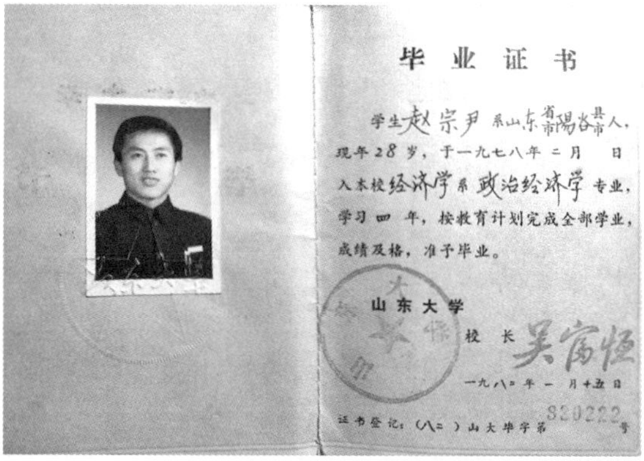
毕业证书

学生赵宗尹系山东省阳谷县人，现年28岁，于一九七八年二月 日入本校经济学系政治经济学专业，学习四年，按教育计划完成全部学业，成绩及格，准予毕业。

山东大学 校长 吴富恒

一九八二年一月十五日

证书登记：（八二）山大毕字第820222号

山东大学毕业证书

我毕业分配回聊城工作，1989年1月被山东大学经济学院聘请为聊城函授站站长；1990年7月又被山东大学函授部聘请为聊城函授站站长，为母校的函授教育工作作出了一定的贡献。

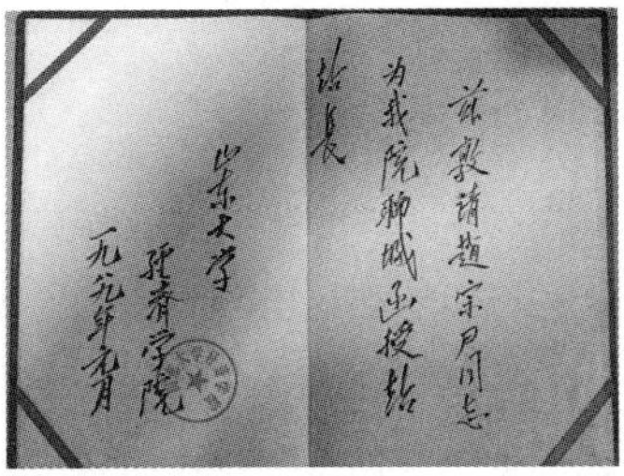

山东大学经济学院颁发的聘书

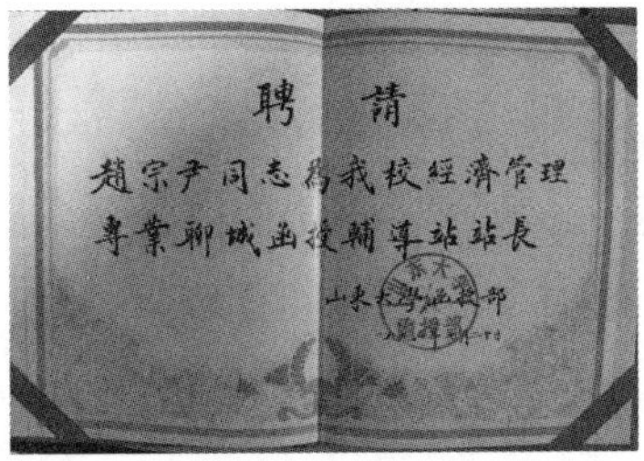

山东大学函授部颁发的聘书

时光如梭，转眼毕业已40余年，青春不再，相聚不易，再见很难。借此机会给老同学们写上几句话：“谁说七十古来稀，如今百岁不算奇。多少高低笑看去，寿比南山皆可为。”

最后祝老师和同学们都健康、平安、幸福！愿我们20年后再相会！

我的山大之缘

77级　段星辰

我自认为和山大是有缘分的，这种缘分是从定向报考山大开始的。

我是1974年入伍的兵，入伍第二年入了党，并担任了坦克车车长。我当时的奋斗目标是：在部队好好干，争取早日提干，早日成为穿“四个兜”上衣的干部。对于考大学、上大学，当时一点儿这方面想法也没有，这种梦都没做过。

1977年下半年，我所在部队分到一个报考山大的高考名额，该名额只能定向报考山大，不能报考其他高校，达到了山大录取分数线，入山大学习，否则，该招生名额归地方所用。我部在得到了报考山大名额之后，先在内部进行了小范围选拔考试，我荣幸成为胜出者，随后决定由我参加1977年的高考。对于部队决定由我参加高考，我当时的态度并不十分积极，主要是有畏难思想，感到大学门槛太高，考试太难，自己能力水平达不到，考也考不上。与其高不可攀，考不上，不如现实一点，在部队好好干，争取早日提干。针对我的思想问题，我连指导员做我的思想工作，他说：“只要你参加考试，就有希望，而如果不参加考试，则一点希望都没有。”他还鼓励我：“只要有百分之一的希望，就要做百分之百的努力。”指导员的鼓励打动了我，使我坚定了参加高考的决心和信心。

决定参加高考容易，但真要参加高考则面临重重困难。没有教材，没有参考书，没有复习资料，没有老师辅导，最重要的是没有复习时间。怎么办？当时部队流行“有条件要上，没有条件创造条件也要上”的口号，但创造条件谈何容易，受部队条件限制，创造条件也面临重重困难。最后，只能采取“有什么条件打什么仗”了。没有教材、参考书和复习资料，就只能找到什么书就看什么书，书也找不到就看报纸。没有复习时间，就在部队熄灯后，经批准在连队值班室“挑灯夜战”。最要命的是，在高考前夕，经中央军委批准，我部进行了新中国成立后最大规模全副武装野营拉练，铁流滚滚，千里跃进沂蒙山。考虑到高考对自己一生有重大影响，所以当时曾试探性向部队领导机关提出请假，在部队驻地复习，迎接高考。但得到的答复是：个人的事再大，也是小事；组织的事再小，也是大事。何况部队全副武装野营拉练是件大事，对于我的请假申请不予批准。无奈之下，我只能服从命令，全程参加了武装野营拉练。武装野营拉练结束后没几天，高考时间就到了，我只能仓促上阵，参加了1977年的高考。想当年在部队执行任务时，部队领导曾反复强调：“不打无准备之仗，不打无把握之仗。”我参加1977年的高考，准备得太不充分了，太没有把握了。受当时条件的限制，只能在已有的条件下尽力而为了。

由于野营拉练与高考复习交织在一起，身体极度疲惫，我在高考那天前往考点的车上竟然睡着了，到了考点都没醒。开车的驾驶员开玩笑说：“你可真行，这么紧张的时刻，你竟然还能睡着觉。”这一小觉太管用了，它使我极度疲惫的状况得到一定程度的缓解。考试正式开始后，我振作精神，像战士上战场一样发起冲锋，搜肠刮肚，绞尽脑汁答每一道题，争取多得一点分。四科考试下来，居然很顺利。考试结束后，一身轻松，自我感觉良好，自己隐隐感到“有戏了”，山大离自己已近在咫尺了。

高考结束后，陷入了漫长的等待，等到地方考生有结果了，等到地方考生拿到入学通知书了，再等到一些地方高校即将开学了，但是，没有我的任何消息。按照一般的理解，没有接到入学通知书就等于告诉你，没考上，没被录取。但我的感觉告诉我，考上应该没有问题。怎么办？情急之下，我想到请老乡帮忙。在部队，老乡观念较重，所谓“老乡见老乡，两眼泪汪汪”，是指老乡之间感情较深，老乡战友有困难，相互之间一般都会鼎力相助。我突然想到我团王副团长是我的老乡，但我认识他，他不认识我。当我硬着头皮找到他，告知我的困境时，他当即要求团政治处马上派人到南京搞外调，到江苏省招生办查明我的情况。我连高副指导员奉命执行这一任务。高副指导员赶到江苏省招生办被告知，该考生已被山东大学录取。高副指导员又马不停蹄赶往山大，山大招生办告知，该考生已被山大经济学系录取，入学通知书已寄往部队相关部门。高副指导员又立即赶往部队政治部相关部门查询，最后，在政治部一位干事的办公桌上，找到了我的入学通知书。当我拿到入学通知书时，离山大开学仅剩一天时间了。真悬啊！差一点与山大失之交臂。可能是这位干事工作太忙了，竟把这么重要的事给忘了。但幸运之神眷顾了我，我与山大的缘分拯救了我，使我在最后一刻，没有失去这一改变我终生命运的宝贵机会。感谢幸运之神！感谢山大！

入学山大以后，我珍惜这来之不易的学习机会，珍惜与山大的这份缘分，不忘初心，牢记使命，全身心投入到四年紧张的大学学习生活。入学四年来，自己端正学习态度，明确学习目的，以其他同学为榜样，认真听课，虚心请教，主动与同学进行学习交流，积极探讨学术问题。在老师们的悉心教导、同学们的热情帮助和本人的努力下，顺利完成了政治经济学专业基本理论及与之相关的各类专业知识的学习任务。从一名“土八路”，变成了一名受过高等教育、初步掌握现代科学理论知识的当代大学生。

大学毕业后，经历了从部队到地方的工作转换。无论在部队，还是到地方，自己没有辜负山大的期望，运用所学专业理论知识，努力完成好各项工作任务，尽职尽责做好自己的本职工作。虽然没有取得其他同学那么显著的进步与成就，但自己也尽心尽力了，问心无愧，自我评价还是一名基本合格的山大学子。

光阴似箭，日月如梭，不经意间毕业 40 多年了。2023 年金秋十月，山大经济学院 77 级和 78 级的同学共同商定，返校进行毕业 40 周年庆祝聚会。又要回到朝思暮想的母校了，又能见到当年为我们授课的令人尊敬的老师了，又要和多年未见的亲爱的同学们团聚了，心潮澎湃，思绪万千。有千言万语要向母校说，向老师说，向同学说。这些想说的话汇集起来，可集中概括为两个方面：一是感恩，二是祝福。

感恩，一要感恩高考。恢复高考是“文革”后党中央作出的一项重大战略决策，这一重大决策影响深远，意义重大。恢复高考，改变了之后一代代年轻人的命运，使他们成为新时代的幸运儿。77 级同学幸运赶上了恢复高考这一宝贵机会，成为恢复高考后首批大学生，彻底改变了命运。二要感恩山大。山大是一所至今具有 120 多年历史的名校，是教育部直属的“985”“211”国家重点高校，又是“双一流”国家重点高校。能够考入山大，成为山大的学生，是许多年轻人的梦想。自己很荣幸考入了山大，成为山大的学子，深感骄傲和自豪。是山大教育培养了自己，使自己成为国家现代化建设的有用人才，没有山大的培养教育，就没有自己的今天。三要感恩山大经济学院。山大经济学院的前身是山大经济学系，77 级是山大经济学系成立后首批招收的学生。山大经济学院具体承担了对我们的教育培训任务，为我们做了大量的富有成效的教学、组织、协调、管理和服务工作。感受最深的是，在山大经济学院，我学到了一门既科学又非常实用的专业理论。刚开始入学时，并没有感到政治经济学专业多么好，多么有用。但毕业后 40 多年的实践经验证明：马克思主义政治经济学是一门既"精"又"管用"的科学理论。它是马克思主义三个重要组成部分之一，是马克思经过毕生研究而创立的科学理论，是无产阶级革命和建设的强大思想武器。学好政治经济学，能够坚定无产阶级立场，坚持正确的政治方向；能够站得高，看得远，认清经济规律和社会发展规律；能够运用马克思主义的立场、观点、方法，观察问题、分析问题和解决问题；能够更好地履行工作职责和完成各项工作任务。总之，学了政治经济学，让自己受益终身。四要感恩老师。山大老师责任感、使命感很强，他们像蜡烛一样，燃烧自己，照亮学生。时至今日，山大老师在课堂上谆谆教诲的生动形象，仍历历在目，难以忘怀。山大老师不仅教书，还重视育人，教育我们树立正确的"三观"，继承和发扬山大优良传统和作风。同时，在日常生活中，老师们还给予了我们无微不至的关心和照顾。一日为师，终身为父，对为培养教育我们付出了极大心血的老师们，我们将永远感恩他们。五要感恩同学。77 级同学精英荟萃，人才济济，是一批从没有高考的十年里累积起来的人才中脱颖而出的精英。77 级同学品学兼优，好学上进，学习非常刻苦。当年，77 级同学在学习上如饥似渴、你追我赶、争先恐后、奋力争先的感人场面，成为山大校园一道亮丽的风景线。77 级同学政治上成熟，立场坚定，旗帜鲜明，主持正义，自觉在政治上、思想上、行动上同党中央保持高度一致。77 级同学还是一个团结奋斗的集体，大家相互关心，相互爱护，相互帮助，相互之间结下了深厚的友谊。尤其让我难以忘怀的是，大学四年间同学们给予我极大的信任、支持和帮助，使我能够顺利地承担、履行我应尽的责任和义务，这让我终生感动。能够结识 77 级这一批德才兼备、能力超群的大学同学，是我一生中最宝贵的财富。

祝福，一要祝福祖国。改革开放的 40 多年里，祖国发生了翻天覆地的变化。77 级同学是祖国发生巨变的参与者、见证者和受益者，我们的命运和祖国的命运紧密联系在一起。是祖国培养了我们，是祖国为我们施展才华提供了广阔的舞台，没有祖国，就没有我们的今天。我们感恩祖国，祝福祖国繁荣昌盛，祝福中华民族早日实现伟大复兴。二要祝福山大。祝福山大这所历史名校能够焕发出新的生机和活力。希望山大能够建设更多的具有名校特色的大楼,规划建设更美丽的校园;能够制度更健全,体制更完善,吸引更多的优秀人才加盟山大,扎根山大,服务山大;能够从山大教师队伍中涌现出更多的国内外知名的专家学者;能够为山东和国家建设提供更多的山大方案和山大智慧;能够为祖国建设培养更多的栋梁之材。总之,希望山大在全国高校中的位次不断前移,不仅是国内名校,而且走向世界,成为世界名校。三要祝福山大经济学院。祝福山大经济学院在全国同类学院中名列前茅。希望山大经济学院能够创建出更多的一流学科,能够涌现出国内外知名的经济学家,能够为山东乃至全国的经济建设发挥好参谋咨询作用,能够培养出更多的经济建设优秀人才。总之,希望山大经济学院,百尺竿头,更上一层楼。四要祝福老师。当年为77级授课的老师,现在大多已进入耄耋之年,一些老师已逝去。对仍健在的老师,祝福他们多多保重,颐养天年。对已逝去的老师,我们深深地怀念,他们永远在我们心中。对于仍在职工作的中青年教师,祝福他们"长江后浪推前浪",发扬前辈们的优良传统和作风,谱写新篇章,创造新辉煌,争取更大的荣光。五要祝福同学。77级同学年龄相差较大,年轻的同学都60多岁了,正奔70。年纪大的同学都70多岁了,正奔80。在校学习期间,大家相互竞争学习成绩。在职工作时,相互竞争业绩、名利、地位和荣誉。现在,到了相互竞争健康、长寿和幸福的时候了。希望大家更加注重健康,能够加强营养,充分休息,适度锻炼,特别是要保持乐观心态,力争健康长寿,安度幸福晚年。

山大是我的母校,是我永远的精神家园。我将永远心系山大,关注山大,珍惜与山大这份来之不易的缘分,让这种缘分天长地久、地久天长,伴随我的终生。

参加经济学院 40 周年院庆的一组照片，摄于 2017 年 10 月

给儿子的一封信

77级　姜东溟

儿子，你好：

刚参加了你的小学毕业典礼，看着你这几个月蹿起来几乎赶上我的个子，不由想起你刚学会在地上爬的情景：费吃奶的劲儿抬着沉重无比的头，有力扭动着肥嘟嘟的身子，在桌子、椅子下穿行，爬累了就不动了，休息好了再爬……你后面还要高考，上大学，参加工作，成家立业。给你写封信吧，同你聊聊人生努力的方向。呵呵，原谅爸爸难免落入作为爸爸的窠臼。

不甘平庸，高看自己一等

人生的路怎么走，达到什么层面，很大程度上在于对自己的要求。对自己一生有高一点的要求，有一点雄心，不甘普通，不甘平凡，很重要。雄鹰高翔，麻雀低飞，志向不同，生命轨迹不同。高要求是更有意义的生命的开始。

高标准、高要求体现在做事上。凡事要认真对待，快一点、高一点、严一点、精一点、远一点。踮踮脚，伸伸胳膊，付出比别人多一些的努力。高要求、多努力开始是一种主观意念，一次次坚持，久而久之形成习惯，成为你的风格，让你终身受益。

坚持自己的特点也是不甘平庸的方式之一。每个孩子各有各的特点、特长，你的特点、特长是你飞翔翅膀上的羽毛，你要珍惜它们，不要为了随大流而抛弃、改掉。把自己的特长发挥好，才会有与众不同的飞翔。

兴趣往往是行为的向导，引导我们走着不同于别人的路。当发现你比周围的孩子更喜欢科技知识时，爸爸庆幸这是上天送的“大礼包”，也是你给爸爸最好的礼物。爸爸顺水推舟，鼓励、支持你的兴趣。鼓励你看科技“网红”的视频；每次你说要买某个电子器件时，爸爸总是乐呵呵地付款；支持你焊接一些杂七杂八的东西；鼓励支持你参加科技创新的比赛。当别人还在玩乐高时，你喜欢玩的已经是设计、制作简单的电路板了。还是软硬件双修！打开你房间的橱子，满满的不是玩具而是电子元器件。这个兴趣很了不得，是你入门的老师，让你投入，带你努力，成果却常常出人意料。希望这方面的兴趣像汩汩泉眼，涓涓细流，把你引入科技的大江大河、浩瀚海洋。保持好你的兴趣，用好你的兴趣吧！

让乐观、快乐成为一种习惯

人的快乐不仅取决于客观，还取决于内心。客观和主观都可以成为快乐的源泉。从客观世界获取更多的物质满足自己，可获得快乐幸福；在外在条件不变甚至变坏的情况下，改变自己的内心，也可让自己有更多的快乐、幸福。人生在世，要修炼的很多，乐观也要修炼。凡事保持乐观向上，特别是在困境中磨炼自己的内心，每次磨炼都可能让内心强大一点，慢慢地乐观向上变为寻常表现，再后来变得自然而然，不用再想起也不会丢失，成为你的秉性。

在顺境中，秉持一种平静的快乐，心像宽广的湖面，水光潋滟，但波澜不起，平静安详；在逆境中，秉持一种坚韧的乐观，乐观向上的精神就像逆流而上的小船，千回百转，穿浪而行。享受学习，享受工作，享受生活，成为一棵快乐成长的树。

接受残缺的客观世界是快乐人生的一部分。要知道世界没有那么多完美，更多的是不完美、残缺、不足。要善于接受不完美、不顺利、不理想。道路曲折坎坷，人生起起伏伏。挫折教育是一位好老师。在遇到挫折、困境或不幸时，不让自己陷入反复的苦恼、忧伤，要善于自我疗伤、自我修复。

幽默是快乐的方式之一，它是沉积到骨子里再由内向外发出的快乐，它是同智慧交融的快乐，是有男人味的快乐。让幽默成为你的风格吧，时时给别人和自己带来快乐！

关于毅力和自律

毅力，在人的一生中起着重要的作用。人生总要经历风雨、坎坷、起伏。毅力就像一条船，保护我们乘风破浪，勇往直前。它像桨，强力的桨能让我们在逆境中逆流而上，终达目的。它像船板，有着厚度和硬度，让我们经得起风浪的撞击、拍打。它像舵，精细无误，让我们在迷雾中冷静抉择，把握时机，避险离艰。

经历会给有心人留下本领。经历了大河，学会了游泳；经历了高山，学会了攀登。每次的努力、坚持都是毅力的增长，每次增长又都是上一次的叠加，像复利的作用一样，快速成长。慢慢毅力像骨骼、肌肉一样成为你的一部分。

自律肯定是一个优秀男人的品质，它是男人的护城河、品牌、气质。自律是信仰，是理智，是责任，是自我坚强、自我约束。自律是不堕落、不随波逐流、不立于围墙之下、不故步自封、不甘平庸、有所为有所不为。相信，运气总是更多地给自律的人。

儿子，你小学二年级时，一个同学无故打了你，我问你为什么不打回去，你说打他不也是打人了吗？以后下课时避开他就行了。我一时不知该怎么说，但感觉你还是挺自律的。

关于困难

人的一生总要经历大大小小的困难。攻克一个个困难需要的不仅是智慧，更重要的还有冷静、勇气、韧性。碰到大的困难，有人会惊慌失措，有人则冷静以待，冷静是解决困难的堤坝、途径；有人会情绪低落、躲避逃逸，有人则会遇勇则勇、遇强则强。勇气是让自己比困难强大的法宝。有人缺乏韧性，轻言放弃；有人坚韧不拔，屡败屡战。韧性就像锯子锯木头，坚持虽有挫折，但随时间过去，木头总会断的。有时困难看起来很难克服，几乎没有解决办法，但只要不放弃，等机会，等变化，时间让解决困难的机会出现了，问题也就迎刃而解了。

还记得爸爸带你学习游泳的事吗？那时你才四岁，我抱着你在水里，每当我想松开手时，你会紧紧搂着我的脖子，惊恐地大叫，叫声如此之大，令周围的人侧目。那时你真的很怕水，好像比别的同龄孩子都怕。慢慢你发现爸爸在保护着你，水也没有那么可怕，就冷静下来了，开始按爸爸教的去适应水，经历了呛水、喝水，扑腾着竟然漂浮起来。四五次后你就会独自扑腾了，喜欢上了，吵着要去游泳了。有一段时间，你常常是泳池里会游泳的最年幼的孩子，戴着一副大大的潜水镜，几乎遮住了一半的脸，稚气又韧性十足。三年后，爸爸蛙泳游不过你了！这是我一直很奇怪的一件事。

关于大学

从小学到研究生学习，对爸爸影响最大的无疑是大学。大学是爸爸人生重大转折点，让我经历了化茧成蝶般的人生蜕变，对我一生影响深远。

大学给了我些什么？知识？是的，大学让我系统地学习了基础的经济学及相关知识，为我一生打下了学科的基础。但再一想，知识只是浅层面的。大学学过的知识有限，在工作和生活中用到的不及万分之一。

那么，大学究竟给了我们什么？在大学，除了增加知识外，自身的能力和特质都在加速形成，如家国情怀、兴趣喜好、学习方法、思考能力、坚韧毅力、奋斗精神、协同合作、不甘人后、为人处世等。我们且把这些统称作“素养”。素养才是大学给我们的第一性的、基础性的和跟随终生的东西。一生中，它就像一艘船助我们穿雨破浪，就像一对翅膀让我们腾空翱翔。大学里虽然没有一门课专门教授这些，但时时处处都在教这些。除了读书、上课，大学给了一个环境，像一个熔炉，让我们得到了高温锤炼，快速成长。

大学的老师、同学，对我们都有重要的影响。同学朝夕相伴，不仅学习在一起，还像兄弟姐妹一样生活在一起。每次课外的聊天、交流和辩论，甚至是开玩笑，都给我们带来新鲜的感受和认知。因历史的原因，爸爸的同学绝大多数入学前参加过工作，来自四面八方、各行各业，有不同的经历、不同的专长、不同的个性。有的才思敏捷，不循老套；有的老成持重，四平八稳；有的严谨精细，循规蹈矩；有的诙谐幽默，“招惹”是非。每天同各不相同的同学接触，有趣且有料，好像让你多多少少经历了他们的经历一样。想想，你每天同做过军人、工人、农民、教师、干部等各种各样的人在一起，看着他们学习、生活，听着他们的人生经历和见解，是多么难得的一件事啊。有意无意间，同学们相互丰富了阅历，汲取了营养。课外同学间的交流成了我们成长的第二课堂。记得熄灯后宿舍里的聊天，漫无边际、有趣、新奇又有哲理，是每天睡前的功课。记得课外同学关于理论问题或实际事例激烈的争吵、辩论，几乎每次都像吵架，争个唾液乱飞，面红耳赤。看似凌乱无章，实际锻炼提高了分析能力、思辨能力、逻辑能力和表达能力等。同学间的相处让我们成长，同课堂上学习知识不一样，更像旅行，体验感性、真切、随意、深刻。

大学老师是我们心中的榜样，他们的优良品质潜移默化地影响着我们。概括一下，慈祥和严谨是老师们的两个突出品质。他们热爱工作，对学生满腔热忱、耐心细致、关爱有加，给我的感觉就是慈祥。再一个就是严谨。老师们无一例外的治学严谨，不管水平高低，都非常认真地备课、教授知识。

大学还有很多东西影响着我们的素养，从课堂内到课堂外。真的神奇，经历了大学，我感觉自己的素养上了一个台阶，有种脱了胎一样的变化，人生变得不一样。素养像孕物之水，温润滋养我们一生。儿子，你将来要进入大学，希望你能充分利用大学的环境，在有限的时间里，不仅学习知识，还要努力提高自己的素养，为人生打下一个好的基础！

儿子，爸爸为什么把这封信放在这个集子里呢，因为这里面的文章大多是爸爸的大学同学写的。这些人在那个特殊时期能考入大学，很优秀，他们身上有着不同于你们现在的那个时代的痕迹，履历精彩，感受深刻，思想独特。读一读他们的文章，对你的成长定会有所帮助。

做个好人

做个好人好像是废话，哪有人要做坏人？而且这个并不难。但要知道，世间有太多诱惑、困境、障碍等，让人们偏离做一个好人。“好人难做，老实人吃亏”“马善被人骑，人善被人欺”，这些说法某种程度上说明做个好人并不容易。但从长远看，做个好人，让你尽享天时地利人和的好处。做坏人才难，常常难到寸步难行。你有意识、明确地把做个好人作为人生目标，时时提醒自己，人生就会不一样。有了这样的要求，你会做得更好，成为更好的人。好人就是有爱心、正直、善良、诚实、有责任感、有同情心、能忍让、豁达等。在这些方面努力做得更好，会给你大大加分，人生会变得简单顺畅。好人有好报。譬如，待人处事上，与其善用心机、处处防范，不如善良以待、诚意相对，这往往使你有个好人缘，与人关系融洽，碰到矛盾时也容易化解。有爱心、善良是一种人格品质，也是一种待人处事聪明智慧的方式。它有时会让我们逢凶化吉，遇难成祥。有两次爸爸碰到大的困难，几乎难以克服，绝望之际，朋友主动伸出援手，无私地帮我渡过了难关。这不是利益的交换，也不是恩情的报答。我问他们，其中一人说："因为你是一个好人！"好感动！

儿子，不要怕成为一个有爱心、善良的人，要善于成为一个有爱心、善良的人。

儿子，爸爸写这些"大道理"，有些严肃，不像一直同你开玩笑的爸爸。我不想这些成为对你的忠告、训诫或指导，成为你的包袱，只希望你有需要时能认真读一读，引出你自己的问题和思考，让你在社会实践中寻找答案。社会才是你成长的源泉，是你的土地、阳光、清风和河流。

儿子，有一件事我记忆犹新。那时你两岁多，我们过马路，怕牵着你的手危险，就把你抱了起来，你突然凑到我耳边细声地说："爸爸，给你个连续亲怎么样？"连续亲！爸爸听完乐得心都化了！多好啊，至今每个细节的感受都还在！多么想回到那时，再感受一下你在爸爸怀抱里的那个场景啊！

爸爸

2023 年 7 月

难忘青葱岁月

——梦在山大如愿

77级　姜秀振

一

在流火七月的一天接到李齐云同学的电话，通知今年10月20日回校参加77级、78级政治经济学系同学毕业40周年的庆典活动。来自母校的消息令我激动不已，心情久久不能平静，一晃我们毕业离开母校40多年了。在历史的长河里这点时日只是一瞬间，但在一个人的生命周期中却是绝大一块的百分值！

40多年前党中央决定恢复中断了十年的高考，为国家选拔培养急需的各类建设人才。报纸电视向全国发出动员令，号召符合条件的青年踊跃报名服从祖国的挑选。当时我正好卡在年龄限制的线内，很庆幸能报名参加高考。但开始也有些犹豫拿不定主意，一是因为自己从部队退伍回到济南后被分配到市革委会计划组工作，办公地点就在当时济南最高的市委大楼二层，条件比较优越。二是因为单位领导有劝阻之意，说自己年龄快到"半截老头"了，且政治条件不错，老老实实在单位干是很有发展前途的。三是因为1976年我被派到济南市英雄山公社带领知青下乡锻炼，工作任务重，没有时间复习功课。面对这些问题，最后还是求知的欲望使我下了决心报名参加高考。从找全复习资料到高考，只有一个多月的时间。因为学业荒废十多年了，有的课程本来就学得不扎实，所以复习起来感觉难度很大。同时每天还要帮助爱人照顾不满周岁的儿子，当时的困难和压力可想而知。

1977 年 12 月两天考试下来心里一块石头落了地，感觉除了数学考得不好外，其余几门语文、政治、历史、地理(没考英语)等感觉良好！

回顾自己从小到大的成长过程，每一步都是在党和政府的关怀帮助下走过来的。我出生在沂蒙山区一个偏僻的农村，从孩提时代就尝到了生活的艰辛。父母参加了革命工作。母亲在村里当妇救会主任，发动群众做军鞋、送军粮支援前线。父亲参军入伍在 1948 年淮海战役中牺牲。我从那时起成了烈士子女，从上小学开始一直都得到国家的优扶帮助，不然很难能到省城济南上学。

1960 年的经济困难还没有完全恢复，我在沂南县第四中学就要初中毕业了。考虑到上高中会给家里带来很大的经济负担，我就选报去当飞行员，几经体检到第三关没有通过，于是就报考不用交学费的中等专业学校。1964 年 8 月，我考入山东省计划统计学校读书。这所学校离山大洪家楼校区不远，山大旁边教堂上高高的十字架引起我们的好奇心，周末常有同学前去观望探究，从此山大的名字就留在了我们的心里。

1966 年“文革”初期，我们响应毛主席的号召，怀着朴素的阶级感情参加了红卫兵的活动。我们同学远到北京串联学习，近到山大校园学习了解运动情况，因此有机会接触了山大，认识了山大。有一天我们去山大老校(今洪家楼校区)走访学习，一进西大门不远路北有一大幅宣传画，画的是几个戴红卫兵袖章的学生手臂相挽，举头凝目远望，旁边写的是“抬头望见北斗星，心中想念毛泽东”。那幅画的意境深深引起了我们的共鸣：坚定信心，跟着毛主席干革命，决不向反革命低头，绝不和他们同流合污！那时心里油然产生了一种莫名的崇拜，感觉山大培养出来的学生真有水平，山大真不愧为中国名校、山东最高学府！要是能有机会到这里读书深造该有多么幸福！应该说那时山大已在我们的心里埋下了一颗梦想的种子。

1968 年 1 月解放军征兵，山东省计划统计学校有 10 名学生应征入伍，其中就有我和王广信同学。我们在解放军大学校历经培养锻炼，成为光荣的共产党员。1973 年，我和王广信同学又一同退伍回到济南。也可能是缘分使然，1977 年我们不约而同报考山大，并一起被录取进入政治经济学系读书，从此成为山大学子。

二

进入山大读书我们感到无比骄傲和自豪！因为我们之前对山大的光辉历史就有所了解，从心里就非常向往山大，热爱山大！

山大是我国近代高等教育起源性大学，前身为1901年创办的山东大学堂，是继京师大学堂之后创办的第二所官立大学，历史地位显赫。100多年来几经异地发展成为“985”“211”“双一流”的一所综合性大学。在山大发展的不同历史时期都有优秀的人物出现，人民艺术家老舍、一身革命正气的闻一多、两弹元勋王淦昌等很多精英在20世纪30年代都曾在山大工作过。特别是新中国成立后，山大给国家培养了无数优秀人才，创造了许多光辉业绩。山大中文系的冯沅君等国宝级教授开创了山大文史哲的辉煌时代，在全国独树一帜。1953年毕业于中文系的李希凡、蓝翎等人敢于向《红楼梦》研究方面的权威挑战，得到了毛泽东主席的赞许。他们给母校争了光，给山大校友树立了榜样。山大生物系童第周教授的克隆技术在世界上领先，被人称为“中国克隆之父”。华岗、成仿吾等几位老校长的革命精神鼓舞着几代山大人。吴富恒校长的翩翩风度和外语口才让我们学子十分折服和钦佩。更有许多知名教授的学问博大精深，标新立异，为山大的发展作出了卓越贡献。

从1978年到1982年，在校的四年时间里，在系党总支和班主任老师的领导关怀下，在全班同学团结一致互相帮助下，我们圆满完成了学业。在寒来暑往的日子里，同学们都坚持按时上课，不论是小班讲课还是上合堂课，大家都是聚精会神听讲，下课认真复习查找资料一丝不苟地完成作业。我还记得每天去图书馆借书的人很多，有时还要排一会儿队。还有文史楼东边的悬铃木小树林，只要天气好，就会有很多同学去那里看书学习，练习英语口语。在同学们模范榜样的带动下，我也不甘落后，在学习时间上见缝插针，争分夺秒，利用路上的时间背单词，把英语卡片贴在自行车把上边走边看，很有效果。

第一学期我感觉比较难的是政治经济学和公共外语等几门课。开始听周之美老师讲政治经济学时感觉不好理解和把握，但心里明白这是我们的主要专业课，必须下功夫学好，达到融会贯通全面把握。我听得懂周之美老师的南方口音，他和蔼可亲与耐心的讲解使我们更好地接受了比较生涩的知识。周老师从资本主义经济的细胞商品开始讲起，把我们引进马克思主义政治经济学说的殿堂。他从两把斧子等于一只绵羊的价值形式解释开来，从具体到抽象让我们认识了商品的二重性对立统一关系，认识了资本主义最基本的东西。这为以后跟马家驹老师学习《资本论》原著奠定了良好基础！在校四年里我们学习了几十门专业课程，其中马克思主义的政治经济学、辩证唯物主义哲学、经济学说史是我们最重要的专业课程，加上中文写作、英语、西方经济学、财政学、工业经济学、农业经济学、商业经济学等多门知识的学习，使我们掌握了比较完整的马克思主义理论体系和经济专业知识。我们的政治理论水平和政策观念有了较大的提高，基本形成了无产阶级的“三观”。这为我们毕业走向社会工作岗位后能够胜任业务工作、为自己的发展奠定了坚实基础。

回顾四年的大学学习生活，有许多值得怀念永远不会忘却的人和事。最应该感谢各位系领导，感谢各位老师，感谢各位同学！特别要感谢的是给我们讲商业经济学的赵植业老师，他平易近人和蔼可亲，同学们都喜欢上他的课。在我们临近毕业去青岛市实习的日子里，每天都会和赵植业老师见面请教问题，在理论与实践的结合上他给了我们很好的指导意见。在对青岛市商业系统的企业作了大量的调查研究后，我开始写毕业论文。根据国家改革开放政策形势发展的要求，通过对几家企业的实际案例分析，论述了企业联产承包责任制对经济发展的积极作用，提出了对企业经济改革的建议与措施。赵植业老师耐心看完了全篇五千多字的手写文章，肯定了这篇论文，给了一个优秀的评价！这个成绩是对我在校四年完成学业的一个肯定，同时也把我推到了毕业季，我就要离开山大走向社会了，心里思绪万千，真是舍不得离开母校。

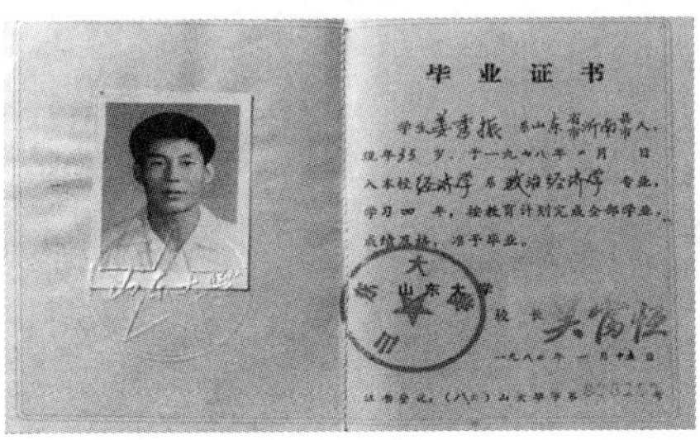

大学毕业证书

经济学学士学位证书

三

1982 年 1 月，我被分配到山东省财政厅财政科学研究所工作，报到后很受欢迎，领导和同事们都说我是第一个分到财政厅工作的综合大学的毕业生，看来对我的期望值不低！上班后参与的第一个工作就是筹备由财政部主导的在山东召开的全国农产品价格改革座谈会。会议主要议题是如何缩小工农业产品价格的剪刀差，提高农民收入。这是国家在党的十一届三中全会后开始解决“三农”问题的重要行动。许多年来我国工业产品定价机制偏离价值规律，而农产品价格定价过低，这在一定程度上是对农民的一种剥夺，妨碍了农民生产的积极性，影响了农业农村经济的发展。我在会务组分管资料和录音等，三天会议下来虽然忙累，但确实学到了很多东西。

1983 年，我参加了全国的第一次整党，按照党中央的统一部署，每个共产党员必须学好整党有关文件，实事求是写出自我查改报告，有问题的解决问题，主要从思想上坚持共产党人的革命立场和共产主义信念，和党中央保持一致。

随后全国第一次利改税调查测算工作开始，财政部在山东省设立几个重点工作组，财政厅从几个处室抽调业务骨干参与调研测算工作，当时的工作量很大，忙了几个月才完成了全部任务。

1984 年 5 月，我被调到山东省政府经济研究中心工作，正巧我们山大经济学系老主任季星如在那里任副主任，当时主任由马世忠副省长兼任。研究中心是省政府的一个工作部门，但又是山东省经济和社会发展战略委员会的办公室。当年在省委书记苏毅然同志的领导下，全省上下开展了经济和社会发展战略大讨论大学习，并制定了山东省经济和社会发展战略的有关政策文件。研究中心日常的工作是分处室负责调研全省的经济社会问题，定期和不定期地向省委省政府报送经济形势分析等各类调研报告。

我们的上级对口部门是国务院发展研究中心，但没有业务上的垂直领导关系，平常联系交流信息比较多。1986 年年初，我和一名同事被派到国务院发展中心学习加工作，当时分在以吴敬琏为组长的动态组，全组人员老中青三结合，工作力量很强。年龄大点的有胡季老师，年轻的有李剑阁等。我跟胡季老师到四川等省调研军工企业转民用产品生产问题，在大后方考察了原子弹、核潜艇等大型军工企业，看到了国家有很强的科研力量，现在我们国家高科技发展这么快与过去的深厚基础是分不开的。

在国务院发展中心学习工作了两年，当时改革开放发展势头强劲，我从思想观念和业务能力上都有很大提高。在1988年上半年对全省经济形势分析时我引入了史清琪教授的数学模型，第一次测算出了科技进步对山东经济增长的贡献率。这给全省领导提了个醒，必须加大对科技的投入，用科学技术进步促进经济社会发展是最有潜力的路子。

20世纪90年代是国家改革开放蓬勃发展的时期，经济和社会形势发展波澜壮阔，各省市之间比学赶帮超争先恐后！那时山东省委省政府的工作重点自然是大力发展外向型经济，大做引进外资建立合资企业的文章。省委书记带领省直有关部门到广东省等南方省份学习取经，强调要解放思想，更新观念，大胆创，大胆试，走出去引进来，加快我省经济的发展。经省政府同意由山大经济学院和山东省研究中心组成一个外向型经济考察小组，请庄德钧主任担任组长，省政府办公厅副主任王兴起为副组长带队到美国、加拿大作为期20天的学习考察。我是组员之一，负责买机票、服务生活等工作。我们从美国旧金山入关，到纽约、华盛顿等地进行考察，当时感觉东西方经济和文化的差异比较明显。然后从美国到加拿大，从多伦多到温哥华的飞机上鸟瞰秀美的风景真是让人心旷神怡。一路考察除了有翻译帮助外，庄德钧主任的英语水平着实不一般，给我们考察工作带来很大帮助。回国后我在工作上有疑难问题时还会请教庄主任，他不仅是我的老领导，更是我的良师益友！在此深切缅怀庄主任并表达无尽的思念！

上面我用台账流水的方式汇报了我毕业后所做的一些主要工作，可以说在各个工作单位各项工作过程中，运用所学的专业知识解决各种问题得心应手，没有发生大的偏差，取得了一定成绩。在此我想说所有的成绩都应归功于我们的母校，是她让我们在校四年学到了比较完备的知识，提升了各种能力。不能不说山大政治经济学系的课程设计知识结构完整，教与学运转高效，是一套科学合理的系统工程，我们学生是最大的受益者！

退休后参加社区党建活动，摄于 2023 年 11 月

斗转星移，时光蹉跎，丝毫没有改变我们山大人踔厉奋发、永攀高峰、敢为人先的风范。同学老师 40 多年再聚首，除了在大家的脸上看到了岁月沧桑的痕迹外，感觉大家还像 1978 年年初入校的时候一样，每个人脸上都充满阳光，充满自信，豪情满怀，活力四射。大家热情交流中表露出一种坚韧的信念愿望：不管到多大年龄，不管在何时何地，都要继续秉承“学无止境，气有浩然”的山大精神，再过 20 年我们重相聚，到那时我们国家、我们山大、我们同学，一定变得更强、更美、更有活力！

学会跟着思想家思考

77 级　姚鸿健

1977 年秋冬之交，因“文革”而中断了十年之久的高考制度恢复了。这一年的高考，创造了中国高考史上空前绝后的奇观：人数众多——十几届的高中毕业生，还有少数没有高中文凭的青年人，一齐涌进考场；“辈分”复杂——兄弟姐妹、学长学弟、老师与学生甚至父母与儿女同时参加高考；竞争激烈——当时大学与中专混在一起考，录取时百里挑一，若单算大学，近乎千里挑一。与其他各届大学生相比，77 级同学间年龄与阅历相差很大。

这一年，已高中毕业近四年的我有幸被山东大学政治经济学专业录取，成为 77 级的一员。77 级的入校，让沉寂多年的山东大学顿时焕发出勃勃生机。图书馆与阅览室一座难求，教室与宿舍灯光不熄，校园小树林里到处是潜心阅读和促膝讨论的身影……

学校为各个班派出了最强的师资阵容。《资本论》是我们系的重头主课，当时主讲这门课的是著名学者马家驹老师。给我们上课时马老师已收到了中国社会科学院的调令，出于对 77 级这群特殊学生的关爱，他坚持要给我们讲完《资本论》第一卷后再去履新。于是，我们有幸成为马老师在山大的第一批也是最后一批学生。虽然时光飞逝，但马家驹老师讲《资本论》的情形在我心中宛如昨天。

在给我们上第一堂课时，马家驹老师就开宗明义：读《资本论》，不但要下功夫弄懂它的结论，更重要的是，在研读这部伟大著作时，要通过马克思思想来学会思想家的思考方法。这段话也可理解为：读马列经典的重要目的是要"学会跟着思想家思考"。这一教诲在我脑海里深深地扎下了根，不但影响了我的大学生活，也对我毕业后的工作产生了很大影响。

记得当年每次进教室时，马家驹老师总是抱着一大摞中外不同版本的《资本论》——外文版的有英文本与日文本，中文版的有郭王（郭大力、王亚南翻译）本与马列主义编译局本。深度钻研过经典著作的人都知道，即使译者的水平再高，由于时空与语言的"区割"，其译作也不可能百分之百地体现原作的本意。因此，马老师在课堂上总是不厌其烦地用各种版本对照着进行讲解，务求让学生们正确理解马克思的原意，并不时地要求我们把他认为译文不够准确的地方在书本上直接改过来（当时我们用的是马列编译局的译本）。毕业后的岁月中，我每逢看到书架上那套当年的《资本论》课本，总忍不住信手拿起来翻一翻，书中的那一处处修改标记，总能一次次把我的思绪带回到当年山大文史楼里的《资本论》课堂上。

正在阅读《资本论》，1978年摄于山大文史楼教室

马家驹老师讲课可谓细致入微、旁征博引、口若悬河、神采飞扬。当时我们班有58人，每逢马老师讲课又总会吸引来一些旁听者，以致座无虚席，在教室的

走道上经常有席地而坐的听课者。每堂课马老师几乎都是先逐句逐段诵读原文，然后再逐段逐句细致地解读，每一章节结束时必作串讲，可以说是从部分到整体无不精读、精讲。一位师弟曾对我说，他从马老师那里学到了"读一分钟，想十分钟"的读书方法。对此，我也深有感触，至少读经典时必须用这种"掩卷而思"的精读方法，否则不可能读懂。

马家驹老师每堂课都是全身心地投入，一副老花镜和一副散光镜，随着他在低头诵读与抬头讲解间不断切换。马老师对《资本论》内容烂熟于心，常常如行云流水般侃侃而谈，仿佛进入了物我两忘的纯思境界。面对这种情形，记得一次有位同学对我耳语：别看大家都好像在静静地听讲，其实真能听懂的也没有多少人。我想，同学说这话的本意是《资本论》这部"天书"实在是太深奥难懂了。其实马老师提出的"跟着思想家思考"的要求也是很难的，要进入这种境界需要长期的艰苦的思维训练。我的体会是，听马老师的课注意力要自始至终高度集中，中间稍有分神，效果就要大打折扣。当然，"听得懂"与"听不懂"本身是相对的。

马家驹老师尤其注重向学生讲授马克思独特的研究方法与思想方法，他把马克思的方法形象地比喻成一把锋利无比的"解剖资本主义生理学的手术刀"。每当讲到《资本论》的研究方法与逻辑结构时，马老师总会提到黑格尔的逻辑学，并且这样比喻：读《资本论》就要像研究一只钟表那样，不但要能将它拆卸开来，而且还要能将它重新组装起来，这样才会真正明白它的内在构造与机理。马老师善于运用"矛盾引导前进"的方法来讲解《资本论》各范畴间环环相扣的逻辑关系。在他的讲授下，那些看似晦涩、枯燥与孤立的概念范畴变得鲜活起来，具有了动态与联系感。这大概就是黑格尔所描述的"概念自己在运动"。

为了"学会跟着思想家思考"，大学期间我很注重对经典著作尤其是哲学著作的学习，还曾到哲学系去"蹭"过关于黑格尔逻辑学的课。在学习《资本论》时，也很大程度上是把它当成哲学著作来阅读，并努力去寻求那种"跟着思想家思考"的感觉。马克思虽然是公认的辩证法大师，但专门的哲学著作并不多，他的哲学思想大都隐含在其经济学研究成果中。在《政治经济学批判》(有小"资本论"之称)中，马克思运用经济学语言完整地阐述了唯物史观与辩证法，可以说，这是一部"哲学思想含量最为丰富的经济学文献"。大学期间，随着对经典著作的阅读，尤其是在读了恩格斯的《自然辩证法》后，我甚至萌生了写一部《经济辩证法》的奇想。当然，以那时的学术功力，这个想法是不可能实现的。我是个志大才疏又不轻言放弃的人，毕业后这个想法一直伴随着我、煎熬着我也鞭策着我，最终促使我于1995年和2015年分别写出了《管理哲学——规律与对子》（天津人民出版社）、《管理哲学新论——管理即建构》（山东大学出版社），不管水平如何，总算是了却了一桩心愿。这其中的“因”，不能不说是由“学会跟着思想家思考”带来的。

笛卡尔认为人类历史上最有价值的知识是“关于方法的知识”，中国传统教育认为“授人以鱼不如授人以渔”，马家驹老师倡导的“学会跟着思想家思考”无疑就是为了让我们获得“关于方法的知识”，学会“渔”之本领。

那些年，美好的遇见……

77 级　秦凤鸣

那一年，收到山东大学的入学通知书时，我激动得好像找不到北。满脑子想的是大学校园和讲堂长什么样，也幻想着和老师、同学甚至同桌见面的场景。直到背起行囊踏进弥漫着春大气息的山东大学新校校园时，那颗蠢蠢欲动的心才终于安放在曾在梦中无数次邂逅的这座象牙塔中，从此再也没有离开。

40 多年了，光阴似箭，往事如烟。经历过的很多人和事都会随着岁月的流逝而随风消散，然大学四年的师生与同窗情谊总是那么令人难以忘怀，也许因为它是人生中最美好的一段旅程。有关这段旅途的记忆从未尘封，总会时常想起。

遇见我的导师——他和他

初识导师庄德钧教授是在本科生的课堂上。庄老师讲授的是美国经济，内容丰富，条理清晰，引人入胜，尤其是他洪亮而有磁性的声音振聋发聩。庄老师曾就读于复旦大学和中国人民大学这两所国内著名的高等学府，有着深厚的理论功底，阅历丰富，授课时深入浅出，生动风趣，深得学生赞誉。庄老师曾作为国家第一批美国富布莱特基金会资助的高级访问学者赴美考察一年。我们这些他的研究生时常听他谈起在美国的诸多学术经历,包括生活中的趣闻逸事,也激发着同学们学习和研究的热情与活力。他在很多时候寓教于行,那种宽以待人、严于律己的品格和智慧对周围的人有着潜移默化的影响。

记得 1993 年深秋,我随庄老师和两位研究部门的同行去美国和加拿大几所大学访问,其中包括山大友好学校——美国博林格林州立大学和加拿大里贾纳大学。在这两所大学学习的几位山大学生闻讯赶来看望庄老师,庄老师对这些海外求学的学生嘘寒问暖,关怀备至,令人动容。所到之处,庄老师的睿智、宽厚、爽朗和谈笑风生感染着周围的每个人,大家都能感受到他所具有的人格魅力。归国途中,有一件趣事给我留下了深刻的印象。过海关时,作为身兼随行翻译的我,突然因随身携带的迷你剑如何处理卡了壳,那是一所美国友好大学商学院院长送的礼物,我忘了将它放进托运的行李箱,海关的移民官说他们可以帮忙邮寄,听上去很麻烦,庄老师很简短地对海关人员说了几个英文单词就沟通好了,连移民官都被庄老师的果断和机智逗乐了。

庄老师的胸怀之宽和爱才之心有目共睹。作为山东大学经济学院第一任院长,他为学院的发展和人才的培养呕心沥血几十年。他曾多次和其他班子成员奔赴天南地北的名校招募毕业的硕士和博士,并在学院创造适宜人才成长的良好环境和浓重的学术氛围,吸引年轻有为者前来加盟,这些人后来都成为学校和学院中的拔尖人才,无论是大学管理还是学术研究,均可谓代有才人出,领英数十年。

山东大学百年校庆时留影,2001 年 10 月摄于山东大学经济学院会议室

(前排中为庄德钧教授)

退休之后，庄老师依然关注和关心着学校和学院的发展。直到去世前的几天里，他还在为经济学院建院 40 周年编撰院史而激扬文字，殚精竭虑。

2016 年的教师节，几位山东大学毕业后留在母校任教的师姐弟们相约一起去看望导师庄德钧教授。和往常一样，庄老师微笑着为我们打开房门，大家围坐在一起天南地北地聊天。88 岁的庄老师看上去依然健硕，只是高大的身躯似乎不及以前那么挺拔了。庄老师不厌其烦地询问每一位弟子的近况，工作、家庭、学校、社会都是他关心的话题。他幽默的谈吐和豪爽的笑声一如既往，洋溢着智者的豪迈。我们和庄老师告别时，相约过些时日再去看望他老人家。不承想两个月之后却传来庄老师辞世的噩耗。对庄老师的最后印象就定格在 2016 年的教师节，成为永久亲切的怀念。

我遇见的另一位学业和人生导师是胡世凯教授。他是一位纯粹的学者，学识渊博，平易近人。在“西方经济学说史”的课堂上，他娓娓道来各派经济学说的来龙去脉，抑扬顿挫，不由得使人沉醉其中。胡老师讲授“专业英语”时教我们如何理解英文文献，他一口地道的英式英语艳惊四座。后来得知胡老师 7 岁即入教会学校，接受的是全英文教育。也正是在这个课堂上，我心里种下了学术翻译的种子，有了最初的动力。胡老师认为我的中英文理解和表达适合做这方面的事情，只是那时的我信心不足，又忙于眼前事，无暇触及。多年后我为某杂志撰稿的英文版就是由当时作为该杂志社的客座英文编辑的胡老师教导我如何修正，更多的是鼓励我。在随后的学术研究生涯中，我获得一些机会，翻译了几部学术专著，很想请胡老师斧正，再次聆听他的教诲，然而，他已经驾鹤西去，我心中不免有些缺憾。

我敬佩胡老师渊博的学识，更为他生活中的豁达与潇洒所折服。读研时我曾和同学结伴去胡老师家里拜访，见到他亲自动手修理的收音机和自行车，样样都做得好。他喜欢说：“Do it by yourself.”（自己的事情自己做。）胡老师去美国访学时快速学会了开车，随即买了一辆二手车，暑假期间相邀在美国同期访学的庄老师一起自驾横穿美国东西部。庄老师谈起这段往事的时候会开玩笑说：“坐胡教授的车得有点儿胆量。”

胡老师去世前的那几年执教于宁波大学，每次回济南都会打电话约我们几个留校的研究生同学聚会，他总是从住处坐公交车前来赴约，乐此不疲。生活中的胡老师乐观、洒脱、谦逊、热情，我等弟子尤为感慨与钦佩。胡老师的生活态度和生活方式让我感悟良多，受益匪浅。

山东大学经济学院1985级研究生毕业师生合影留念，1988年7月摄于山东大学新校图书馆门前
（前排中为庄德钧教授，前排右五为胡世凯教授）

重温时光的旋律，脑海中泛起朵朵浪花，那些生动的场景历历在目。此刻，庄德钧教授和胡世凯教授的音容笑貌再次浮现在脑海里。斯人已逝，风范犹存。老一辈学者对待事业和生活的那种豪迈和激情振奋与鼓舞着更多的后来人。

遇见我的同桌——她和她

文史楼偌大的教室装下了60位新同学。当时阶梯教室和多媒体还没有被发明出来，个头小的女生好像约定俗成似的坐在第一排。于是，我遇见了坐在同桌右边的她：清丽、大方，人如其名。她小我两岁，看上去很沉稳，言语间透露出聪慧。于是，我和她做了四年的同桌，美好的缘分续写了45年来的同学与同事之谊。

初涉政治经济学这一陌生的领域，同学们对课堂和书本所能接触到的知识如饥似渴。尤其是在周之美老师讲授经济学原理、马家驹老师讲授《资本论》的课堂上，同学们如同饿了很多天突然吃到了美食，尽兴。我听课时脑子反应比较慢，笔头跟不上，加上口音不适，课堂笔记做得零零散散、断断续续，只能课下找补。我每每向同桌的她求助，她的笔记有条不紊，字迹清秀，字如其人。紧张的求学生涯中，我从未见过她哪怕一刻的懈怠。无论是求学期间或此后的工作和生活中，相比于我的随性和不谙逻辑，她的成熟与包容、思虑之深刻、条理之清晰常常会深深地触动我和我的同伴们。我们几个女生有时私下里议论：这个小女生具有领导者的潜质。

她的勤奋好学终成正果。毕业时，她是班上正式通过研究生考试继续深造的第一位同学。几年后，时任山东大学经济学院院长的庄德钧教授慧眼识珠，亲自带队招聘，硬是将她从中南财经大学“挖”了回来，庄教授在世时每每提起这次伯乐之举，自豪之情溢于言表。回归母校后，她便一直奔波在教学科研与行政管理并行的轨道上。从学院院长到大学校长，一路走来，眼见她肩负的使命和责任越来越重，她总是运筹帷幄之中，决胜千里之外，不负芳华，逐梦前行。与此同时，她潜心研究财政学，著书立说，后来又致力于教育部的新文科项目，主持山东大学国家治理研究院的研究工作。她饱满的工作热情和旺盛的精力令人刮目，她做过的每项事业均风生水起，其格局与境界、胸怀与魄力有口皆碑。巾帼豪情纵横苍穹，飒爽英姿砥砺奋进，只要有她在，似乎所有的难题都能迎刃而解。

作为有着十万名学生和上万名教职员工的大学的一校之长，她的工作压力和忙碌程度可想而知。在一些难得的同学相聚时刻和倾心交谈中，她说过的两句话令我印象极为深刻：“忙并快乐着”“人的潜力是无穷的”。多年前我报考和攻读博士学位时她对我说的这番话，让我跨越了原本自设的边界，达到了一个新的高度，拓宽了视野，看到了不一样的风景。我享受这个过程，感谢同桌的她。很多次，很多事，我都曾受惠于她的鼓舞和鞭策。

是的，我同桌的她就是如今的山东大学国家治理研究院院长樊丽明，一束熠熠生辉的黎明之光。

1982 年 1 月摄于毕业之时（前排右二为樊丽明）

另一位坐在前排与我准同桌的女生总是坐在我的左手边，其实也是睡在我上铺的姐妹，刚入校报到被接到学生宿舍的时候，最先遇见的是她。她皮肤白皙，浓眉大眼，眉宇间自带一股英气。她待人诚恳，热情大度。相对于我的孤僻和怯懦，她开朗又自信。巧的是，我们是同乡又同岁，聊起天来都带着十足的胶东口音，瞬间拉近了彼此的距离。后来我得知，她老家在文登，后随军旅的父辈在福建的部队大院里长大，会说一口流利的带点南方味儿的普通话。她总是那么善解人意，乐于助人，在同学间传递着快乐与温暖，深得同学们的喜爱。

校园的生活多半是走三角，宿舍—食堂—教室，我们常常结伴同行，谈以后的工作和理想。大三那年的国庆节放假期间，我俩和班上的几位男生约好一起去登泰山，午夜徒步登上玉皇顶。遗憾的是没有像预期的那样看到云海日出，可“会当凌绝顶”的感觉还是很美妙的。

1980 年 10 月摄于泰山玉皇顶

她的专业课学习很扎实，善于理论联系实际，并且志在实业。毕业后在工作实践中进步神速，很快晋升为烟台市某进出口公司的总经理，在同一座城市工作的同学曾跟我描述过造访这位女精英时的印象：思维敏捷、言语利落、睿智决断、果敢坚定——妥妥的一副雷厉风行的女总裁范儿，隔空似能感受到她的能量和气场。毕业后我和她见面机会不多，每次通电话时听到她爽朗的话语，我的脑海里即刻浮现出当年她那热情洋溢的笑容，她的豪放与坚强……

她姓丛，名日华，至今我还是习惯地称呼她“小丛”，她也依旧喊我“小秦”。

1978 年,政治经济学系 77 级全体女生合影

(前排左一樊丽明,前排右一丛日华)

山东大学经济学系 77 级部分女生百年校庆合影,摄于 2001 年 10 月山大校园

(右一丛日华,右二樊丽明)

我同桌的她们,毕业后的职位与责任不同,经历与境遇各异,然而,她们以不同的角色演绎着一代知识女性的卓越气质与风采,勾勒出中国新时代美好蓝图中的一道靓丽的风景线。在我的心目中,她们都是近乎完美的杰出女子。曾为同桌是缘分,也是我的幸运。与她们的相识与相知铸成我此生最珍贵的记忆。我感念她们,也祝福她们。

此时此刻,我像当年初见时那样向她们和所有同窗们问候一声:同学,您好!

坚守初心　不负韶华

77 级　贾衍邦

人的本质，在其现实性上是社会关系的总和。如果说，人生经历是一种财富，那么，财富的形成就源于青少年时期的学习经历，源于初入社会的成长环境。回想往事，特别感谢党组织的培养和师长的言传身教，感谢领导同志的引领和同事们的帮助。

知识就是力量

1969 年春天，我到九里联中读初中。我家住的山东黄县九里店贾家村距县城 4.5 公里，相近的 7 个村子联合办的初级中学，称为“九里联中”。一入校，就感觉初中的知识和小学的知识有很大的不同，新的知识点和新的思考方式十分有趣。学代数，知道可用“代数和”表示计算结果。一道题做完了，得数竟然可以是一个式子，而不是一个确切的数值，那式子中的字母具体代表什么并不重要，真的很神奇。在平面几何课上，老师拿着一个木制三角板和一根直尺，一边示范一边讲：“点只有位置，没有大小；点动成线，线动成面，面动成体。”我目不转睛地看着教具，脑子里就像真有一个点，跟着老师手中的三角板在转动，太奇妙了。再后来，学到圆锥曲线，感到特别顺理成章。

当时教语文课的陈老师任班主任，他是远近闻名的才子，写得一手好文章和一手好字。跟陈老师学习《愚公移山》时，第一次感到文言文是那么美。“太行王屋二山，方七百里，高万仞。……北山愚公者，年且九十，面山而居。惩山北之塞，出入之迂也，聚室而谋曰：吾与汝毕力平险……叩石垦壤，箕畚运于渤海之尾。”朗朗上口，好读也好记。当时，联中的教师们排练《愚公移山》，作为学习毛主席汇报演出的压轴节目。陈老师扮演智叟，真是惟妙惟肖。由此，我深深地爱上了古汉语。

陈老师利用语文课堂，带我们诵读毛主席诗词，学习毛主席的五篇哲学文章和军事文章。印象特别深刻的是，他领读《论持久战》，一边讲解，一边举《地道战》《地雷战》的例子，真是生动。“中国抗日战争必然是持久战，必须经过三个阶段，每一阶段要采取相应的战略和战术。要把游击战争上升到战略地位，兵民是胜利之本，让日寇陷入人民战争的汪洋大海……”同学们听着听着就入神了。我当时就想，毛主席真伟大，哲学真有用。

联中的教师多为民办教师，和农民一样挣工分，师生之间也没有心理隔阂。一次与陈老师聊天，问他掌握那么多知识，是怎么学会的？他说，中学时基础比较好，为了考大学系统性复习，就都记住了。可惜，现在大学不办了。

1971 年 1 月，我被推荐到黄县智家高中一级一班学习。高中老师都是大学毕业生，个个知识渊博，循循善诱。有几位老师因为家庭成分问题，从大城市下放回乡教书，一看就气度不凡。地理老师在黑板上画中国地图一挥而就，物理老师会修拖拉机，化学老师会电镀机器零部件，体育老师是山东省二级篮球裁判……

当时的班主任徐老师是高中语文组组长，他讲授课文声情并茂，特别有代入感。时过 50 多年，跟他学习毛主席《沁园春·长沙》时的情景，仍历历在目。徐老师在讲台上，一边走，一边打着手势：“看万山红遍的‘看’字，统领着下面一系列景物描写。远望——万山红遍，层林尽染；近看——漫江碧透，百舸争流；仰观——鹰击长空，俯视——鱼翔浅底；这些情景，归为一句话，万类霜天竞自由！看到如此生机勃勃的秋色，青年毛泽东有什么样的感慨呢？怅寥廓，问苍茫大地，谁主沉浮？”上阕讲完了，他还在讲台上踱了两个来回，教室里鸦雀无声，全班都陶醉在领袖辞章那壮美的意境之中。

徐老师的课堂把文化教育与思想品德培养自然而紧密地结合到一起。他是学校的党支部委员，是我的入团介绍人。记得第一次团日活动，他带领新团员瞻仰烈士陵园，和学生们一起在无名烈士墓前畅谈体会。他指着石牌坊的阴刻鎏金楹联，右手一挥，大声读道："杀敌救国志气与山河并壮，为国捐躯英灵同日月常昭。"回想当时的情景，屡屡激动不已。徐老师组织了四人板报小组，让我当组长，负责四个教室黑板报的组稿和排版，这是我与编辑工作的最初结缘。

农村确实是个广阔天地，课堂知识大有用武之地。高中毕业后，作为村里的小知识分子，我当上了村团支部宣传委员。白天下地干农活，晚上写广播稿，挑灯办黑板报，表扬好人好事；编写对口词和三句半，排练文艺节目；办夜校，宣传毛泽东思想。数学知识也用得上，我曾用勾股定理，帮助木工大伯计算过房梁的长度和立柱的高度；在工地上测量过石方和土方。印象最深的是，使用计算尺速算生产队的麦秸垛体积，引得不少人好奇围观，连邻村的人都凑过来看稀奇。化学知识也很有用，看氮肥袋子上的分子式，知道一斤尿素的肥力确实相当于二斤碳酸氢铵。看农药盒子上的分子式和结构式，知道六氯化苯分子所含碳、氢、氯原子均为六个，所以称为"六六六"。村党支部努力创造条件，让我有相对自由的时间，运用所学知识去发挥作用。安排我开 195 柴油机（1 个气缸，缸径 95mm）抽水浇地，驻生产大队的苹果园干活，到村办造纸厂上班等。

那几年，我经常向县广播站投稿，时不时地被采用。每当大喇叭里说："下面，广播某某公社某某大队回乡知识青年某某的稿件，题目是……"父母兄弟都眉开眼笑，邻居们也跟着高兴。1976 年 5 月，我参加了公社党委举办的通讯员培训班，随后留在了公社报道组，成为农村户口的公社干部。

接受党和人民的挑选

在报道组的主要任务是采访写稿，到大型农田基本建设工地办宣传栏，也作为驻村干部蹲点。可以说，大有用武之地了。忙得脚不沾地，心里特别充实。印象最深的是 1977 年夏天，跟随公社党委的刘片长驻村抗旱，与县广播站的编辑们合作，创作了抗旱专题录音广播。我撰写的解说词，通过男女广播员的深情播报，很有感染力。再配上现场录音和混播音乐，效果突出。那真是一段激情燃烧的岁月，在报道组不到两年，却终生难忘。深切体会到，生活是写作的源泉，"群众才是真正的英雄"。

同年 10 月，全国恢复高考的消息传来。公社党委的领导同志积极鼓励青年人复习报考。公社高中组织了讲师团，给全社的报考者逐科辅导。回想当时，社会上对高考还不是特别关注，作为考生也不怎么紧张。山东省的高考作文题是《难忘的一天》，我就写了高考当天的感受和当时看到的情景。出了考场，语文老师说："坏了，你应该写成记叙文，高考这一天怎么记述呀？"由此，我忐忑许久。写作文没有押对题，结果为考作文准备的内容，考政治时倒用上了。为考政治准备的内容，却在考史地时用上了。真有些误打误撞。当时自我安慰，文史哲本来就不分家么。但是，有些数学、语文题目很简单，不该出错倒错了，回想起来，至今汗颜。

那年，考前填报志愿。高中老师反复琢磨招生大纲，建议我第一志愿报考山东大学政治经济学专业。他说，又学政治又学经济，肯定学得多，将来用处大。事后证明，老师确有先见之明。

高考结束的当天晚上，我带着行李去公社水利工地指挥部报到。已经晚两天了，憋着劲多干快干，努力把参加高考耽误的时间给补回来。

十分幸运，山东大学的入学通知书来了，领导和同事们纷纷祝贺，还搞了个欢送活动。炊事班的老赵师傅非常郑重地送来他珍藏的《马克思恩格斯选集》和《列宁选集》，我激动的心情难以言表。那一届，全公社只有我一人考入了全国重点大学，高兴归高兴，但特别希望能与熟悉的同学一起进入高校。

希望寄托在你们身上

1978 年 2 月，到山东大学报到。系主任在迎新仪式上说，你们是恢复高考后山东大学的第一届学生，77 级将成为一个时代的记忆。经过"文革"，国家百废待兴，各类人才青黄不接，中国四个现代化的希望寄托在你们身上。入学后的第一个团日活动是到济南市英雄山拜谒烈士纪念碑，每人写一篇心得体会。那时，心中真的有一团火，"位卑未敢忘忧国"，真切地感到肩负着实实在在的报国之责。

大学四年，主要学习政治经济学课程。印象最深的是学习原著，特别是学习马克思的《资本论》和列宁的《帝国主义论》。马家驹教授讲授《资本论》，总是衣装笔挺，笑容可掬，一条红色围巾十分引人注目。他说，从经济学角度看，使用锄镰锹镢这种手工工具，一个人自主劳动效率最高，最多是两三个人结伴一起干。

大学时代的我

可是，为什么在一个生产队，却是数十人一起下地呢？因为他们是一个经济利益共同体。数十人一起干，并非生产力发展水平的需要，而是生产队这种外在的生产关系把他们捆绑起来了。由此看来，与手工劳动最为匹配的生产关系就是家庭关系或师徒关系，一家人或师徒二三人在一起劳动，经济利益高度一致，劳动者之间最容易协调，这就是简单协作。劳动者之间的结合方式与劳动工具的发展水平直接相关。生产力决定生产关系既是经济学的基本原理，又是活生生的社会经济现实……同学们听得都入神了，深以为然。暑假时，我回村调研家庭联产承包责任制改革，马老师的教诲似乎一直在耳边回响。用政治经济学理论来分析，实行家庭联产承包责任制的直接依据是农民的劳动效果与其收入直接挂钩，即兑现按劳分配；其底层逻辑则是农村生产力的现实水平决定了农村生产关系的必然调整。只要一切从实际出发，坚持为人民群众谋利益的初心，农村改革就应该大胆推进。搞改革开放，必须坚持马克思主义的指导，这不仅是政治原则，更是活生生的现实工作需要。我把类似的想法写进了调查报告，感觉很有底气。

回顾大学生活，满怀感恩之心。四年中，我一直享有高额政府助学金，每月24元。其中，16元菜票，8元现金。现金2元一张，共发4张。如果给10元，就尴尬了，我真拿不出2元零钱来。好在这种情况一直没有发生。多好的学校啊，资助了穷学生，又维护了学生的尊严。

毕业前夕，党支部通过了我的入党申请。我在中国共产党入党志愿书中深情表述：进步青年需要在党的组织里得到更好的教育和锻炼，党的事业需要一代又一代的青年人接续奋斗。我愿为共产主义事业奋斗终生。结合所学政治理论和推进改革开放的生动实践，更深切地体会到"领导我们事业的核心力量是中国共产党，指导我们思想的理论基础是马克思列宁主义"。

1982年1月，我毕业分配到国家建工总局干部学校，做政治经济学教员。从此，与住房城乡建设事业结下了不解之缘。1993年12月，调到建设部直属机关党委宣传部。2003年2月，调入建筑杂志社，直至2015年退休。

回顾30多年的职业生涯，工作单位虽有所调整，但是，把所学知识和微薄能力奉献给本职工作的自我要求没有改变。不敢说有多少工作成绩，但尽心尽力了。退休后，参加了离退休干部局政治理论学习组活动，受聘为居委会党委理论宣讲团成员，努力为之。希望继续保持对政治理论的兴趣，思想上不掉队。

参加离退休干部局政治理论学习

在以习近平同志为核心的党中央领导下，中国特色社会主义进入新时代，住房城乡建设事业取得了举世公认的成就。党的二十大召开了，中华民族伟大复兴的前景激动人心。虽已退休，余力尚在。愿为一生钟爱的住房城乡建设事业继续添砖加瓦。

难忘的山大文化滋养

77级　徐长发

一晃40多年过去了，记忆中的山大学术文化殿堂依然是那样神圣、威严和威武，其风貌、神情、气韵依然是那样清晰、清净、清纯和清新。曾记得当年感觉从新校到老校的路是那么长，奔赴、出发、前行，高耸的红楼是显耀的地标，每当学校召开师生全员大会、学生运动会、大型学术报告会时，新校的学生前往集合，长长的队伍一眼望不到头看不到尾，那真是一道亮丽的文化风景线。生物系、电子系、外文系、学校核心办公机构等都设在老校，那里是学校的政治、文化、教育、教学、行政管理和服务中心。我们所在的政治经济学系是在新校区。

曾记得，山大政治经济学系是从山大原政治系分设出来的，我们77级的同学有幸成为第一届新生。我们的同学来源多元，老高三的同学有刘庆珊、郑起宏、魏焕信、王广信、丁少敏、张少刚等，军旅经历的同学有段星辰、于世良、董树义等，公社工作的同学有杜鸿礼、于锡平、徐长发、李炳国等，任过村党支部书记的同学有王吉法、马传景、赵方田等，事业单位的同学有金志涛、王五一、吕振宇、曹务奇等，工厂工作的同学有杨民刚等，文化工作的同学有孙广军等，记者工作的同学有王兴华等，应届生同学有李明俭、杨秉勇等。同学之间年龄、阅历悬殊较大，各怀其长，八仙过海，各有其能。回望自己，蓬生麻中的体认感更加强烈。张宏良的博览群书、好口才，张鲁伟、赵宗尹的丰富社交和管理经验，樊丽明的灵巧、执着，李齐云的欧美文学素养，于良春的体育十项全能，姜东溟的小提琴，姚鸿健的博学，魏法元的学业全优等，令人称羡不已。这是一个温馨、温情、温暖的集体，那种激扬文字、不知天高地厚的风华，那种嬉笑怒骂、没大没小的岁月，那种以大带小、以老带新、相助成熟、共同成长的日子，让人留恋难舍。每一位同学都是一本书，都有自己的故事。我幸运地看了四年，读了四年，学了四年，感悟了四年，影响了自己的整个职业生涯。

曾记得，刚入学时，学校请来了数学家华罗庚先生在大操场上作报告。华罗庚先生的学术建树、数学精神、自嘲、幽默和坦诚，让我们在现场亲眼领略了大师的风范。中文系、历史系、哲学系、科学社会主义系的许多学术报告场景也深深地感化和教育了我们，有形无形地激发了自己的专业信心。王青山老师的哲学课讲得头头是道，知识链、逻辑链、故事链环环紧扣，他的歇后语自嘲感染着我们，思想的力量、教学的艺术征服了我们。我们很幸运，系里请出顶尖的教授为我们上课。作为第一届新生，系里的庄德钧主任、党总支书记刘立魁对大家既宠爱有加又严管厚教。那时，系里有一台黑白电视机，只有周末时系里才同意看一次电视。当遇到好的电影和节目时，同学们要派出代表恳求系办公室和系领导批准才能加看一次。那种对知识、外面世界、科学视野的渴求和渴望，真是心急火燎。现在想想那时的心境、心态，觉得很是珍贵。

曾记得，同学们读书学习惜时如金，老师讲完课后，都忙着去图书馆借参考书，腿脚慢去晚了书就被借完了，那是心急如焚，得另想办法才能找到书，这个过程也是挺折磨人的。心目中系里的老师，那是高山仰止、景行行止。庄德钧、马家驹、林白鹏、胡世凯、陈乃圣教授等，教书育人，为人师表。他们的师德、师风、学识、学养、学风，令人敬佩，让人终生难忘。还清楚地记得，马家驹教授给我们讲《资本论》的课，有同学反映说听不懂马老师的语言表述和表达。他说，《资本论》本身就是一个科学的话语体系，只有在这个体系中，在这个逻辑中才能读懂它，理解它，把握它。你们要适应这种学术规范的训练，先试着走进去，然后再走出来，这样的学习体验过程会让你们受益终身。学业实践证明，果然如此。在学《资本论》第一卷时，马家驹教授要求我们把前五章作一个总结，要用 2000 字写出来，一个字也不能多，一个字也不能少，包括标点符号在内。大家有些疑惑，这么多同学，不信马老师每份卷子都会看，都会数。结果，马老师真的把每个同学的卷子都看了，并且数过字符，凡是挑战的或以身试“法”的，都确确实实地得到了回应，得到了落地的教育印证，由此大家对马老师的治学精神和学术能力已彻底口服心服了。马老师教书做学问是认真的、一丝不苟的，治学是严谨的，育人也是认真的、严谨的。学高为师，德高为范，在政治经济学系，像马家驹老师那样的道德学术形象的一批恩师一直铭刻在我们心上，无论在哪里都一直引领我们前行。

“学无止境，气有浩然。”“为天下储人才，为国家图富强。”这铿锵有力的校训和办学理念，体现了山大的根和魂，赓续着山大的学术基因、文脉和辉煌。回溯过去，在山大，在政治经济学系里，在我们77级的班里，在有形无形之中，在有感无感之中，在自觉不自觉之中，其实一切教育行为和行动都凝聚了山大深厚的历史文化底蕴，凝聚了山大的学术传统和风格，凝聚了国家社会制度文化、山大环境文化、山大行为文化。当自己反思那一段难得的学习成长经历时，那种认知、觉悟、践行、传承更实然了，那种感恩和祝福之心更实然了。这种文化的化合反应，在做人、做事、做研究的道路上，也一直激励着自己，成为激发个人进步的动力。当自己成为一个教育科研工作者的时候，在学习、生活、工作上有些长进的时候，更深切地体会到，大学之大、大师之大的深刻价值和意义。感恩山大，感恩政治经济学系，感恩老师，感恩同学，感恩山大精神。

难忘的山大，难忘的山大文化。

大学生活点滴

77级　曹务奇

40年，看着数挺大的，其实也没那么久，很快。

记不起来是从哪一年开始，我每年都在11月的第四个星期四就是感恩节那一天回顾一下自己的人生过往，捋一下对我产生过重大影响的人、对我有恩的人、我亏欠了的人。不是这个人多厉害或者多不厉害，而是因为有了他或者她，我人生旅程的部分或者全部发生了变轨。

在我的人生轨迹里，去山大一直到现在仍然被我看成是一生旅程的重大变轨，后来发生的很多事，中意的或不中意的，计划内的或计划外的，都与此相关。至于不上大学或者不去山大是不是会获得更多世俗意义的成功，我不知道也无从考证，但去山大，去经济学系，跟那样的60个同学为伍，依然是我最看重的过往。

四年校园生活发生了很多事，虽然记得宿舍里我的床摆在哪儿和长什么样，记得我上铺是谁，记得文史楼的颜色和从宿舍到文史楼怎么走，但我却想不起来我们教室是在三楼还是四楼，不记得我们宿舍楼是几号，也不觉得弄清楚这事有多重要，但有两件事，也许当事人早就忘记了或者忽略了，我却记得很清楚。

一件事发生在我们宿舍，自从高中毕业参加工作，无论是在我们公社北湖会战指挥部还是在派出所、供销社，我都没再跟家里要过钱，所以，大学四年，我一直是靠学校发的助学金生活，是 14.5 元还是 17.5 元，还是先是 14.5 元后来涨到 17.5 元我记不清了，但无论多少它都已经是我的全部。按说如果省着点用，这个钱也够花了，但我有个毛病，爱买书，所以吃饭的钱就不够了，时常饿得不行。我们宿舍郑起宏学兄家里经常给他带吃的过来，有一种烙饼叫“杠子头”还是什么的，放在床底下。记得至少有两次，我实在是饿了或者馋了，就趁没人的时候，拿了一个偷偷吃。什么拿？其实那不就是偷吗？我觉得郑起宏学兄知道这事，我也觉得他知道我知道他知道这事，但他从来没有戳穿我。为此，我一直既羞愧又感激，所以记了这么多年，借着这篇小文，也给郑起宏学兄说声抱歉，再说声谢谢吧。

还有一件事，就是我没有参加毕业合照。这事我都没脸解释，不管任何理由，无论怎么解释，这事都做得不对，每每想起，自己都是火辣辣的满脸通红，对不起同学们了。

其实，还有一件特别丢脸的事，等到毕业 50 年的时候再说吧，希望我们都可以好好等到那一天。

享受休闲生活

忆大学岁月

77 级　樊丽明

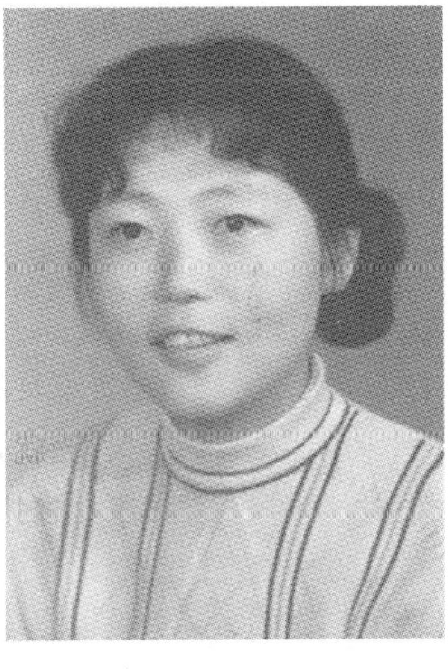

光阴似箭，岁月如梭。自 1978 年 2 月 27 日进入山东大学政治经济学系（经济学院的前身）学习至今，转眼已过 45 年。但每每回忆起改革开放之初的大学岁月，敬爱的老师和亲爱的同学萦绕脑海，紧张的学习和丰富的活动历历在目，感恩时代、感谢母校之情油然而生。

我们的老师

我脑海中的老师总以群像形式呈现，爱岗敬业、勤恳朴实，潜心育人、可亲可敬。

1977 年 11 月国家确定恢复高考之后，学校顺应改革开放的人才培养需求和学科发展需要，将原政治系一分为二，分别成立哲学系和政治经济学系。因此，我们 77 级同学是山大政治经济学系招收的第一批学生，我们的老师也相应地从政治系以及校外机构陆续汇聚到新成立的系里，由此成就了永远的师生之缘。

老师们为我们奠定了系统扎实的专业基础。随着课程计划的实施，从基础课到专业基础课再到专业课，一位位老师走上讲台，精心讲授，循循善诱，把我们引入经济学殿堂。第一学期，周之美老师讲授“政治经济学（资本主义部分）”，使用徐禾教授编写的教材，讲着一口典型的南方普通话，逻辑严谨，条分缕析，表达精准，加之期末采用抽签口试形式，倒逼我们在忐忑不安中系统复习、全面准备，为我们初步奠定了政治经济学基础，也让我们领略了大学教师的风采和经济学的“逻辑之美”。第二学期，林白鹏老师采用列宁的《帝国主义论》原著作为教材讲授“政治经济学（帝国主义部分）”，治学严谨，旁征博引，语速不紧不慢。同学们下课复习后一致称赞：“林老师讲课的笔记就是一部很好的书稿。”此后，马家驹老师为我们讲授《资本论》（第一卷）一年。这门课程无疑是大学本科分量最重、难度最大的，我们作为初学者心中惴惴不安。马老师以他深厚的理论功底、缜密的思维逻辑和精准的语言表达，每堂课都是胸有成竹，纵横捭阖，文采飞扬，给人以酣畅淋漓之感，令人敬佩不已。此外，毛永林老师的“政治经济学（社会主义部分）”，陈乃圣老师的《资本论》（第二、三卷），常汝娟老师的“经济思想史”，胡世凯老师的“当代西方经济学流派”，庄德钧、欧是等老师接力讲授的“世界经济”，以及巩丽泽老师“会计学原理”、常健老师“经济统计学”、贾象珊老师的“财政与信贷”等，都给我们留下深刻印象。这些核心课程地位重要，分量十足，少则72学时，多则144学时，如《资本论》（第一卷）、“经济思想史”。老师们诲人不倦，讲解细致，要求具体，蔺子荣老师专门为我们辅导《资本论》，有的课程要求一学期上交多次作业，有的课程进行期中考试，有的老师带我们到多家工厂参观。系领导还克服当时师资不足的困难，尽最大努力确保培养方案落地落实，我们班的“中国经济思想史”课程就是专门邀请复旦大学的叶世昌教授前来讲授的。如此这般，为我们奠定了比较扎实的政治经济学基础，使我们终身受益。

老师们也让我们接受了良好的思政教育和通识教育。团总支书记车贵老师、辅导员梁振才老师和班主任常汝娟老师在政治思想引领、党团组织建设、班风建设等方面用心用情，兢兢业业，做了大量艰苦细致的工作。特别值得一提的是，无论是开设培养方案内的哲学、形式逻辑、中共党史、科学社会主义、中国近代经济史、世界近代史等课程，还是自主选学今日英语、德语、电影欣赏等课程，抑或聆听吴富恒校长在老校大操场的讲话、人民大学李秀林教授来校做的“实践是检验真理的唯一标准”讲座，都让我们得到了综合性大学的学术熏陶，享受了“科学的春天”的阳光雨露，开阔视野，启迪心智。在日后的学习和工作生涯中，我越来越深切地体会到，正是母校尽其所能提供的教育滋养，正是由于老师们在夯实专业基础和提升基本素养方面的辛勤付出，我们才能始终拥有底气，与时俱进，一路前行。

1978 年 5 月，学校召开以“实践是检验真理的唯一标准”为内容的文科理论讨论会

我们的同学

我心目中的同学常以班组形式呈现，崇尚知识，刻苦学习，热爱集体，艰苦奋斗。

我们上学的时代是一个充满革命和建设理想、“为中华之崛起而读书”的时代，因此，惜时如金、刻苦学习是大学生活的主旋律。我们同学虽经历严格的高考筛选，“千军万马过独木桥”而成为“时代骄子”，但毕竟历经十年“文革”，来自工农兵学各个领域，学业基础参差不齐，甚至对大部分同学而言，从原来工农兵工作岗位的“动”转变为天天上课读书的“静”都是一种现实的考验。但拨乱反正改革开放的时代洪流，社会主义现代化国家建设宏伟目标的强力召唤，尊重知识、尊重人才的政策氛围，都内化为我们勤奋读书、积蓄能量的强大动力，外化为珍惜时光、刻苦钻研的实际行动。印象深刻的片段有，周末晚上大操场放电影，大家拿着马扎或木凳前去观看，先观赏的总是“建设十来个大庆，十来个鞍钢”的幻灯片，让人感受到向“以经济建设为中心”的历史转变和大干快上的春潮涌动；班上几乎次次满员的听课和极其自觉的上自习，无论在文史楼三层还是公教楼一楼的固定教室都是如此，相当一部分同学学习几乎无周末；梁振才老师下午六点之后常到教室催促大家增加运动、锻炼身体，以求“可持续发展”。

我们上学的时代是一个十分崇尚集体主义的时代，因此，热爱班组集体、维护集体荣誉是同学的自觉行动。记得当时我们的班级活动、小组活动、党团组织活动比较频繁。当时的课程学习有一个重要环节是“讨论”，除了少部分课堂讨论以外，大都以小组为单位进行，老师也前去参加；每周四下午的政治学习有时开班会，有时也按组安排；集体步行去英雄山扫墓，为班级篮球赛加油助威，新建公教楼的义务劳动，文史楼周边种蓖麻，到青岛进行毕业实习，同学组团爬泰山游千佛山、灵岩寺，也都成为挥之不去的美好记忆。也正是在这些集体活动中，同学们相互关心，相互帮助，加深了了解，增进了友谊。我们班不少同学才华横溢，兴趣广泛，个性鲜明，使我们的班集体多元并存，各美其美，美美与共。拿我们组来说，段星辰班长的“为民操劳”、老刘老王大哥的厚道包容、李齐云的学者风度、金志涛的积极向上、赵宗尹的课外阅读分享、王兴华流利的英语口语、徐长发的儒雅谦和、张宏良的原创剧本、杨民刚的素描画作等，构成了一幅“和而不同”的多彩画卷。上学时留下的为数不多的黑白照片中，我们组同学的合影就有几张，实在非常宝贵。

1978 年秋，二组同学合影

1981 年冬，二组同学合影

1980 年，同学相约游灵岩寺

1981 年，青岛实习游崂山

我们上学的时代是一个物质匮乏、精神至上的时代，因此，生活简约、崇尚知识是我们的价值追求。当时的生活条件简陋，要求不高，同学们围桌就餐吃着高度重复、油水很少的饭菜，穿着蓝灰绿颜色为主和样式单调的衣服，一间宿舍住七八位同学，生活用品极其简单，很少进城购物或改善生活，但大家乐在其中。与之形成鲜明对照的是，尊师重教、崇尚知识、崇拜学问是当时的主流价值观。学习委员老郑的经济学功底，少敏大姐的数学基础之好，同桌凤鸣深厚的文学功底，小平的一手漂亮字，住在我下铺的才女姜韧一入学即从事英文文献翻译，才是最令人羡慕的，更是值得我认真学习的。

我跟大部分同学不同的是，四年一直住在混合宿舍。除了有丁娟、姜韧同学为固定舍友以外(姜韧同学读了一年半即考取研究生去京了)，最初的一年多与哲学系 77 级的几位女生同住 3 号楼，额外增加了庄平、王毅平、吕敏、卢阿青等同学，后来与我们系 78 级的女生同住 4 号楼，新增了魏素华、王金凤、林美玉、隋明梅、孙秀丽、杨蕙馨等同学。这种特殊的宿舍安排让我有了更多的同学，有了更多的学习机会，也让我与这些不同班级但同宿舍的同学结下了特殊的友谊。

1978 年，政治经济学系 77 级女生合影

1980 年，77 级、78 级女生宿舍舍友合影

我们的财富

在山大学习的四年，无疑是我人生的一段宝贵经历，为我刻下了深深的山大烙印，留下影响久远的宝贵精神财富。尽管后来我也曾到几所学校和科研机构学习、研究和工作，但始终感到山大对自己的影响最为深刻。

这种精神财富首先是一种家国情怀。一方水土养一方人。山大地处山东，深受儒家文化滋养，儒家的天下观、国家观、道德观深刻影响着山大，山东大学堂办学伊始即在《章程》中写明“为天下储人才，为国家图富强”的办学宗旨，浓烈的家国情怀形成学校的主流文化，也刻印在每位学生的心田。每到一个重要历史节点，每当面临一次人生选择，国家召唤、时代需求始终是我们的首要考量，为国家贡献、与时代同行成为我们交出的答卷。

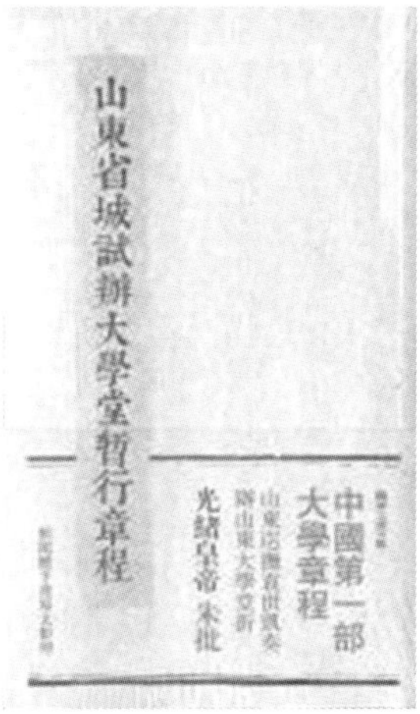

《山东省城试办大学堂暂行章程》

山东大学堂 1901 年在泺源书院办学时的匾额

这种精神财富也是崇实求新的校风。崇实是一代代山大人的共同品格,“基础扎实、作风朴实、待人诚实”是我们师生身体力行的做人做事准则。求新也是山大人的共同追求,马家驹老师的《资本论》研究、胡世凯老师的李嘉图书信集翻译、林白鹏老师的消费经济学研究、蔺子荣老师的经济学理论研究,为我们树立了学术求新的楷模。我们在美好的青春岁月与山大相遇,学习浸润在山大,也自然而然地被崇实求新的校风熏陶感染,形成了这种山大风格。无论在什么地方学习,在什么岗位工作,崇实求新从来不曾改变。

这种精神财富还是尊师爱生的传统。我体会,山大师生扎实朴实诚实,故师生关系友好、密切且较为长久。学生尊敬师长,将其与崇尚学问、敬重人品融于一炉,课上学习,课外求教,师生交流较多。老师亦师亦友,关心学生,用心用情,教书育人,不乏个性化指导。庄德钧老师在我当初考研时给予及时的咨询指导,五年后几次前去武汉邀我回母校建设财政学专业,即是一个很好的例证。这种尊师爱生的传统不仅让我们作为学生深受其益,而且成为我们日后履行教育教学职责的行为准则。

1978 年春天入学在文史楼,45 年后又回归文史楼,不知是历史的巧合,还是命运的必然。与校史馆相邻,与小树林相伴,抚今追昔,感慨万千。

今日的文史楼

小树林和文史楼

校园远逝事，回味动情思

77级　魏焕信

一

在无数美好和殷切的期盼中，山东大学恢复高考后的第一届考招生开学啦。1978年2月27日，一个乍暖还寒而又风清气和的阳春丽日，我骑着自行车带着铺盖行李，来到山东大学新校报到。找到经济学系新生报到点，把入学通知书交给桌后坐着的一位面颊清瘦、肤色青黑的中年模样老师。他把登记表格推向我面前的同时，看着我的入学通知书的眼睛突然瞪大，接着抬头打量着我："啊，你就是魏焕信！"我感到有些诧异，这位老师未曾相见更不相识，他怎么关注到我？这猛然一问，我下意识地点了点头。"你不知道高校招生录取规则及方法吧，怎么能那样填写报考志愿表？第一志愿山大，第二志愿复旦，第三志愿北大，颠倒了选报学校顺序和录取调档投档顺序。你的考分在复旦和北大投档线之上，但档案先投到第一志愿学校，第一志愿山大录取了，复旦和北大就不再有调档机会。"原来是问这个事情。老师忙着接待新生报到，我不能详细解释原委，就简单地回答："老师，因为有点家庭原因，我不能离开济南，所以不在济南的学校我不能去；济南的大学，除了山大我也不想入读。""哦，是这么回事。"这位老师，就是给我们讲授政治经济学深受同学们好评的周之美老师。或许是他参与系里的招录工作时，觉得我的志愿表有些荒唐可笑而记下了我的名字。

的确，我的报考志愿表填报与众不同，不符合常规常理，但并不是对录取规则和方法一无所知。恰恰是知道招生录取规则和办法是按照考生所填报的志愿顺序由前而后投档调档，才有意而为之。何以如此，还得从当时想不想读大学的矛盾心态说起。

1977 年 10 月 5 日，中共中央政治局会议讨论并原则批准教育部《关于 1977 年高等学校招生工作的意见》。10 月 12 日，国务院批转了教育部《关于 1977 年高等学校招生工作的意见》，宣布当年立即恢复大学考试招生，实行自愿报名、统一考试。文件规定，凡工人、农民、上山下乡和回乡知识青年、复员军人、干部（年龄可放宽到 30 周岁）和应届毕业生，只要符合招生条件均可报考，考生应具有高中毕业或相当于高中毕业的文化水平。文件还规定，入学时满 5 年工龄的国家机关、企事业职工，在校学习期间工资由原单位照发。10 月 21 日，中央人民广播电台等媒体发布了恢复高考的消息。一石激起千层浪，恢复高考的消息唤起千百万青年争做天之骄子的雄心壮志和强烈愿望，尤其让已经工作在各行各业、各个地方和单位的老三届青壮年人感奋激动。他们把高考视为改变命运、实现向往和追求理想的难得机会，纷纷在田间地头、工厂车间、矿山牧场、边防军营等重捧书本，奋力向高招考场冲刺。

开始我未受丝毫触动，置之与己无关。当时想，妻子工作极其忙碌，加班加点常态化，孩子刚一岁半，他姥姥身体不好，带他很吃力。那时家庭生活基本没有电气化、自动化，有许多杂务琐事要干。再说自己已经工作了 13 年，从机要学员、部队军人、企业政工干事到济南市财政贸易办公室干部，变换的单位也不少了，更主要的是觉得年龄已满 30 周岁，没有出人头地、光宗耀祖的想法，也没有所谓改变命运的动机欲望，所以不去凑这个热闹，不当范进第二，免得被人讥讽、嘲笑。妻子几次督促我报考，我果断地一个"不"字回应。

1977 年春季开始，我所在的济南市学大寨工作组驻邵而公社斗沟大队。全公社驻各大队的工作组经常集合开会。10 月下旬起，工作组集合就看不到邻村工作组的王柏兰同志参加。她是济南市妇联的一个科长，老三届高中生。11 月

26日一次工作组集合看到了她，问她这段时间干什么去啦，怎么没参加集会活动。她说请假在家里复习，已经报名高考，听说年底撤销工作组，今天过来收拾一下行李。周末回市内，在家里我对妻子说："邻村工作组市妇联的一个女科长王柏兰，报名参加高考，在家复习快一个月啦……已经是两个孩子的妈妈了，还抛家舍业地上什么大学！"妻子接口说："人家是有两个孩子的大女人，还无所畏惧地报考大学，你一个正当年的男子汉，是没有志气还是没有底气没有勇气报考？机会难得，过了这个村没有这个店。别怕考不好丢人！没人笑话！"这话有恨铁不成钢、烂泥扶不上墙的意味，实际更有激将的用意，因为妻子知道我不屈"逼将"却易被"激将"引爆的脾性。我哼一声："我怕？考不上个相中的大学，我还不进那个校门呢！""别吹大气、夸海口，拿到入学通知书算本事！""好，那就等着瞧吧！"情绪冲动，一时起意决定参加高考。第二天报名前先到单位汇报考大学的打算，开明的高科长给予大力支持，并表示他和工作组长联系，让我周一就不要回工作组上班，在家里复习功课准备考试。此时离开考不到十天。

报名后，总得要对考试做点准备，但既没有可请教的老师，又没有可看的书本，语文、政治、史地就凭肚子里的存货应对吧，数学需要找本中学课本看看。可奔着山东医学院图书馆的一位老师没找到，在济南市"文革"收缴图书存放处翻弄了一整天也空手而归。罢了，考个啥样随他去吧！但报考志愿表还是要填写的。为了最大限度减少对家庭生活的影响，无论济南市之外的什么名校都不能去，而济南市的学校只相中了山东大学。报考志愿表要填三个学校，空着两栏显得不够郑重，就按第一、第二、第三顺序填写了山东大学、复旦大学和北京大学，结果被山大录取。

不论考试成绩进入了哪些名校的投档线，不远离家庭的山东大学，很快被事实证明是我基于特定家庭境遇所做的正确选择。开学不久，孩子的姥姥患上肝炎，不再能照看孩子。妻子由于单位工作繁忙和照顾病母、幼子，也操劳得身体病弱捧起了药罐子。登时，孩子进幼儿园成为全家最大最紧迫的需要。妻子和我的工作单位是省、市机关，都有收纳本单位职工子女的幼儿园，但入园年龄规定必须三周岁。当时儿子离两周岁还差五个月，怎么交涉园方也拒绝接收。我又请求系领导帮助联系山大的幼儿园，期望能特事特办接收孩子，我骑自行车早晨上学时送孩子进幼儿园，晚上下学后从幼儿园接回家。系总支副书记江丙坤老师很当回事地与幼儿园协商，可园方的回绝也很干脆：学生的孩子入专为教职工孩子开办的幼儿园，没有这个先例，不开这个口子！那时企业倒是既有幼儿园也有托幼班,母亲产假结束后,白天孩子就可以送进托幼班,父母能够无后顾之忧地安心上班工作。但托幼班、幼儿园只为本企业职工服务,只接收本企业职工的孩子。面对卧床的老人和无人照看的幼子,我感觉大学读不下去了,一度产生休学或退学的念头,亲友、老乡、同事等鼓励我想想办法咬咬牙,坚持挺过这个关口。后来写信叫老家来人把孩子带回去,由孩子 70 多岁的爷爷奶奶看护。直到孩子的姥姥和妈妈都基本康复后,暑假我才回老家把孩子接回济南。就当时的家庭境遇来说,大学能够读下来,得益于山大和家庭同在一市之内。我虽不是走读生,但从入学到毕业,基本上是昼校夜家,两方兼顾,家中各种杂务琐事基本没耽误办理。购买蜂窝煤、搬家等体力大活,我还请班里一些同学帮忙。

二

《资本论》是 77 级政治经济学专业的必修大课,由著名的马克思主义政治经济学家马家驹老师给我们授课。他对《资本论》精心研究、系统把握,讲课准备充分,内容充实,繁简有致,重点突出,条理清晰,深邃精辟,有着极强的知识感染力和师生亲和力。大家都喜欢、踊跃听他讲课,教室里常常坐着一些其他学科的本科生和研究生,还有一些老师。听马老师的课,我觉得确实过瘾、享受,尽管有不少内容自己还弄不明白,不能马上理解吸收。但曾经有一段时间,我在课堂上控制不住瞌睡。有一次,我胳膊肘支着课桌手托下巴陷于迷糊中,突然被马老师语气严厉的斥责声惊醒,惶恐地以为是批评我打瞌睡。平时我就很容易打瞌睡,不管是会场、课堂还是别的什么场合,静坐的时候只要没有一定强度的精神刺激,瞌睡虫就轻而易举地控制了睡眠神经。这可能是由于自小生活贫困,长期营养不良,能量物质摄入不足,导致脑供血不足、缺氧,从而出现瘦弱、乏力、犯困现象。自知有这个缺点,课堂座位特意选定在教室最后一排的边角处。本来听马老师讲课,我脑神经的兴奋程度是瞌睡虫无法撼动的。这次打瞌睡另有原因。实际上马老师不是批评我打瞌睡,而是在批评一位同学做影响听讲的分散心思和注意力的小动作。“课堂上都必须认真听讲,不想听可以出去,但不能违反课堂纪律!……只有魏焕信可以睡觉。”马老师最后这句话煞是令人愕然,大概当时同学们感到迷茫疑惑,搞不清究竟是捎带着反话正说地批评魏焕信瞌睡,还是知道他瞌睡有什么缘由而谅解宽容。当然,我是心知肚明,知其所以然。

此前，有一次马老师临下课时，布置了一个小测验性质的作业，记得好像是要求每人都写一写对课堂讲解内容的理解。我没有针对课堂讲解内容，而是借此机会向马老师请教《政治经济学概论》学习时产生的一个问题，以《可变资本是被工人消费了吗》为题，质疑工人消费掉可变资本的说法。具体论述大体是这样：以榨取剩余价值为根本动机和唯一目的的资本生产，必须用预付资本购买生产所需要的生产资料和劳动力，购买劳动力的预付资本因其在生产过程中所创造的价值大于这部分预付资本的价值，是资本价值增殖即剩余价值的源泉，故而被称为可变资本。工人把自己的劳动力作为商品出卖给资本所有者，前者取得了货币，实现了劳动力价值，后者拥有了劳动力的使用价值，支付了货币。至此，可变资本完成了载体即承担角色的形态转换，由货币资本变为"可变"的生产资本，但它仍然在资本所有者手里。工人的生活消费发生在劳动力商品交易之后，工人生活消费的首先是出卖劳动力商品取得的货币。虽然在资本所有者那里购买劳动力的货币是预付资本，但劳动力买卖交易完成货币到了工人手里，就完全是没有丝毫资本职能的普通货币。工人用这些仅仅执行货币职能的货币购买自己生活需要的生活资料，自然也与可变资本扯不上关系。显而易见，工人消费的不可能是可变资本，工人也确实没有消费可变资本。可变资本没有一点一滴和一分一秒与工人沾边，而是始终全部为资本所有者拥有。劳动力买卖交易之后，可变资本以劳动力（的使用价值）形态进入了资本生产过程。正是可变资本没有被工人消费掉，才能够在生产过程中创造出剩余价值，发挥它"可变"的功能即履行它的增殖职能！资本循环总公式表示得很清楚：

$$G—W\left\langle\begin{array}{l}A\\ \\Pm\end{array}\right.\cdots P\cdots W'\ \cdots G'$$

由预付货币资本转化为生产要素的商品资本的中，Pm 是生产资料形态的不变资本，A 则是劳动力形态的可变资本。劳动力的买卖和包括生产资料的其他商品的买卖一样，是一般的商品交易。一方支付货币取得商品，一方付出商品取得货币。说工人消费了可变资本，是不是也可以说不变资本被生产资料的出卖者通过购买他所需要的生活资料和再生产资料消费掉了？殊不知，当人们说可变资本被工人消费掉了的时候，以劳动力形态登场的可变资本正活跃在热火朝天的剩余价值生产过程中。

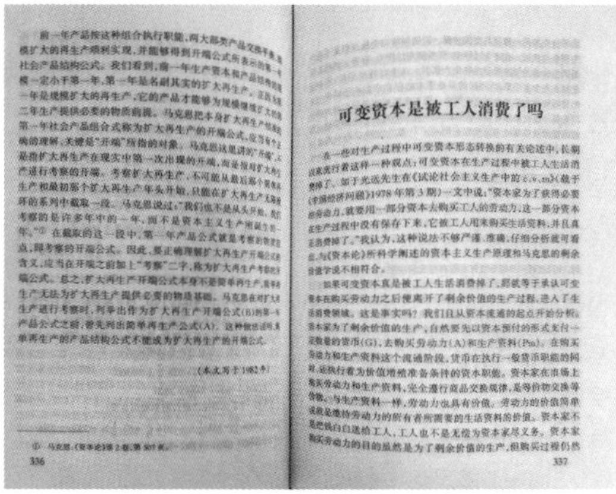
可变资本是被工人消费了吗

山东人民出版社出版的《改革发展论集》中的《可变资本是被工人消费了吗》

测验作业交上去过了两三天，马老师在一次课后对我说："可变资本被工人消费掉一直是各国和各个时期马克思主义政治经济学教科书的通行表述，教师讲课也都是照本宣科，一直以来没有人质疑甚至注意到这个问题。可变资本是不是被工人消费了，涉及资本尤其是可变部分的运动、剩余价值生产和整个社会再生产的资本补偿原理问题，有必要探讨清楚。晚饭后你到我家里来，咱们凑几个人交谈一下与这个问题有关的整个社会再生产资本补偿问题。"马老师同时给我说了他的家址。我在学校食堂吃完晚饭去马老师家，房玉琴和另一个马老师的研究生已经先到了。四个人围坐着一张四方餐桌，马老师主持、引导、指点，我们三个人无所拘束，踊跃发言，畅抒己见，气氛活跃、热烈。其间，马老师听得多、插问多，讲解少，显然是侧重于倾听年轻人的见解，观察我们的知识功底和理论研讨能力。直到马老师的夫人提醒时间已晚，马老师才宣布今晚就交谈到这里，以后再一起研讨些问题。出门时马老师拍了我一下肩背问道："为什么你近几次课堂上打瞌睡？"我转过身颇有愧意地说："这段时间我有点迷上社会再生产公式的深化推导，将公式项素分解细化扩多了十几倍、几十倍，一个公式稿纸的一横行还写不下，再做项素量变推导更加复杂，所以很费力耗时，晚上在家里一坐下就熬到下半夜，因而课堂上打不起精神。"马老师竟然不厌不怨，只是提示我要处理好课外业余探索与课堂学习的关系，还说搞到一定程度抄一份给他看看。由于这项探索拖延时间长，他调回北京几年后，我才抄写了一份给他寄过去。概言之，马老师说我在他讲课的时候"可以睡觉"，显然是知道我瞌睡缘由的特情特处，我深感是老师对学生自发钻研的一种特殊体谅和爱护。

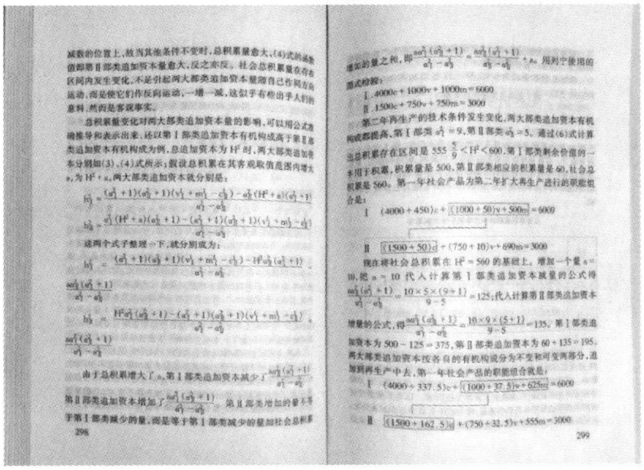

山东人民出版社出版的《改革发展论集》中《关于社会积累问题的探讨》

第二编

政治经济学系77级、78级校友毕业40周年返校活动记录

政治经济学系 77 级、78 级校友毕业返校活动举行[①]

四十年春华秋实，四十年薪火相继。2023 年 10 月 21 日上午，山东大学经济学系 77 级、78 级校友毕业 40 周年师生座谈会于中心校区明德楼举行。山东大学副校长芦延华、党委副书记陈宏伟出席座谈会。座谈会由 77 级校友、经济学院教授于良春和 78 级校友、经济日报社财经新闻部原主任隋明梅主持。

芦延华在致辞中表示，77 级、78 级校友作为中国高等教育史上特殊的一代人，亲历了中国改革开放波澜壮阔的历程，见证了国家高等教育的崛起与振兴，用实际行动为经济学科、学校事业和国家民族发展作出了重要贡献。学校、学院

① https://www.view.sdu.edu.cn/info/1023/184592.htm.

始终高度重视和关心校友，将校友视为最宝贵的财富和资源，诚挚期盼各位校友继续支持关心学校、学院发展，为山东大学和山大经济学科的未来发展建言献策贡献力量。

经济学院院长林平介绍了学院近年来在拔尖创新人才培养、队伍建设、科研创新、服务社会、国际化战略等方面取得的显著成效，表示学院的快速发展离不开各位校友长期以来的关心和支持，学院将继续传承发扬经济学科优良传统，持续进行改革创新，推动实现内涵式高质量发展。

经济学院老教师代表陈乃圣对 77 级、78 级校友的到来表示热烈欢迎和诚挚问候。他说，校友们在各自的工作岗位上兢兢业业、展现担当，为社会主义建设作出了重要贡献。他鼓励校友们继续坚定理想信念，牢记初心使命，在实现中华民族伟大复兴的征程中再创新的辉煌。

捐赠环节，校友代表段星辰、朱崇利向学校、学院赠送纪念品，芦延华、陈宏伟代表学校，经济学院党委书记董春杰、常务副院长石绍宾代表学院接受赠送；校友代表马传景、李齐云、马卫刚、隋明梅向学校、学院赠送纪念文集，档案馆副馆长楼蔚文、经济学院正处级辅导员李维林分别代表学校、学院接受赠送；校友代表马建堂、王育琨、张东辉、徐向艺、杨蕙馨等向学校、学院赠送校友著作，楼蔚文和经济学院党委副书记林竹分别代表学校、学院接受赠送。

座谈会上，37位77级校友和28位78级校友逐一发言，深情回忆了在校时光，畅叙师生情谊，既有对国家和母校取得重大发展和卓越成就的欣喜，也有对母校和恩师栽培的由衷感激，还有对人生的感悟与思考。校友们一致表示将继续关心支持学校、学院发展，推动学校、学院各项事业再上新台阶、再创新辉煌。

会前，校友们在山东大学图书馆前合影留念，并观看了老照片合集，一起追忆美好时光。会后，校友们一同漫步校园，参观校史馆、博物馆、“走近薛暮桥”展厅，欣赏校园风景，找寻青葱记忆，共议学校发展。20日，学院邀请77级、78级校友代表，以“青年人的成长之路”为主题，举办两场聚贤校友沙龙，校友们分享人生经历，殷切寄语青年，助力青年学子走好成长之路。

学校档案馆、校友工作办公室相关负责人，学院老教师代表，77级、78级校友代表，学院领导班子成员等参加座谈会。

学无止境 气有浩然
图书馆
为天下储人才 为国家图富强

经济学院举办聚贤校友沙龙[①]

天朗气清，硕果飘香。2023 年 10 月 20 日至 21 日，在欢庆山东大学 122 周年华诞的金秋十月，经济学系 77 级、78 级校友毕业 40 周年“经邦济世心系家国天下，四十载芳华最忆是山大”联合返校纪念活动在中心校区举行。其间，学院邀请参会的王京清、马建堂、庞义华、马传景、姜东溟、孙秀丽、马卫刚、钱昇等校友做客“聚贤校友沙龙”，以“青年人的成长之路”为主题，与青年学生交流分享，寄语青年学生树立理想、融入时代、拼搏奋斗，走好新一代山大人的成长成才之路。

① https://www.econ.sdu.edu.cn/info/1060/11234.htm.

庞义华表达了对母校的深厚情感和对青年学子的美好期望，他结合自身工作经历，给在场同学们分享了自己宝贵的人生感悟与心得，寄语青年学子要树立远大理想，明确奋斗目标，找准人生方向；要坚持勤奋学习，勇于实践创新，练就“真本领”；要坚持修德为先，做到德才兼备，方能行稳致远。马传景结合自己的工作经历分享了对于治学的看法与感悟，他希望同学们能“做真学问，向大师去”，鼓励青年学子多读书、读好书，多读能够改变经济学面貌、用经济学理论改变世界的书。他强调在掌握书本知识的同时，更要了解真实世界，坚持实践出真知，实践长真才，呼吁经院学子发扬求实创新的治学精神，坚持创新研究、独立研究，培养经邦济世的家国情怀。姜东溟回忆了大学的学习生活，他表示大学学习的知识给了自己以后工作生活很大帮助，但是养成的家国情怀、兴趣爱好、学习方法等能力和素养更是大学给我们的第一性的、基础性的和受益终身的东西。他希望青年学子在学校的大熔炉中不仅学习知识，更要提高素养，为人生打下良好基础；勉励同学们制定清晰的目标规划，保持不甘平庸、追求向上的积极心态，事事高标准，时时严要求，持之以恒地为目标理想而努力。

王京清分享了自己在经济学系的求学成长故事及工作经历，他表示，无论在什么岗位上，都要保持热爱，并全身心投入。他与青年学子分享三点建议：一是要找准人生的目标，自觉将人生的规划与国家前途命运结合起来；二是要把握并善于运用人生的辩证法，鼓励青年学生体悟辩证法的智慧，提升自身积极面对变化、善于把握变化的能力；三是要勤奋踏实地努力成为时代的强者，鼓励新时代的山大人要坚持“自胜者强”，接好新征程的接力棒，为强国建设贡献力量。马建堂回顾了45年前来山东大学求学的场景，以及在经济学系难忘的求学时光，他表示，山东大学浩如烟海的藏书、诲人不倦的师长和崇尚治学的校风，为自己提供了良好的学习环境，为今后发展奠定了坚实基础。他结合自身职业生涯的经历，分享了自己在不同岗位参与和见证改革开放和国家发展进步的成长故事。

他鼓励青年学子要将自己的命运与时代、与国家紧密相连，努力当下、担当作为，在人生的任何阶段都要勇于挑战自我、超越自我，不负国家和时代的期望。孙秀丽深情回顾了过往在山东大学的青葱校园生活，结合自身经历，以"道路"作比喻，向青年学子提出了期望，要有人生的规划，"路"才能成"路"；要有人生的"方案"，要脚踏实地、勇于迎接挑战并克服困难，完成人生之"路"；要善于创造机遇、把握机遇，在新时代中阔步前行；要在关心自己的基础上，学会与人相处，常怀感恩之心。钱昇回忆了与 78 级校友们共同在艰苦环境下乐此不疲求学、倾尽全力读书的青春岁月，他表示，面对当年来之不易的求学机会，自己更加懂得珍惜，并勉励青年学子们要保持对知识的渴求，努力培养自己的能力素养，不辜负求学的时光和奋斗的青春。马卫刚结合自身的经历，向与会青年学生提出希望。他勉励青年学生在时代中选择人生道路，勇担时代重任，为祖国和经济社会发展努力奋斗；在学习中选择人生道路，不论在什么阶段都要秉承"学无止境"的校训，不断充实完善自己。

情真意切，情谊浓浓。沙龙现场，9 位校友作为 77 级、78 级中国高等教育史上特殊的一代人，用他们见证国家高等教育的崛起与振兴、参与推动中国改革开放波澜壮阔历程、承担时代赋予使命任务的特殊人生履历和丰富人生经验，与青年学生分享人生、碰撞互动、答疑释惑，为青年师生上了一堂沉甸甸的人生"思政大课"，激励师生艰苦奋斗、励精图治，用汗水和智慧继续谱写山东大学和山大经济学的华彩篇章。

本次活动是经济学系 77 级、78 级校友毕业 40 周年"经邦济世心系家国天下，四十载芳华最忆是山大"联合返校纪念活动的重要一环，是学院依托"聚贤"校友品牌、利用校友资源落实立德树人、推动"三全育人"的生动体现。经济学院院长林平，党委书记董春杰，常务副院长石绍宾，正处级辅导员李维林，党委副书记林竹、李良杰，以及教师代表、辅导员、本科生、研究生等参加沙龙活动。活动由辅导员吕宁、张婷婷主持。

政治经济学系 77 级、78 级校友返校纪念活动[①]

77 级　李齐云

金秋十月，秋高气爽，艳阳高照，丹桂飘香。在喜迎山东大学 122 周年校庆的美好季节里，我们期待已久的经济学系 77 级、78 级校友返校纪念活动如期开始了。

之所以说“期待已久”，是因为早在 2021 年上半年，我们 77 级、78 级的同学们就开始酝酿并积极筹备毕业 40 周年的返校纪念活动；今年 5 月，筹备工作正式启动。在学校和学院的大力支持下，在全体校友的积极配合和参与下，迎来了 65 位同学重返母校欢聚一堂的盛况。作为几个月来“忙并快乐着”的筹备组的所有成员，看到此情此景，心中更加平添了几分欣喜，也扰动起心中激荡的涟漪，将思绪拉回到 40 多年前那个充满革命和建设理想、“为中华之崛起而读书”的年代……

我们 77 级、78 级大学生是中国高等教育史乃至社会发展史上极其独特的一个群体。1977 年，中止了十年之久的高考重新恢复，于是在 1978 年创下了“十级同进竞技场，春秋两季入学府”的奇观，“接受祖国挑选”后的 27 万 77 级和 40 万 78 级“天之骄子”走进了大学校园。

忆往昔，大学时代是一段青春绚丽的时光和斑斓难舍的岁月，同学们怀着报效祖国、奋发图强、振兴中华的志向，如饥似渴学习，惜时如金苦读，孜孜以求探索，写就了那个年代华丽辉煌的篇章，出现了一大批担当改革开放和现代化建设

① https://www.sdrj.sdu.edu.cn/info/1002/35991.htm.

大任的业界精英、国家栋梁。如今回想起 40 多年前的大学生活，依然留给我们说不完道不尽的美好回忆。同学四年里的朝夕相处寒窗苦读，让我们相互之间结下了深厚的同窗情谊，当年一桩桩一件件往事，仍然让我思绪万千、心潮起伏、回味无穷。

思绪拉回到现实。快看，我们 77 级的段星辰班长来了，我们年级党支部书记胡元奎学兄来了，我们班团支部书记赵宗尹学兄来了，我们的兄长、如今已是曾祖父的刘庆珊大哥来了，我的小老乡马传景学弟来了，我们班的小学弟小学妹来了，更让我们欣喜的是我们敬仰的老师代表也来了……望着一张张熟悉而又久违了的脸庞，听着亲切温馨的问候语，高兴和激动的泪水溢满了眼眶。

政治经济学系 77 级、78 级校友会面

我们为此次返校纪念活动确定的宣传语是“经邦济世心系家国天下，四十载芳华最忆是山大”，主题是通过此次活动“共赴四十载山海之约，畅叙师生绵长情谊，勉励青年学子成长，建言山大发展之计”。活动日程的安排既丰富又紧凑。

10 月 20 日下午，两场“聚贤校友沙龙”先期举行，邀请 77 级、78 级 9 位校友就“青年人的成长之路”与学生代表互动交流。9 位优秀校友结合个人的工作和奋斗经历，漫谈体会、感受、经验和人生感悟，畅谈对青年学子的期望、嘱托和教诲，让青年学生深受鼓舞、深受教益。当日晚，学院举行“聚贤校友访谈会”，学生代表对多位学术界和业界校友进行了访谈。

10 月 21 日早上，经济学系 77 级、78 级校友返校纪念活动在热烈欢快的气氛中正式开始。图书馆前全体合影之后，校友返校师生座谈会在工会大厅举行。山东大学副校长芦延华发表了热情洋溢的致辞，对 77 级、78 级校友“回家”表示热烈的欢迎，希望校友们关心支持母校发展，为母校的“双一流”建设和发展贡献才智和力量。经济学院院长林平教授向校友们介绍了经济学院的情况和取得的成就，感谢校友们对母校的热情关怀和鼎力支持，祝福校友们幸福安康。老教师代表陈乃圣教授、赵海成教授满怀深情地盛赞 77 级、78 级同学们当年刻苦学习、努力钻研的精神和几十年来为母校发展、为国家繁荣富强作出的突出贡献和成就，勉励校友们“作出新贡献，再立新功勋”。

60 多位校友纷纷发言，饱含深情地回忆起 40 多年前在母校求学时的美好时光，动情地感谢老师先生们对学生的教诲栽培，赞美山大几十年来取得的辉煌成就，衷心祝愿母校勇攀高峰，再创辉煌！

山东大学校友会会长、山东大学原校长、经济学院 77 级同学樊丽明和两个年级的班长，代表 77 级、78 级校友向学校、学院赠送了纪念品，校友代表赠送了校友著作和纪念文集。座谈会气氛热烈，掌声、欢笑声此起彼伏，经久不息。

10 月 21 日下午，77 级、78 级校友以班级为单位参观校史馆、博物馆、文史楼、知新楼、薛暮桥事迹展，走进教室、图书馆、宿舍楼、食堂，漫步在小树林和大操场，深情回忆魂牵梦绕的大学时光，再次体验热情如火的大学生活，从内心深处抒发“凡我在处便是山大，有你在时那就是家”的情怀。

不知不觉中，两天的返校纪念活动接近尾声，又到了说“再见”的时候了。同学们依依惜别，互道珍重，相约来日再相聚。同学们共诉发自肺腑的心声：祝福老师们健康长寿，祝福校友同学们幸福安康，祝福母校争创一流、再创辉煌，祝福我们的祖国欣欣向荣、繁荣富强！

我的山大我的家[①]

77 级　秦凤鸣

最近中心校区校园格外热闹，疫情的阴霾悄然消散后的第一个金秋十月，每一抹秋色都弥漫着山东大学 122 周年校庆的喜悦之情。一批批校友从各地风尘仆仆地来母校。在他们当中，有 65 位来自经济学院 77 级、78 级的校友，在毕业 41 年后再度回到他们的精神家园。两日美好的团聚和纷繁的回忆，令我心生感动和感慨，有了将其付诸笔端铭刻记忆的冲动。

10 月 21 日注定是个不平凡的日子。回想起 45 年前的这一天，中央人民广播电台的“新闻和报纸摘要”节目突然传出恢复高考的消息。当我屏声静气地听完广播时不知不觉已泪流满面。这一天是无数人多年的期盼，是历史转折中伟人的果断拍板，为我们打开了关闭数年的这扇门。恢复高考再造的是公平的机会和希望。我们这些 77 级、78 级校友当年曾和无数怀有大学梦想的年轻人一样，在漫天飞舞的雪花中，从田间、工厂、军营、学校奔赴考场，一个月后，当我们接过了山东大学的入学通知书时又一次热泪盈眶。

1978 年 2 月，我们 60 位男女青年身背行囊跨入山大校门，来到政治经济学系（经济学院的前身），开启了一个重要的转折点。同年仲秋，政治经济学系又迎来了 80 位新同学。一年两届共计 140 位同学的生命中刻下了一枚共同的历史烙印——77 级、78 级，这些时代的幸运儿被冠以“传奇的一代”和“不可复制的一代”。参差不齐的年龄、不同的生存状态以及复杂的学前经历，还有历尽坎坷的

① https://www.sdrj.sdu.edu.cn/info/1002/35995.htm.

高考之路,可谓空前绝后。从此,我们在课堂、图书馆、校园、宿舍等所有够得上是安静的一隅或角落埋头苦读,在书山学海中辛勤跋涉。面对这群如饥似渴的学生,老师们呕心沥血,倾其所有。我们也曾年少轻狂,或许还有过苦闷和惆怅。但更多的时候,我们掩卷深思,求知求索,燃烧激情,顽强拼搏。最终我们到达了一个共同的目的地——成为恢复高考后的第一批合格的大学毕业生。1982 年的又一个早春和金秋,140 名经院学子,带着老师们的谆谆教诲和母校的殷殷期望,揣着多年来的理想与梦想扬帆起航,奔赴各地百业待兴的岗位施展抱负。我们一个个是那么的意气风发,志向高远。41 年山长水阔,我们的成长见证了改革开放的波澜壮阔和中国的沧桑巨变,更重要的是,我们身在其中,背负家国使命,风雨兼程。或研究经济政策,或教书育人;或做行政管理,或做实业开发……在学界、政界和商界各显其能。

在这组群像中,第十八届中央委员会委员、第十四届全国政协常委马建堂,第十九届中央候补委员、中共中央组织部原部务委员王京清,黑龙江省人大常委会原副主任庞义华,国务院政策研究室原研究员、央企外部董事马传景,“五一”劳动奖章获得者、《经济日报》资深编辑隋明梅,青岛市国资委原主任、党委书记、一级巡视员马卫刚,山东大学原校长、现任国家治理研究院院长樊丽明,海内外名校载誉归来的管理学院院长武常岐,国家教学名师于良春、徐向艺,山东省教学名师李齐云,特聘教授、荣聘教授杨蕙馨、范爱军、张东辉等;驰骋实业界的姜东溟、王智太等,皆是经济学系 77 级、78 级的代表。

10 月 21 日,恰好是 46 年前公布高考恢复消息的同一天,我们这群当年的大学生再度聚首母校。筹备组辛勤付出,经济学院领导全力支持,准备了数月,为校友返家提供了热情、周到又暖心的服务,“家”的味道十足。在这个家里,说不尽道不完的怀念与感慨之情最终汇集成册,这部山东大学经济学系 77 级、78 级入学 45 周年纪念文集“呈现了一组改革开放的时代故事,一组奋发图强的励志故事,也是一组师生同学的友谊故事”。校友会会长樊丽明在文集序言中的这段话道明了几十篇回忆文章的精髓。

返校日的所见所闻,让我们欣喜地看到了“家”的变化。我们走过当年曾漫步晨读的“小树林”,昔日的细枝嫩芽已是根深叶茂;我们走过当年初入学堂的文史楼,昔日的教室已装饰一新,成为山大校史博物馆,崭新的教学楼、多媒体、阶梯教室、“E”校园扑面而来;我们走过当年曾冬季滴水成冰、夏日汗流浃背的宿舍,昔日的双层床已成为冬有暖气夏有空调的上床下桌;我们走过当年“提桶打饭”的食堂，那里分组而立的饭桌已变成了亚洲第二大校园餐厅。齐鲁大地，山海之间，连接南北，横贯东西。一切的一切已今非昔比，满目称奇。我们这些学生变老了，但我们的母校和经济学院正年轻。

时间不会为任何人停留，却在每个人身上留下了痕迹，而我们的脚印也深深印在了曾为之奋斗的山河大地。属于我们那一代人的荣耀与梦想已成为过去，我们依然谈笑风生。回望来路，或许有遗憾，但我们未曾吝啬自己的智慧和心血。正如校友会会长樊丽明所言：“广大师生无疑是创造校史的最重要主体。每个个体汇聚为班级群体，每个班级的共性品格形成年级的精神品格，每个班级的精神品格会形成山大人代代传承的文化基因。”目送浩浩荡荡的后继者，我们心中坦然亦欣然。后来居上，还有什么能比这样的传承更励志和更珍贵呢？

当这些校友再次告别母校相约未来的时刻，他们的心中盈满了对母校和经济学院的感恩和祝福。我又何尝不是！“我的山大我的家”于我而言是最为贴切和亲近的。自45年前入了山大这个家门，就再也没有离开。感谢我的山大和经济学院对我的呵护和关怀，感谢我的老师们对我的教诲与鼓励。祝福我的山大和经济学院蒸蒸日上。

这个秋天很美，它承载的不只是金色的收获，还有缤纷的回忆和逐梦的诗篇……

经济学系77级、78级校友毕业40周年返校纪念合影

我的从业体会

——在山东大学经济学院聚贤沙龙的发言

77级　庞义华

"与青年学子话成长"，就谈谈我的几点体会。

我退休五年了，对目前的情况很少了解，对青年成长没有研究。在座同学能上山大都是优秀的，有的还是硕士、博士，相信将来肯定出现不少杰出人才。我谈的都是过去事情的体会。我们当时都是国家分配、组织安排，你们很多人将面临艰难的就业选择，工作后的环境也更加复杂。

人生要有理想，择业必须从当下的实际出发

适应党和国家事业发展，树立一个远大的适当的目标是很重要的。有目标就有了方向，有动力，有奔头！但立志容易，难在坚持，贵在坚持。这个目标也不是一成不变的。

在这个目标下，择业是很具体的，只能立足现有的条件和可能性。趁着年轻可以多换几个工作或岗位，这有利于拓宽视野、增长见识。但总的说来，还是要干一行爱一行，钻一行精一行。

我最近给一家医院的护士团队写了几句话："医者厚道，勤学笃行，爱如春雨，术达究竟"，也是这个意思。人说，"没有不好的工作，只有不喜欢这个工作的人"，我看有道理。世界大也无限小也无限，两极都可以去探究发展。

我几十年工作中，所有主要的安排和变动，没有一个是自己想的，没有一个

是自己想到的，都是在不经意间发生的。所以总体感觉是想太多了没有用！世界上的事物是复杂的，是多种因素决定的，缺一不可。而我们自己的信息是非常有限的，认知是十分微小的，只能顺其自然，顺势而为。

坚持勤奋学习，贵在实践中获得真知

几个人一起毕业参加工作，是否勤奋学习，3～5 年就能拉开差距。但从本质上讲，一切书本上的知识都并非真知。有这样一种人，博览群书、无所不知，他们却不是工作中的强者。相反，有些干成大事的人，却没有什么学历。这些都证明，知识只是前进的基础，不等于文化，不等于能力。做好工作靠的是认识问题、处理问题的综合素质，是正确决策、推进落实的真本事。

要知道梨子的滋味就必须亲口尝一尝。要在实践中多思多悟，磨炼思维的刀刃，提高觉知的敏锐性，及时总结经验并上升为理性。

青年人更要勇于创新，你们有大把时间，要不怕失败！让创新成为思维习惯和工作方式，靠创新推动工作和事业发展。时时处处做有心人。只要做有心人，就时时是学习之时，处处是创新之地。

修德为先，团结人是大本领

干部要德才兼备，所以工作后要德才兼修。提高才能不易，修养德性更难。

从领导干部来看，清朝曾有“能臣寻常见，廉洁第一难”的感叹。从现实看，多少“德不配位，必生祸患”的例子就在我们身边。刘伯承元帅曾告诫儿子：“没有那个大德大才，就不要去做那个官，国家事业受损，你自己也遭罪。”党员或党的领导干部教育内容很多，党性教育是核心。

德才既是两个方面，又是一体的。德就是才，大德是大才！德的内容很多，核心是无私。

一个人特别是一名领导干部，无论在什么岗位，能够团结人都是做好工作的基石。难在团结意见不同的人、反对你的人。《尚书》说：“皇天无亲，惟德是辅。”这个“天”就是人民群众，就是主客观条件的综合。

一个单位一个地方，无论政治环境多么复杂，只要你德行修养好了，德才兼备，为人正派，肯干事、能干事，就能得到绝大多数人的拥护。

青年干部一定要走正道，不要过多地把精力放在关系上，更不要去走那些野路子。野路子靠不住，也很危险。堂堂正正做人，扎扎实实干事。孟子说："士不可以不弘毅。"

无论何时都要坚持实事求是，要说真话、实话、新话、短话，不说那些没用的大话、空话、套话。千万不要说假话！青年人可以说错话、办错事，错了就承认、就改，改了就进步。但说假话是品行问题。一句假话就会丧失领导和同事们的信任，严重的就可能断送前程。特别在那些阅人无数的领导面前，一个眼神就看透你。

治学三题

——在山东大学经济学院聚贤沙龙的发言

77级　马传景

刚才听了庞义华同学的发言，深受教育，深受启发。如果在20年前听到义华这番话，我也许会在工作中作出更大成绩。

在大学的沙龙发言，我还是想鼓励大家成名成家，围绕如何进行学术研究谈点体会。我给经济学院的题词是："做真学问，向大师去。"不过，讲这个题目，我并不是理想的人选。因为我大学毕业后的几十年中，很长一段时间是做实际经济工作，只是在业余时间做一些经济研究，也没有什么显著成就。我们班同学指定我来聚贤沙龙发言，我满口答应：没有成功的经验，也会有一些失败的教训吧。

下面，我简要谈几点从业余研究中悟到的体会。

多读书，少写作

这个体会是对已经具备写作能力的同学而言的。刚刚进入经济学王国的年轻朋友，还是应该进行一点简单研究，掌握学术研究和写学术文章的基本要领。

我们如果想成为一个大学者，就要遵循叔本华的教导：要多读一流的文章，而不要读本专业二流的文章，去写作二流的专业文章。

我们都知道，真正的专家和大学者不在于文章多、著作多，而在于文章和著作有创见，往往因为一篇文章或一本著作一举成名。罗纳德·科斯凭借两篇关于企业性质和企业边界的文章获得诺贝尔经济学奖，而且这两篇文章还促成了两门经济学分支的诞生，一是产权经济学，二是法律经济学。纳什也是凭借一篇博弈论的毕业论文而获得诺贝尔经济学奖的。剑桥大学的罗伯特教授，14年间没有发表一篇文章，最终研究出了试管婴儿的技术，获得了诺贝尔生理学或医学奖，而且极大地造福了人类。

根据我自己的经验，且不说写一篇真正有学术价值的文章，就算是写一篇让自己满意的文章，没有长时间的积累和反复思考、验证也是写不出来的。一个人能在一两年时间内写出一篇好文章来，就不容易了。如果一个人一年可以写出十几篇文章，出版一两本著作，最好不要花费时间去读，注定不会有真正的收获。当然，也不排除有的人一个时期内才思泉涌，学术上来个大爆发。我讲的是一般情况。

我们主张多读书，少写作，是因为"读书破万卷，下笔如有神"这个道理永远也不会过时。我主张多读书，还因为我们必须对自己研究领域的学术进展心中有数，不然就会做一些重复研究，白白浪费时间和精力。马歇尔当年已经是名满天下的经济学家，但是对发表文章极其谨慎。由于不知道马歇尔什么时候会从抽屉里拿出一篇文章发表，当时的英国经济学家一般也不敢轻易发表文章。

多读书，读什么书？我以为有几类书是必读的。学经济学的当然要读经济学的书。年轻时应该精读50本经济学经典著作，这是从事经济学研究必须打下的根基。第一，要读那些改变了经济学面貌的大家的书。比如，对经济学发展有奠基和开创意义的大师的著作，亚当・斯密的著作是必须读的。对经济学进行了三次综合的大经济学家的书也必须读，如詹姆斯・穆勒的书、马歇尔的书、萨缪尔森的书。还有对经济学发展作出关键贡献的大家的书，如导致经济学边际革命的杰文斯的书、奥地利学派的门格尔等人的书。现代经济学主要流派代表人物的书也要读。最近这些年出现的行为经济学、实验经济学、演化经济学、战略经济学等新成果，也应该了解。第二，要读那些用经济理论改变了世界的大师的书。如马克思的经济理论曾经改变了世界上几乎一半人口的生活和命运，尽管西方经济学家一直攻击他的学说，但是马克思的书也一定要读。凯恩斯宏观经济学的创立，为政府干预经济生活提供了理论根据，改变了二战以后世界经济面貌。由于政府的财政和货币政策干预，二战以后再也没有发生1929～1933年那样的灾难性的危机。同时，正是由于凯恩斯，经济学变成可以干预经济生活的学问，而不再纯粹是学者书斋里的学问，经济学研究也变成了一个不错的饭碗。所以，学习和研究经济的人必须读他的书。另外，要读一点经济学以外的书。我认为，一是要读一点科学哲学的书，知道不能证伪和证实的问题都是假问题、伪命题，不要浪费精力和生命去研究。二是要读一点科学思想史一类的书，就像站在山顶看山脚下一样，用更广阔的视野和更高的出发点来看待经济学的理论，看待经济学的发展，看待经济学的使命和地位，这样就会有“一览众山小”的感觉。

有的同学可能会问我，在大学工作，如果发表文章和出版著作数量达不到要求，就会被除名，“多读书，少写作”的要求很难达到。这个问题我无法帮助你们解决，也许到了你有条件这样做时再这样做也是可以理解的。我想说，如果你要成为一个真正的经济学家，就必须有所牺牲、有所放弃。我记得有个名人说过这样一句话：如果要想成为一个知识分子，就要选择一个不是知识分子的职业，这才能做到著书不为稻粱谋。这一点也请你们考虑。

要掌握书本知识，也要了解真实的世界

罗纳德·科斯曾经说过，他的同行的理论都是“黑板上的经济学”。其实这话有点刻薄，真实的情况不是这样的。在美国，经济学家直接变成财政部部长、美联储主席的大有人在。比如哈佛大学校长萨默斯、斯坦福大学的耶伦都担任过或正在担任财政部部长。如果你研究一下诺贝尔经济学奖获得者的传记，会发现许多经济学家都曾经担任过总统经济顾问或其他政府职务。美国的经济学教授在政学两界游走，是很正常的事。这说明，美国的经济学家并不是一群书呆子，他们不仅具有书本知识，也了解真实的世界。反观我们国家的经济学家恐怕就没有这个本领，更多的经济学者对窗外的经济世界一无所知。像李白讽刺的那样：“鲁叟谈五经，白发死章句。问以经济策，茫如坠烟雾。”

我记得前几年樊丽明校长曾提出山东大学要为山东发展服务，这当然包括为山东经济发展服务。一个经济学者要为山东经济发展服务，必须对地方经济有所了解。要具备产业经济的知识，比如要了解一个行业主要的经济技术指标，知道一个行业怎样算先进和落后；要了解一个行业国内情况如何，在国际上处于什么水平；这个行业近来有哪些新技术、新突破，掌握整个行业的发展动态。如果山东省或者一个地区、城市委托我们研究它们的产业和经济发展规划，我们就需要对山东省或者一个地区的经济结构、经济现状、有哪些优势和劣势有所了解，根据当前经济发展趋势和全国的情况以及国际上的情况，确定哪些方面可以

作为发展重点，哪些方面不是重点或者要放弃。山大的老师和专家要提出比发改委、工信厅等单位更高明的规划才行。因为你有学位、有理论，又有时间全面了解情况、研究问题，应该超过一天到晚忙于具体事务的干部。

经济学理论说复杂很复杂，说简单也简单。有人说，自从亚当·斯密的《国富论》出版后，已经解决了70%以上的经济问题。张五常教授曾指出，现代经济学真正管用的东西并不多，如果要把经济学高度简化，只剩下一条需求定律。所以，学习了经济学的基本原理，要对这个社会有用，关键是要花功夫了解现实的经济世界。北京大学的周其仁教授由于曾在杜润生同志领导下做过农村政策研究，养成了田野调查的习惯，练就了调查研究的本领，长期坚持走出书斋，到农村去，到田野去，写出的文章接地气，很受学术界和政府的重视。北京大学教授汪丁丁很有名，也很自负，北大教授的文章他一般不看，但却一直紧密跟踪周其仁的研究工作，对周其仁的研究工作很看重。

现在我提出一个题目，我觉得哪位有兴趣的校友可以作为博士论文研究的内容。大家都知道，国际原油价格经常出现过山车式的暴涨暴跌。这不是供求关系变化造成的。因为，一桶原油价格由五六十美元一下子涨到一百多美元，不可能是供求关系变化导致的。我有一个大胆的假设，这不是供求现象，而是货币现象，是美元政策周期性调整的结果。认真观察，美元政策一个周期大致为15年。五到六年为强势美元时期，八到九年为弱势美元时期。强势美元时期，国际市场上美元供给量下降，原油价格跟着下跌；弱势美元时期，国际市场上美元供给增加，原油价格跟着上涨。我对这个假想做过验证。2019年年末，我在深圳前海投资讲学时曾预测，2014年美国量化宽松政策推出已经五六年了，美元政策可能很快进入弱势美元时期，原油价格可能进入新一轮上涨。后来事实证明，我猜对了。但是，我刚才讲的，这只是一个猜想和假设，没有进行深入研究。如果你们谁有兴趣，把一定时间段内美元政策和原油价格变化之间的数据做一下回归分析，确定这是一种规律性现象，对国家和能源企业价值不可限量。因为我国每年进口原油都在两亿吨以上，花费外汇三四千亿美元，把握原油价格变化趋势太重要了。

要下决心做真学问、大学问

这方面，我给各位校友提三点建议。

第一，坚持创新研究，不人云亦云。我最近写作《大经济学家》时了解了春秋时期齐国宰相管仲。我发现他的经济思想是近代以前中国人中最丰富的，此后2000年没有人超过他。由此，我得出一个结论：春秋一个世纪的创造，胜过以后2000年的因循。有人说，我们要增强文化自信，其实他们既不了解中国文化，也不了解世界文化。中国2000多年来，多少聪明人都把一生的精力用来注释或重新解释那几部经典，有时说是十三经，有时说是五经，有时说是四书五经。这就像一块口香糖，一代一代人反复咀嚼，有的非说嚼出了焦糖味，有人坚持说嚼出了牛肉干味道，于是成了大儒和大师，但没有给人类思想宝库增加任何新内容。现在人们还经常挂在嘴边的当年清华四位大师，王国维、陈寅恪等，大概也是在经典中嚼出了香草味之类。有时我真替这些聪明人可惜。如果他们不是终生"我注六经"或"六经注我"，而是去进行真正的科学研究，一定会有所发明、有所发现。中国的科学技术水平，就不会是今天这个样子。

第二，坚持独立研究，不做墙头草。中国古人中很有一些硬骨头。他们不像大多数人那样，对着大人物疾驰而去的车辆望尘拜舞，而是坚持"不事王侯，高尚其事"。瑞典学派创始人威克塞尔在申请教授时，因为申请书中有"国王忠驯的奴仆"的字样，拒绝在申请书上签字，宁愿不当那个教授。真正做研究的人，就应该有这股傲气，应该有点贵族式的尊严。康德曾经指出，所谓启蒙，就是要学会运用自己的智力和思想去思考问题，不盲目相信别人告诉你的观点，不要把自己的大脑变成别人思想的跑马场。因此，不要热衷于追逐别人命题作文的课题，因为提出问题比解决问题更重要。长期研究别人提出的题目，时间长了自己就会失去提出问题的能力。不要理会那些时髦的理论或观点，身居高位的人所持观点也不一定就高明。应该坚持自己认为对的观点。哈耶克曾说过，对于一些基本的经济学原理，人们经常发生动摇，这是经济学的不幸。应该看到，许多我们过去坚持的观点，今天看起来变得不合时宜，不是我们坚持的观点错了，有可能是时代退步了。

山大经济学院成立了薛暮桥班。为了写薛暮桥小传，我最近研究了一下他的资料。薛暮桥的经济观点，今天看来已经不算什么。他的可贵之处在于，在当年那样的环境下，他能够顶住压力，敢于坚持自己的观点。我们今天向薛暮桥学习，重点已不在学习他的理论观点，而是要学习他的风骨、他的科学精神和理论勇气。

第三，坚持以经世济民为己任，坚持研究对国家和人民有意义的问题。经济学可以研究的问题很多。有的问题不一定有多大意义，但却可以帮助自己成名成家；有的问题研究难度很大，对社会意义也很大，对个人成名成家却不一定有多大作用。如何选择，就看我们有没有经邦济世的抱负，有没有忧国忧民的家国情怀。比如，有的人研究这样一个题目：一个人离过婚，在银行批贷时会对他产生哪些影响，影响会有多大？还有人研究另一个题目：我国金融结构不合理，许多小微企业根本得不到金融支持，因此应该调整我国金融体系结构。研究这两个题目都无可厚非，都比重复别人已有观点有意义。但是，客观上两类题目毕竟重要性不同，有高下之分。如何做选择，人就有了高下之分。

素养，是我们要在大学学习中建立起来的最核心能力
——在山东大学经济学院聚贤沙龙的发言

77级　姜东溟

大学是建立我们素养的关键时期

大学是人生的转折点，使我们有了脱胎换骨的变化，为我们一生打下了基础。我们在大学中学到了什么？当然是系统的书本知识。但再一想，对我们有些人来说，在大学中学到的书本知识在以后的人生中直接用上的并不多。但即便这样，大学对我们一生仍然起着决定性的影响。也就是说，我们在大学除了学习书本知识之外，还学习、锻炼了其他东西。我把它归纳成素养。素养包含很多内容，譬如学习能力、思考能力、行动能力、融合能力、协调能力、家国情怀、胸有志向、乐观进取、坚毅坚韧、自励自律、幽默诙谐、善于选择、勇于担当等。让这些东西成为我们自身的一部分，成为我们的秉性，陪伴、帮助、引导我们一生。

人的素养不同，往往决定了不同的人生。看看那些有伟大成就的人，不管从政的还是做学问的，在素养方面都很厉害。很多时候，他们同普通人拉开差距，不仅是因为知识还是因为素养上的差距。优秀的素养一旦形成，就像一个基础，托着他们向上，推着他们前进。譬如做学问，有的人常常喜欢活在舒适区，甘于平凡，遇到困难就难以坚持；有的人常常选择投机取巧，找捷径，走关系；有人却是知难而进、百折不挠、越挫越勇，终成大事。原因是什么？素养问题！

我们在大学期间除了学习知识之外，一定要把建立良好的素养作为一项重

要任务，在头脑中要有清晰的方向和目标，注意利用大学提供的条件，去磨炼、培养自己的优良素养。大学里没有一门课专门教授这些，但学校给了大家一个很好的环境，有许多老师和同学作为榜样，有丰富的课堂教学和多样性的课外活动等，可以使我们的优良素养的基础快速形成。

将来你会知道，在大学努力提高自身素养是一个聪明的决定。

不甘平庸，高看自己一筹，有雄鹰之心

最近，我给刚上初中的儿子写的一封信中要他“不甘平庸，高看自己一筹”，不管处在哪个环境当中，都要成为非常优秀的人。人一定要有一颗雄鹰的心。不管在什么单位、什么情况下，都要高看自己一筹，这不是狂妄骄傲，而是一定要对自己有高一些的要求，要求自己做得比别人好、比别人强。我觉得有这个心劲儿非常重要。上了山东大学，山大的基因就注入我们的血液。仅“山大毕业生”这一称号就使我们有了雄鹰之心，鞭策我们一生，使我们不敢懈怠，努力不止，做得比别人更好。人生真的很长，机会也很多，不要看一时一事，不要因一时环境或者运气不好而气馁、退缩，一定要保持向上的雄心和持续前行的韧劲。你们有了山大的基因，就要把自己的机会成本看得大一些。如果把时间荒废的话，这个机会成本非常大，这样想，你才能利用好你的时间做好事情。

带着你的雄鹰之心，走好这一生。

对人生要有清晰的目标，时时刻刻提醒自己

虽然是老生常谈，但这个非常重要。人生路要怎么走，说复杂可以很复杂，看很多书，未必搞得清楚。但是如果你用一生去践行简单几句话或者简单几条道理，就容易多了，你就会变得不简单。一条简单但行之有效的方法是：给自己定一个清晰一些的人生计划。人生要有目标，这不是一句套话。根据自身的特点以及对时代的判断等，给自己定一个人生计划。这个计划贯穿你整个人生，时时刻刻提醒自己，直到融入血液。这样，在时间积累下，你将会同别人不一样。

注意人生目标不要随着环境的变化而不停摇摆，滴水穿石，一定要在一个

点上才能穿石，若常换点，就永远不能穿过。有时候为达到目标要做铺垫，不断增加自己的知识和能力。人和人的学识不一样，能力不一样，但是如果你有一个贯穿一生的计划或目标，你就会比别人更多地享有时间的复利，就会比别人强。

时代正处于产业革命周期的上升阶段，要抓住发展机遇

因为投资，我接触高科技比较多。目前我们国家处于一个新的产业革命的上升期。前几年，随着互联网技术的创新和扩展，利用互联网和移动互联网技术进行商业模式创新的项目还很多，现在很少了。现在大多是所谓“硬科技”，像人工智能、大数据、生物医学、半导体、新能源、新材料等，这些方面的技术很多是主干式、颠覆式、扩散式的，很明显，它们开创了一个新的技术和产业革命时期。大家学经济学懂这个道理，商业周期是跟着技术周期走的。你们正好赶上了这个技术和商业联动周期的上升阶段，这个上升阶段是一个中长期的、几十年的时期。

现在在技术发展上有两个重要的因素，一是国产替代，二是民营经济成为技术创新、应用的主体。我国在很多技术方面还处于赶超状态，有许多高科技产品百分之八九十需要进口，这就为我们在供给和需求两个方面提供了巨大的发展空间，是技术和经济发展的巨大潜力。另外，民营经济成为技术创新、应用的主体，官方公布70%多的科研成果是民营企业创造的。这个很了不起，发生了质的变化，给我国高科技的发展注满活力。过去，我国民营企业科技人才缺乏，创新能力极为薄弱。科技创新的主体是国家和国有企业，相对来说，民营企业科技发展动力不足，活力不足，科研成果的转化也不足。经过十年左右的时间，我国大量的中小民营科技企业发展起来了，活力十足，蓬蓬勃勃。很多企业的老总就是科技带头人，有技术沉淀，有干劲儿。真是百舸争流，万马奔腾。在新能源汽车领域，特斯拉比我们做的时间长多了，可现在比亚迪同特斯拉比，一点都不差；我们的太阳能板和设备，现在有百分之二三十出口；我国芯片的设计和制造用了不到十年的时间几乎追赶上来了；在许多新材料的发明应用上，我国进入了第一梯队；原来我国仿制药占了百分之八九十，现在创新药比重超过仿制药，这才用了五年左右的时间。中国人民真的很了不起，只要给他们一个好的制度环境，他

们会干得很好。

处在这样一个中长期向好的时代，个人会更有作为，我们同学要把个人的发展同这个时代结合起来，心怀经世济民的家国情怀，为自己的国家、自己的人民，为了一个新的伟大时代毕生努力！

谢谢！

附录

山东大学经济学院沿革

· 1960 年 3 月，山东大学政治系成立并设政治经济学专业。

· 1977 年 11 月，成立山东大学政治经济学系。

· 1980 年 11 月，政治经济学系改为经济学系，分设经济学专业和国民经济管理专业。

· 1987 年 4 月，成立山东大学经济与管理学院。

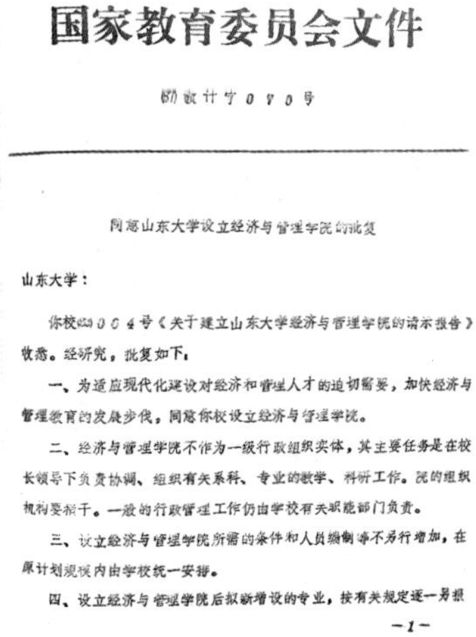

国家教育委员会文件

(87)教计字070号

同意山东大学设立经济与管理学院的批复

山东大学：

你校(87)004号《关于建立山东大学经济与管理学院的请示报告》收悉。经研究，批复如下：

一、为适应现代化建设对经济和管理人才的迫切需要，加快经济与管理教育的发展步伐，同意你校设立经济与管理学院。

二、经济与管理学院不作为一级行政组织实体，其主要任务是在校长领导下负责协调、组织有关系科、专业的教学、科研工作。院的组织机构要精干。一般的行政管理工作仍由学校有关职能部门负责。

三、设立经济与管理学院所需的条件和人员编制等不另行增加，在原计划规模内由学校统一安排。

四、设立经济与管理学院后拟新增设的专业，按有关规定逐一另报

—1—

·1988 年 9 月，成立经济学院，下设经济学系、经济管理系、贸易系。

山 东 大 学

山大人字（88）102号

关于成立山东大学经济学院的

通　　知

经校务会议研究决定，

成立山东大学经济学院。

经济学院下设

经济系

经济管理系

贸易系

一九八八年九月二十日

·1994 年 2 月，分别调整成立经济学院、工商管理学院（后改为管理学院）。经济学院设经济学系、财政税收系、国际贸易系、国际金融系以及金融研究所、消费与发展研究所。

山 东 大 学

山大校字(94)016号

关于调整、组建经济学院和工商管理学院的

通　　知

根据学校体制改革的构想及我校经济类学科的现状及发展需要，经校务会议研究决定，在经济学院和管理科学系基础上依据国家教委批准的本科专业类别，调整、组建山东大学经济学院和工商管理学院，两学院组建后，不重复设置相同学科的教研室，现有学生94年第一学期课程仍按原授课计划执行。

两学院机构及党政管理干部职位分别设置如下：

一、机构设置

（一）山东大学工商管理学院（以经管系、管理科学系和贸易系营销教研室为主组建）

下设四系二所

1、企业管理系

主要负责经济管理、国际企业管理专业的教学及科研。

2、经济信息管理系

主要负责管理科学专业的教学及科研。

3、市场营销系

主要负责市场营销专业的教学及科研。

4、会计学系

主要负责会计学专业的教学及科研。

5、比较管理研究所

该所隶属企业管理系，不单列编制。

6、企业与市场研究所

该所隶属市场营销系，不单列编制。

7、院办公室（副处级）

主要负责全院行政事务、教务工作及科研事务性工作，各系（所）不设办公室。

（二）山东大学经济学院

下设四系二所

1、经济学系

主要负责经济学专业的教学及科研。

2、财政税收系

主要负责财政学专业的教学及科研。

3、国际贸易系

主要负责国际经济专业的教学及科研。

4、国际金融系

主要负责货币银行学、国际金融专业的教学及科研。

5、金融研究所

该所隶属国际金融系，不单列编制。

6、消费与发展研究所

主要负责消费经济学方面的研究，该所编制暂定3人。

7、院办公室（副处级）

主要负责全院行政事务、教务工作及科研事务性工作，各系（所）不设办公室。

二、党政管理干部职位设置

1、两学院均设院长1人，副院长2人，正副院长原则兼任有关系(所)行政领导，各系(所)暂不设副主任（所长），只设主任（所长）助理；

2、学院设分党委，分党委书记1人，副书记2人，干事1人。分党委正副书记原则兼任有关党总支或院直属党支部负责人，分党委办公室负责党务工作及人事调配、劳动工资、专业技术职务评聘、师资、奖惩等方面的事务性工作；

3、两院均设分团委及辅导员办公室（正科级），两个机构名称一套工作班子，分团委书记兼任辅导员办公室主任；

4、院务委员会由正副院长、正副分党委书记，有关系主任等有关人员组成；

5、院设学术委员会，学位评定委员会，专业技术职务评聘工作小组，职称评审小组，各系不设上述机构。

一九九四年二月二十七日

2

政治经济学系 77 级任课老师名录

周之美　政治经济学(资本主义部分)
毛永林　政治经济学(社会主义部分)
林白鹏　帝国主义论
马家驹　《资本论》(第一卷)
蔺子荣(辅导)　《资本论》(第一卷)
陈乃圣　《资本论》(第二卷、第三卷)
胡世凯　当代西方经济学流派
常汝娟　经济学说史
巩丽泽　会计学
巩丽泽　企业财务分析
常　健　统计学
庄德钧　世界经济(美国、欧洲)
欧　是　世界经济(苏联、东欧)
张　宏　世界经济(日本)
黄金平　世界经济(非洲、第三世界)
赵植业　商业经济学
白施义　农业经济学
王福英　工业经济学
栾曙生　国民经济计划学(一)

刘洪钟　国民经济计划学(二)

戴歇珠　概率论与数理统计

孔令仁　中国经济史

叶世昌(复旦大学,聘请)　中国经济思想史

朱茂铎　欧洲近现代史

贾象珊　财政与信贷

高程德(北京大学,聘请)　经济法

姜炳坤　南斯拉夫经济改革(专题)

李树来　英语

付克敏　俄语

由其文　专业英语

于惠棠　形式逻辑

李万鹏　中文写作

王青山　哲学

杨老师　中共党史

赵老师　中共党史

梁振才　辅导员

车　贵　辅导员

常汝娟　班主任

徐世欣　系教学秘书

胡仲清　系教学秘书

（李齐云整理）

政治经济学系党政学领导班子名录

（1977 年 10 月—1988 年 9 月）

第一任系党总支委员会

（1977 年 10 月—1980 年 11 月）

刘立魁（书记） 姜炳坤（副书记） 季星如 庄德钧 赵海成 鲍士龙

第二任系党总支委员会

（1980 年 11 月—1988 年 9 月）

戴廷玉（书记） 姜炳坤（副书记） 魏敬民（副书记） 杨培德 庄德钧 王吉法 齐朝雪 蔺子荣 鲍士龙 白施义

第一任系行政班子

（1977 年 10 月—1980 年 11 月）

季星如（主任） 庄德钧 毛永林 赵海成 鲍士龙

第二任系行政班子

（1980 年 11 月—1988 年 9 月）
庄德钧（主任）　毛永林　赵海成　蔺子荣

第一任系学术委员会

（1977 年 10 月—1980 年 11 月）
季星如（主任）　庄德钧　马家驹　胡世凯　刘立魁

第二任系学术委员会

（1980 年 11 月—1988 年 9 月）
庄德钧（主任）　马家驹　胡世凯　毛永林　赵海成　戴廷玉

第一任系学位委员会

（1977 年 10 月—1980 年 11 月）
季星如（主任）　庄德钧　马家驹　胡世凯　刘立魁

第二任系学位委员会

（1980 年 11 月—1988 年 9 月）
庄德钧（主任）　陈乃圣　胡世凯　蔺子荣　杨培德

（李齐云整理）

政治经济学系 77 级同学名录(60 人)

（按姓氏笔画排序）

丁　娟	丁少敏	于世良	于良春	于锡平	马传景	方　明	尹建明
王广信	王五一	王兴华	王吉法	丛日华	安启雷	刘　鸣	刘庆珊
吕振宇	孙广军	杜　枫	杜鸿礼	李长亮	李允祥	李齐云	李明俭
李炳国	李晓鲁	杨民刚	杨秉勇	张　平	张少刚	张宏良	张欣荣
张家星	张鲁伟	陈　静	范爱军	金志涛	庞义华	赵方田	赵云东
赵宗尹	郑起宏	段星辰	高小平	高永刚	胡元奎	姜　韧	姜东溟
姜秀振	姚鸿健	秦凤鸣	贾衍邦	徐长发	袁新平	曹务奇	崔建平
董树义	樊丽明	魏法元	魏焕信				

我的大学

——山东大学政治经济学系78级入学45周年纪念文集

李齐云　马传景　隋明梅　马卫刚　编

山东大学出版社
SHANDONG UNIVERSITY PRESS
·济南·

山东大学政治经济学系 78 级毕业合影

序

45 年，弹指一挥间。为纪念政治经济学系 77 级、78 级同学入学 45 周年，我们相约，金秋十月，相聚校园。筹备组召开第一次会议时，同学们经讨论就撰写回忆文章并结集成册达成一致意见。这是一件很有意义的事。一所大学的校史是在宏阔的时代背景中由全体师生与社会各方共同写就的，而广大师生无疑是创造校史的最重要主体。一个个个体汇聚为班级群体，一个个班级的共性品格形成年级的精神品格，一个个年级的精神品格会形成山大人代代传承的文化基因。同学们回忆的大学生活、师生情谊、专业启蒙、志业起点无不形成山大校史和山大精神的生动素材，很有意思也有意义，十分朴实但却珍贵。近日读过同学们内容丰富、情感真挚的几十篇回忆录，深受感染，引发共鸣，思绪一次次回到那青春洋溢的岁月。

本书呈现了一组改革开放的时代故事。我们几乎每人都回忆了当时在农村、工厂、军营、机关等如何克服种种困难积极备考，以及接到山东大学录取通知书时的惊喜和激动。77 级、78 级大学生的确是时代的幸运儿，也无疑是中国高等教育史乃至社会发展史上极其独特的一个群体。其独特之处不仅仅在于“十级同进竞技场”，创造了最低录取率下脱颖而出的历史，也不仅仅在于春季秋季陆续入学，创造了一年两级毕业生的奇迹，而且在于我们的高考和入学标志着一个拨乱反正、改革开放新时代的到来。尽管在激烈竞争中胜出、迈进高等学府学习与个体素质、个人努力息息相关，但在紧要的历史关头，伟人的高瞻远瞩、果断决策矫正了中国经济社会的发展方向，为一代青年学子提供了难得的学习机遇，是成就“七七七八现象”“知识改变命运”的关键因素。因此，受益于新时代，感恩新时代，是我们两级学子的共同

感受，也是我们几十年持续奋斗的不竭动力。相信读者能够从这本回忆文集中感受到扑面而来的改革开放春风，“实践是检验真理的唯一标准”的思想启迪，以及与时代同行、为强国学习的向上力量。

本书呈现了一组奋发图强的励志故事。77级、78级是一个年龄、知识基础、家庭状况个体差异很大的群体，部分同学面临家庭、经济甚至学业的困难。但奋发图强、振兴中华是共同志向，如饥似渴、勤奋刻苦是学习常态，惜时如金、认真执着是普遍风格。文史楼留下了同学们埋头苦读的身影，小树林见证了大家讨论切磋的场景，《山东大学报》呈现了多位同学专业研究的处女作。回忆文集中同学们讲的故事，如苦读《资本论》原著“跟着思想家思考”，撰写平生第一篇专业论文并参加“五四”论文评选，天天傍晚跟随学校广播学习《英语900句》等，都是那一代人勤奋学习、如痴如醉的缩影。毕业之后，同学们无论在政界、学界还是商界，都秉持崇实求新的山大精神和基础扎实、为人诚实、作风朴实的山大风格，保持了学生时代的奋斗精神，以高度的事业心责任感，踏实工作、奋楫争先，书写了一代人的奋斗故事，创造了一代人的不凡业绩，作出了一代人的历史贡献。可以说，77级、78级这个优秀群体以自己的作为践行了“昨日我以母校为荣，今天母校以我为荣”。

本书呈现了一组师生同学的友谊故事。回忆文章中，我们都深情回顾了辛勤培育我们成长成才的老师们，心中充满感激感恩。马家驹、胡世凯、庄德钧、林白鹏、周之美、陈乃圣、蔺子荣、赵海成等老师，都是同学们十分敬重、爱戴的“大先生”，也是引导我们走进经济学殿堂的引路人。各位辅导员班主任老师为我们的健康成长付出甚多，是同学们的良师益友。两个班级都是团结友爱的集体，也许是同学年龄、家庭、地域、经历的较大差异，扩大了大家相互学习和汲取经验的空间，更利于共同提高进步。在校时，同学们生活上相互关心爱护，学习上相互帮助激励，彼此视为“亲密同窗、良师益友”。毕业后，同学们非常珍视同窗友谊，无论是几次秩年返校的亲切交流，抑或平日的电

话问候、同学病中的探望和鼓励，都展示着这个集体的有情有义。这份同窗情谊将作为宝贵财富伴随我们一生一世。

齐云、明梅、卫刚、传景等同学精心编辑回忆文集，不辞辛劳，令人感动。感谢他们的辛勤付出！

是为序。

2023 年 10 月 9 日于文史楼

目　录

第二编 山东大学经济学院聚贤沙龙

附 录

第一编

我的大学

关于高考和十年求学的回忆

78级　马建堂

1978年，有这样两幅几乎是完全一样的“中国画”：早春二月和仲秋九月，一群农民、工人、军人、中学生，肩上背着被褥行李，一手提着装脸盆饭盒的网兜，一手举着入学通知书，站在各大学的新生报到处。画面中的他们有三十五六岁的农民，也有十五六岁的中学生，相去万里的形象气质里透着同样的神情，那是做梦都没敢想象的理想来访时的笑面如花，那是与美好未来握手的慌张或张狂——这春秋两画面中的人群分别被历史定名为“77级”和“78级”。

何其有幸，改革开放大潮起，我们踏浪而行45年，画中的少年青年已是中年老年，77级、78级也基本完成历史赋予我们的家国责任，于是我们有时间回望。转头间，我们很多同学望见的最清晰、最动人的景致就是“我的大学”。

好吧，让我们把转头间那深情的回望记录下来，倾诉给同学们听，给过去听，给未来听——

1958年农历四月，我出生在山东省滨州市的农村，当时叫惠民地区滨县彭李乡马家村。这是鲁北平原、黄河岸边、邻海不靠海、土里刨食吃的一个普通村庄。到我出生时，这里早已旱涝灾害频繁、土地盐碱化严重，是有名的鲁北穷壤。我家世代务农，家境贫寒。爷爷马桂林曾任村农会主任，为人正直，因患胃癌，60

岁出头就去世了。父亲马松田，上过高小，是我们家第一位“知识分子”。他早年务农，在20世纪60年代初当过村会计，后来被招工到滨县油棉厂工作，退休前是滨州市生资站科级干部。

《新建设》杂志

也许是祖辈深受“文盲”之苦的影响吧，我从小对书本有种天生的痴恋。那个时候我的家乡是“文化的沙漠”，家境穷苦，也没钱买书，但凡是有字的东西我都会找来看，然后如饥似渴地阅读。无论是20世纪50年代的《新建设》杂志，还是我姑父南云亮从山东师范学院体育系毕业带回来的篮球教材，我都看过，尽管里面的内容大部分不懂。一本残缺不全的《水浒传》，我熟得都能背诵章回题目了。由于从小学习成绩好，1972年年初，我和村里其他四名同学一起被推荐到北镇中学高中部学习。名字听起来虽极为普通，但北镇中学是整个惠民地区最好的中学，由于惠民地区的地委和行署坐落在北镇，因此这所全地区最好的中学叫了这个不起眼的名字。当时的北中名师荟萃，学生也大多是地区干部子弟。来到这所名校学习，我好似久旱逢甘露的幼苗，不断吸吮着知识的甘泉。特别是教语文的李海鹏老师对我青睐有加。当时我写了一篇名为《管得严》的叙事性作文，李老师批语说：“你在这方面有些天赋，望好好努力。”李老师的批语对一个十几岁少年的激励是如此之大，1978年高考我第一志愿就是山东大学中文系。

按照当时的学制，我应在1973年年底高中毕业，但1973年国家决定恢复高中三年学制，我高中毕业时间变为1974年年底。但刚进入1974年，由于“张铁生高考白卷”事件，全国上下开始批判教育战线的回潮，我的高中学习生涯在1974年4月草草结束。由于高考制度当时已停止，我只好回到马家村，当上了村办工厂的翻砂工，从小编织的文学梦、写作梦几乎破灭。然而苍天有眼，1976年党中央一举粉碎“四人帮”，并于1977年恢复了高考制度。我同百万同龄人一样，又看到了希望，开始在劳动之余准备高考。1977年的高考是在12月10日至13日，整个备考的时间是在冬季。那时农村家里无暖气，我住的东屋也没炉子，滴水成冰、寒冷难耐。我披着厚厚的被子，点着煤油灯艰苦地复习。一晚上下来，手是凉的，鼻子是黑的。幸而高考过程还算顺利，我通过了初选，参加了体

检，报的是莱阳农学院和马鞍山钢铁学院，但不知何故，最终没有被录取。

滨县像我这样通过了初选但没有被录取的考生有 20 多名。滨县教育局先把我们分到各个乡镇联中，担任代课老师。其间，我曾给初中生上过两次课：第一次讲清明节有感，讲介子推背母自焚绵山，讲 1976 年北京“四五”纪念周总理，这次上课比较成功；第二次讲鲁迅先生的《记念刘和珍君》，这次讲课效果不好，听我试讲的张老师在台下直皱眉头。没过几个月，县教育局就把我们这 20 多个人集中到滨城教育局集中复习，准备高考。这次复习备考就没有上次那样辛苦，一是脱产复习，教育局还发 20 多元的“薪水”；二是季节好，是在春末夏初，不冷不热。经过 1977 年的历练，1978 年我考得更好，考试成绩是 353 分，好像是全县第二名。填报高考志愿时，第一志愿是山东大学中文系，那里有冯沅君、陆侃如，有萧涤非、高兰，是醉心文学的青年心驰神往的地方。然而，不知是语文成绩不高，还是其他的缘故，我接到的是山东大学经济学系的入学通知书。

1978 年 9 月 6 日，我坐着滨县到济南的长途汽车，告别了养育自己 20 年整的鲁北故乡，来到“四面荷花三面柳，一城山色半城湖”的省会济南，开始了我面壁十年、苦读生涯的第一站。

山东大学是一座具有光荣传统的著名学府，前身是 1901 年创办的山东大学堂。由于数度磨难，20 世纪 70 年代末的山东大学虽不像 50 年代初的 5 院 18 系那样鼎盛，但也是国内闻名的重点大学。浩如烟海的藏书、诲人不倦的师长和崇尚治学的校风，为我提供了良好的学习环境。我在母校宽阔的怀抱里尽情地吸吮着知识的乳汁——从马克思的《资本论》、亚当·斯密的《国富论》到李嘉图的《政治经济学及赋税原理》，从马歇尔的《经济学原理》、凯恩斯的《就业、利息与货币通论》到萨缪尔森的《经济学》，还有黑格尔的《小逻辑》、锡克的《第三条道路》和加尔布雷思的《新工业国》……我的十年求学经历，数大学四年最为艰苦和紧张。1000 多个日日夜夜，几乎全是由宿舍—教室—饭堂三点一线组成的。每天的学习时间长达 10 小时，每周平均约 60 小时。学校每周六的露天电影几乎是我唯一的消遣。

上大学期间，我写了很多的读书笔记。大多不是写在书本上，也不是写在信纸上，而是写在放假从家带回学校的草纸和废旧账页的背面。不只是学习紧张，要发奋补上失去的岁月，我还舍不得吃饱肚子。我家兄妹四人，我是老大。读大学期间，二弟在济南当兵，三妹与小弟仍在上学，家中承包地全靠母亲一人照料，父亲在生资站工作之余还要搬运装卸挣钱填补家用。我本来是家中的“壮劳

力”，现在却成了“不劳而获”的纯消费者。一想到父母的辛劳，我的心中愧疚万分，唯一能报答的除了好好学习外，就是节省节俭，让父母少贴补一点。我父亲是 1998 年去世的，他在这个世界上只待了 63 年，每当我想起父亲年过半百仍扛包装运的身影，便泪如雨下，不能自已。

上大学期间，国家的改革开放大幕刚刚拉开。农村改革的重心是推进家庭联产承包责任制，继思想理论战线上的真理标准问题大讨论后，经济学界开始讨论社会主义生产的目的是什么，以便为重视消费、重视分配寻求理论依据。我第一篇“发表”的文章是 1981 年暑期回家调研承包制而写的，刊登在 78 级经济学系自办的油印小报上。可惜在写作本文时，没有找到这篇文章。1981 年山东大学举办“五四”学生科学讨论会，我撰写了《社会主义生产目的及实现》论文，获二等奖，奖金 50 元，这是我生平第一次学术活动获奖。利用奖金，我买了同学穿不上的一双二手皮鞋和一件线衣。这篇论文指出，社会主义生产目的是保证劳动群众生活不断提高与全面发展的消费资料和自由时间。要实现社会主义生产目的，就需要按照社会的消费需求结构建立相应的劳动结构、生产结构、分配结构和市场结构。这篇文章某种程度上来说是我日后研究经济结构问题的前奏，也是我在学习期间参与国家经济思想和经济政策讨论的开始。在文章中，我把保证劳动者全面发展的自由时间也作为社会主义生产目的，这一观点还是有点青年人的创造精神的。发奋读书、关心国事这些特质，在 77 级和 78 级大学生中表现得更为突出。这是因为我们险些失去了进大学的机会，才格外珍惜来之不易的学习生活，也是因为我们的命运与时代、与国家息息相关，改革开放给了我们改变命运的机会，我们才格外自觉地参与改革开放的讨论。我有一个英年早逝的大学同学，在学习期间他曾给当时的国务院总理呈送了 8 万字的改革长文。

1982 年 9 月，我以优异成绩考入我国声誉最为卓著的经济研究机构之一——南开大学经济研究所，攻读社会主义经济理论方向的硕士学位，导师是我国著名经济学家谷书堂教授。南开大学经济研究所成立于 1929 年，是我国最早的由大学创办的经济研究机构。国内外许多知名的经济学教授，如何廉、方显庭、刘国光、滕维藻、杨叔进、谷书堂等都曾在该所工作或学习过。在谷书堂教授的指导下，我一方面继续吸收、消化着各家经济学的精华，另一方面锻炼、提高着自己的科研能力。谷教授为了培养我从事科学研究的基本功，防止因急于求成而出现学根不深、学风不实的毛病，给我制订了一个三阶段循序渐进的培养计划：第一阶段，主要学好各门研究生课程，掌握各种必要的科研手段，为日后的科

研工作打下坚实的基础;第二阶段,结合各类经济学专题,在大量现有资料的基础上写出相应的讨论综述和评论;第三阶段,撰写硕士论文。这一培养方案使我受益匪浅。

在南开大学求学期间,适逢党的改革重心由农村转向城市。在 1982 年召开的党的十二大上,胡耀邦同志代表党中央提出,促进社会主义经济全面高涨,要在深化农村改革的基础上,对主要分布在城市的国有企业或集体企业实行经营管理上的责任制,并有步骤地改革价格体系和价格管理办法,改革劳动制度和工资制度,建立起符合我国情况的经济管理体制。在 1984 年 10 月召开的党的十二届三中全会上,中共中央作出了关于经济体制改革的决定。全会号召,进一步贯彻执行对内搞活经济、对外实行开放的方针,加快以城市为重点的整个经济体制改革的步伐。全会明确,增强企业活力是经济体制改革的中心环节,着力确立国家和企业、职工和企业的正确关系,并对国家的计划管理体制、价格体系、劳动分配等进行相应的改革。我在南开大学求学时期所进行的学术研究,就是在这一改革大背景下进行的,主要集中在劳动工资和计划管理体制这两个紧密相连的领域。

我是从 1984 年开始在国内报纸杂志上正式发表学术论文的。第一篇文章是《也谈我国现阶段个人消费品分配方式——与王勤同志商榷》,发表在 1984 年第 2 期的《经济问题》杂志上。据不完全统计,我在 1984 年共发表 12 篇论文,其中 7 篇是研究工资制度改革的;在 1985 年共发表 15 篇论文,其中 4 篇是研究工资制度改革的。我之所以在 1984 年前后集中力量研究按劳分配和工资制度改革,与上文所讲的我国经济改革重点转移到城市、城市经济体制改革的中心环节是搞活国有企业有直接关系。党的十二届三中全会明确提出"增强企业活力是经济体制改革的中心环节","围绕这个中心环节,主要应该解决好两个方面的关系问题,即确立国家和全民所有制企业之间的正确关系,扩大企业自主权;确立职工和企业之间的正确关系,保证劳动者在企业中的主人翁地位"。

如果说党的十二届三中全会把正确处理国家与企业、企业与职工的关系作为经济体制改革的中心,是我研究劳动工资问题的大环境的话,那么我的社会主义经济理论的专业定位则是从事这一研究的内在逻辑。当时南开大学对社会主义经济理论专业研究生的培养,重点学习内容之一就是马克思主义经济学。我的硕士生导师谷书堂教授也集中研究劳动价值理论和按劳分配理论,他在 20 世纪 60 年代就提出了社会必要劳动时间的两重含义与价值决定的关系问题,在政

治经济学界引起了比较热烈的讨论。学习劳动价值论，很容易地就会和当时的改革实际联系起来。在这样的历史背景下，我从自己的专业和导师的研究领域出发，用马克思的按劳分配理论来分析国有企业内部工资改革的必要性，并提出“国有企业要贯彻按劳分配理论、体现多劳多得，就必须破除分配上的‘大锅饭’，实行浮动工资”这样的观点。这方面的研究成果，集中体现在我和徐振方老师合写的《试论城市经济体制改革的中心环节和突破口》(《南开经济研究所季刊》1984 年第 3 期)，以及发表在《东岳论丛》1985 年第 5 期上的《马克思按劳分配理论与浮动工资》。

这一时期我的第二个主要研究领域是计划管理体制改革。我国长期以来实行的是计划经济体制：生产由国家计划指定、产品分配由国家调拨、工资总额由计划确定。随着以国有企业改革为中心的城市经济体制改革的深化，改革必然触及国家对经济活动、企业生产流通和分配方式的调整。在谷老师的指导下，我的硕士学位论文选择了研究国家计划管理中的“条块”关系。所谓“条条”管理，是指由中央部委直接管理国有企业，“块块”管理是指由地方政府直接管理国有企业。中华人民共和国成立后到改革开放前，大型的国有工商企业一会儿下放，一会儿上收，在“一收就死、一死就放、一放就乱、一乱再收”的怪圈中徘徊，而没有解决国有企业是自主经营、自负盈亏的相对独立经营实体这一根本问题。

我的硕士学位论文《论国家直接管理方式的转换》分析了传统“条块”管理模式的弊端，提出了计划管理体制改革：一要确立国有企业的相对独立地位；二要改变传统的指令性计划管理模式，国家对企业的管理要从直接控制型向间接调控型转变。这些观点与两年后党的十三大所提出的国家调控市场、市场引导企业的改革思路是一致的。我的硕士学位论文后来被收进经济日报社出版的《经济学硕士博士论文选(1985)》。论文答辩后，我继续修改和研究，在这一领域陆续发表了十余篇论文，主要有《新型计划体制的目标模式及其理论依据》(与谷书堂合著，《南开经济研究》1985 年第 5 期)、《试论我国部门管理方式的转换》(《经济理论与经济管理》1986 年第 3 期)、《改革宏观管理体制　破除条块分割弊端》(《南开经济研究》1986 年第 1 期)等。

在南开大学学习期间，改革大潮风起云涌，经济学界百家争鸣，当时的青年学子更是英姿勃发，“指点江山，激扬文字”。因天津靠近北京之地理优势，南开大学学术氛围浓厚，一时也是藏龙卧虎，风云际会，杜厦、李罗力、金岩石、常修泽皆是当时的青年才俊。1985 年 4 月，我有幸参加了“第二届中青年经济科学工

作者学术讨论会”，提交的《马克思按劳分配理论与浮动工资》文章从2615篇论文中脱颖而出，成为125篇会议入选论文之一并获奖。这次会议是由国务院发展研究中心、中国经济体制改革研究会、中宣部理论局、红旗杂志社、经济日报社联合举办的，会议层次很高。我国著名经济学家、国务院经济研究中心主任薛暮桥热情洋溢地题词：“济济英才，满腹经纶，青出于蓝，后继有人。”确如薛老所言，“群贤毕至，少长咸集”，我们可以在与会者中找到改革开放后活跃于政界和理论界的人士的名字，如马凯、马飚、郭树清、楼继伟、李佥阁、徐景安、华生、周其仁、张维迎等。同年5月，我也凭借研究劳动工资问题的论文参加了“天津中青年学术讨论会”，时任天津市委书记张再旺同志专门给会议题词“中青共聚，新老合作；同心同德，献计献策”。

1985年7月，我从南开大学经济研究所毕业，并留在那里工作。不久后，经过认真权衡，我考取了中国社会科学院经济研究所孙尚清研究员的1985级博士研究生，研究方向为产业结构。由于中国社会科学院研究生院1985年秋季要从京西的十一学校搬至机场路酒仙桥，故我们1985级博士生是在1986年2月报到的。

与一般的大学相比，中国社会科学院研究生院是一所比较特殊的学校。研究生们的人事关系在研究生院，学术关系却在各个研究所，而对学生的培养又主要靠导师“私相授受”。所以有人曾戏称研究生院为一个“学生公寓”，这里绝无任何不敬的意思。中国社会科学院有其他大学不能比拟的优势，汇集了全国社会科学各个领域的大家巨擘，从广义上讲，他们都是中国社会科学院研究生院的老师。研究生院本身又吸纳了社会科学各个“行业”的青年才俊。他们不少人在社会上已有很高的知名度，如文学系的刘东、许明，哲学系的何光沪等。比我们高一级的还有马克思主义研究院的郭树清、世界经济与政治研究所的王逸舟、文学所的王友琴等，他们当时都是人中翘楚，不少人现在已成为各自领域的佼佼者。在这种貌似松散、实则优秀的环境里，在这些后起之秀的“侃谈”中，不知迸发出多少闪光的火花，而这些火花又汇聚成夺目的火龙，照亮了中国社会科学院研究生院的牌匾。

在中国社会科学院研究生院的三年是我学术生涯中的第一个创作高峰，是学术论文、著作产量最高的时期，1986～1988年三年间我共发表论文59篇。我一生引以为傲的博士学位论文《周期波动与结构变动》是这一时期的产物，与孙尚清老师合作研究产业结构的专著也是在这一时期写就的，我本人最满意、在学

界影响最大的论文《企业行为与经济机制》是在这一时期发表的，经济学专业硕士研究生知名国际经济学教科书《开放经济与世界经济》是在这一时期译毕的，言辞锋利、销量可观的《偏斜的金字塔》和《走出迷宫》（与宋光茂合著）也是在这一时期写作的，同时我还发表了不少时评、书评和言论。回首这一时期的学术生涯，我的研究方向集中在企业行为和产业结构这两个领域。

攻读博士学位期间对企业行为的研究，是我在南开求学时期研究劳动工资问题的继续和深化，有些观点也是在南开学习期间形成的。我观察到，随着国有企业分配自主权的扩大，国有企业工资分配虽然初步解决了计划分配体制下统得过死的分配平均主义的弊端，但国有企业所有权的虚置与分配权的扩大又带来了另外的问题：消费基金膨胀和经营者对所有者权益的侵蚀。这促使我进一步研究企业分配行为“死”与“乱”局面的深层原因，探究企业行为层面的内在深层机理。围绕这一领域，我从 1985 年陆续发表了一系列文章：《企业行为的改变与工资的宏观控制》（《经济研究》1985 年第 6 期）、《企业行为与经济机制——兼谈作为企业行为合理化条件的国家所有制的改革》（《经济研究》1986 年第 2 期）、《体制转换时期的企业行为》（《中青年经济论坛》1986 年第 1 期）、《所有制与企业行为——再谈所有制改革》（《企业界》1986 年第 11 期）。

这些论文比较早地把国家所有制改革与企业行为合理化结合起来，比较早地探讨企业行为层面的深层机制，实际上还开辟了一个新的研究领域。也正是因为我在这一领域的开创性贡献，《经济研究》这一经济学领域名列第一的刊物连续刊载了我的两篇论文，并将我列为有前途的青年经济学家，我也真正开始在全国有了些学术影响，有些观点被多次引用。有位研究企业行为的学者曾大段引用我的观点而不具名，我们认识后他还专门向我道歉。1985 年，中国社会科学院经济研究所联合《经济研究》编辑部在杭州召开了“经济机制研讨会”，我以《企业行为与经济机制》一文入选参会。这篇文章发表在翌年《经济研究》第 2 期的醒目位置上，《经济研究》编辑部还推荐这篇文章角逐第三届孙冶方经济科学奖论文奖。

产业结构是我攻读博士学位的研究方向。1986 年 2 月，我正式到中国社会科学院报到入学，在继续深入研究企业行为的同时也开始将研究重点转向产业结构。

最初我的研究重点是第三产业。传统经济理论不认可三次产业划分，不把第三产业作为创造价值的产业，在工作指导上以粮为纲、以钢为纲。服务业“欠

账”太多，供给严重不足。尤其是随着几千万下乡知青返城，城市吃饭难、做衣难、住店难，行行皆难；出行堵、乘车堵、购物堵，业业都堵。“开门七件事，事事跑断腿，样样排长队。”面对这样的局面，我开始研究第三产业问题，尤其是第三产业严重滞后的原因，我认为政府投资和价值补偿双重不足是第三产业滞后的主要原因，生产、生活服务业的非产业化、非社会化扭曲了第三产业的供求格局，传统计划体制的弊端以及由此制定的政策制约了第三产业的发展。1986 年下半年到 1987 年上半年，我先后发表了 5 篇研究第三产业的文章。

1987 年，根据孙尚清老师的安排，我着手撰写《中国产业结构研究》专著。这本专著是第六个“五年计划”时期哲学社会科学重点研究项目“中国社会主义经济结构研究丛书”的其中一本，丛书的主编是马洪、孙尚清。在孙老师的指导下，我系统地研究了中华人民共和国成立以来产业结构演变历史，分析了产业结构演化规律的动因，对产业结构进行了国际比较，指出我国产业结构存在的六大问题，提出了促进我国产业结构调整和合理化的建议，并对我国产业结构发展趋势进行了预测。这也是我的第一部学术专著。2012 年，我和江小娟、周叔莲同志一起荣获中国经济理论创新奖，这部著作的学术贡献是获奖的重要原因。在撰写《中国产业结构研究》时，我发现中国经济发展过程伴随着两种变动，一是周期性波动，二是结构性变动。二者关系有无规律可循？二者相互关系的机制是什么？这些问题成为我博士学位论文研究的主题——周期波动与结构变动。在研究领域和题目确定后，我便开始全力以赴、夜以继日地工作。首先是到国家图书馆、经济研究所图书馆广泛搜集主要国家经济周期的各个产业、行业的产值，就业人员的历史统计资料，时间序列跨百年之久。其次是阅读大量文献，并做笔记和卡片。当时做研究，计算机还未普及，不像现在这样方便，需要自己做卡片，分门记载，分类手记。再次是深入思考、整理思路，形成自己的观点。有时晚上入睡时，突然形成了某种观点或想法，或者对一些难题突然有了灵感和感悟，便马上起床，将其记录下来。最后是攻关冲刺，撰写论文。当时我在研究生院宿舍门上写了“论文写作，谢绝打扰”八个大字，连续奋战了 30 个日日夜夜，终于完成了博士学位论文。

《周期波动与结构变动》主要研究内容有三：一是不同类型经济周期、不同阶段经济结构变动规律，二是周期波动影响结构变动的机理，三是我国周期波动中结构变动的共性和个性。承蒙湖南教育出版社帮助，于 1990 年出版。首次出版近 30 年后，在我的学生覃毅同志的联系下，商务印书馆将其再版。

《周期波动与结构变动》

我在博士学位论文中使用了大量发达国家的历史统计资料，深感经济研究中统计资料的重要性。2008 年，中央任命我为国家统计局局长，我在这个重要工作岗位上服务了六年半，为中国统计事业做了一些实事。在我的十年学术生涯中，独著、合著 20 余部，如果要问我对哪一部最满意，哪一部学术价值最高，我会毫不犹豫地选择《周期波动与结构变动》，尽管它没有直接获奖。在写作博士学位论文上的付出和收获，让我深深感到博士期间学习时光的珍贵，深深感到博士学位论文的神圣。正是基于这些经历、感悟和认识，我对门下博士研究生的论文指导都特别用心，要求也非常严格。如果我的学生们能读到这段文字，也许更能体谅老师严格要求的苦心和责任感。

老于札记六题

78级　于国俊

当年我从济南第八机床厂带工资上学，大学期间生了个女儿。毕业后分配到山东省委党校，之后又调到山东省外经贸委工作。1992年组织选派去了海南省外经贸厅。2007年退休后出任海南省进出口商会会长。个人爱好以前是打篮球，后来改打高尔夫球了。

记忆深处有六件事。

一是高考复习。我是1978年高考报名的最后一天下午报的名，当时距离考试还有一个月时间。我的一个发小说，教授越老越值钱，所以报了名。语文没有复习。数学多亏上了两年“七二一”大学，当时教我们数学的老师教得很好。因为我报的是文科，所以只背了政治、历史和地理。距考试还有十天，工厂给考试人员放假，可以在家里复习。

二是报到那天。报到是骑28寸永久牌自行车去的。在工厂上班时骑的就是这辆。

三是老孙。孙国栋是我们老二组的，他对我说：“老于呀，我考出了户口，把三个孩子也带出来了，只想早点工作。”所以转回昌潍师专去了。

四是名著。我上大学的一大收获就是在四年中差不多把世界名著都读过了

（现在又还回去了）。记得宿舍里有人借了本《红与黑》，大家轮流看，每人一天。

五是毕业语。研究生考上了怎么办，上还是不上？干脆就不考了，回去带工资吧。咱学习不行。

六是为什么要赞助篮球。近来，海南的山大校友会为球赛拉赞助，我也有所表示。因为我上大学的最后一年成了篮球校队的一员（虽然一场没上）。

打高尔夫球

我从山大走进政治经济学殿堂

78 级　马卫刚

1977 年 12 月 9 日，“文革”后的第一次高考开考了，据说从 1966 级到 1978 级有 570 万人参加。这次高考后，我所在的中学专门组织了“尖子班”，采取“吃小灶”的方式集中备考。1978 年 7 月 20 日，全国统一命题举行了第二次高考，资料上说有 610 万人报考，录取了 40.2 万人。我就在这一年从济南第十七中学高中毕业后参加了高考，被山东大学政治经济学系政治经济学专业录取。记得 10 月入学报到那一天，我骑着一辆破自行车，和一名考上生物系的中学同学一起去了老校，一问才知道山大有两个校区，政治经济学系在新校，结果到了新校从北门走到南门也没找到报到处。当时新校就一条从南到北的主路，连接着南北两个大门，都是临时建筑，有的地方没有围墙，校外还有一些农田。后来看到路边不远处有一片小树林，里面有不少人，走过去一问才知道这就是山大新校区，旁边是文史楼，我们系就在这个楼。报到之后被编到了一组，由此开始了为期四年的大学生活。这是我人生重要的起点，从此与政治经济学结下了一生之缘。

我的中小学时代正值“文革”时期。高中毕业前有一次看到《资本论》这本书扉页上有“政治经济学批判”的副标题时还问了父亲，他告诉我政治经济学是研

究生产力和生产关系的学问，当时我也没听懂。中学毕业时适逢国家"文革"后恢复高考，填报大学志愿的时候选择了政治经济学专业。自 1978 年上大学起，一直到大学毕业后继续在厦门大学经济学院攻读社会主义政治经济学研究方向硕士学位以及随后参加工作的 40 多年里，我经历了国家改革开放伟大历程和中国融入世界经济全球化的发展进程，特别是在参加工作后从事地方外经贸与商务发展、开发区建设管理和国资监管、国企改革的职业生涯中，先后出访了近 80 个国家和地区，出访中既看到了欧美加日澳发达国家的一些情况，也看到了亚太非洲发展中国家的状况；既接触了资本主义国家，也接触了社会主义国家，特别是在俄罗斯、中亚、波罗的海三国、中东欧国家直面感受到了 20 世纪 90 年代苏联解体、东欧剧变后的情况；还在港澳两地看到了回归祖国前后的发展变化，在台湾目睹了海峡两岸关系的时代变迁。进入 21 世纪，在越南、古巴目睹了这两个社会主义国家的变化；在组织地方经贸交流活动配合中共友好代表团出访拉美非洲时，几次看到了一些国家左翼政党的活动情况；在法国一个公园的巴黎公社社员墙前遇到了几十位欧洲人集体唱着《国际歌》；在以色列参观了带有社会公有制色彩的"基布兹"社区。我毕业参加工作后虽长期离开了学术理论界，但在实际工作中一直关注思考政治经济学的理论实践课题。这些出访的经历也无时无刻不在引起我的思考。每当我看到世界的发展变化，虽然在国外出访大多是走马观花，但时常从政治经济学角度思考一些科学社会主义理论实践问题。

《自由合作劳动者论纲》

2002 年，在中共山东省委党校中青班学习期间整理研究生论文，由王金凤同学支持出版了《自由合作劳动者论纲》一书，主题是以马克思主义"人的自由全面发展"理论研究社会主义经济关系，并在徐向艺、杨慧馨同学支持下获得了山东省社会科学 2003 年度优秀成果奖。2002 年 11 月党的十六大召开后，党中央确立了"以人为本"建设社会主义和谐社会的科学发展观思想，使我更加坚定了理论自信。我 2022 年退休后，在山大经济学院校友、青岛大学党委书记胡金焱教授支持下，来到青岛大学又继续开始了政治经济学领域的理论研究。在青岛出版集团董事长王为达校友支持下，2023 年 2 月

出版了《新时代政治经济学概论：构建人类命运共同体的自由个性价值观研究》一书。我目前正在写《人本论》一书，这将是一部以“人的自由全面发展”为和谐价值观的社会制度形态研究著作，旨在探索当代社会主义理论创新的政治经济学原理，目前已形成了基本的篇章结构。回想起来，我是从山大走进政治经济学殿堂的。

1982年，我在毛永林教授指导下做本科毕业论文时研究的是政治经济学社会主义理论体系的始点范畴。当时的大学教科书是从“社会主义公有制的建立”开始研究的政治经济学社会主义理论体系，延续了斯大林时代苏联社会主义政治经济学教科书模式。我提出把“社会劳动”作为政治经济学社会主义理论体系的始点范畴，从马克思主义政治经济学的社会化机器大生产理论入手研究社会主义。记得20世纪80年代《中国青年报》组织开展潘晓来信引发的人生观讨论，围绕“一切向钱看”进行了异常热烈的思想交锋。我还写过一篇论文《论特权、金钱、劳动》，试图比较分析封建社会、资本主义、社会主义三种制度形态主体经济关系的历史差别。当时寄给了《中国青年报》，但被退稿了，可能是理论性太强，写得太长吧。我作为一个刚刚入门学习马克思主义政治经济学不足20岁的青年，朦朦胧胧地意识到社会主义社会的生存价值观应当是劳动原则，封建社会是特权原则，资本主义社会是金钱原则。1984年从山大毕业后师从厦门大学吴宣恭教授、刘熙钧教授攻读硕士学位，写学位论文时继续研究政治经济学社会主义理论的经济范畴体系课题，提出了以“人的自由全面发展”为主题研究政治经济学社会主义理论体系，重点研究了政治经济学社会主义理论体系的始点范畴、主体范畴、中心范畴及其构建基本经济范畴体系理论逻辑的方法论。2008年在北京师范大学哲学与社会学学院的管理哲学在职博士班研修学习时，写了《世界本质与人类本质哲学观》研究论文，在文中我从当代世界信息化高科技时代人类物质生产劳动和精神智力劳动的新劳动阶级哲学形态概念变化影响的方法论视角，对世界未来经济社会发展的人类本质特性做了进一步研究探讨。

基于我大学本科和研究生时期的理论学习思考和毕业后工作实践40多年的感悟，我一直思考着写《人本论》这部书，主要是立足于全球化时代的历史新变局，以“人的自由全面发展”为和谐价值观研究社会主义制度形态问题，以期探索当代社会主义理论创新的政治经济学原理。《新时代政治经济学概论：构建人类命运共同体的自由个性价值观研究》是《人本论》的一个导论篇。我在动笔前先读了几本书，一本是《马克思主义政治经济学研究述评》，还有一本是《社会主义

发展简史》，温故知新。随后又看了一些对我来说的“新”书，像美籍经济学教授熊彼特的《资本主义、社会主义与民主》、法国经济学家皮凯蒂的《21 世纪资本论》和中国人民大学教授向松祚先生的《新资本论》，还有当代 20 位诺贝尔经济学奖获得者学术成就汇编以及中国社会科学院当代中国马克思主义政治经济学创新智库编辑出版的《马克思主义政治经济学的新发展》等当前学术理论界有关马克思主义政治经济学研究的一些国内外论文资料，学习了解近些年来国内外学术界新的研究成果。我的老领导龙永图同志和老同学武常岐教授为这本书写了序。马建堂、张德修、隋明梅同学还出席了 2023 年 6 月在北京举行的新书分享交流会。王京清同学邀请了中国社科院的专家学者参会给予支持。

2023 年 6 月，《新时代政治经济学概论》新书分享交流会

我认为，在当代经济全球化世界格局中，社会主义与资本主义已进入一个“并存、共处、互鉴”的历史发展时期。社会主义者批评资本主义人剥削人不平等是源于私有制，资本主义世界说社会主义是“集权专制社会不民主没自由”。从于幼军、黎元江合著的《社会主义五百年》一书中可以看到，社会主义这种情况在人类世界社会变革的历史进程中确实一度发生过。这部书的第一卷《社会主义从空想到科学》、第二卷《社会主义从理论到现实》、第三卷《社会主义在中国(1919—1965)》详细介绍了世界社会主义的演变历程和中国社会主义革命建设的初期历史。人类最初产生社会主义思潮源于资本主义发展初期资本与雇佣劳动之间残酷激烈对立的阶级矛盾冲突，社会主义国家创立发展初期与发展建设过程中有过不少严重挫折教训，经历了艰难曲折的历史变革。但世界在发展，时代在变化，当代社会主义发展的理念与时俱进，实践不断探索完善，现代资本主义也在改变，二者都出现了不同于前几个世纪资本主义历史时期和 20 世纪中叶

以前社会主义国家创立发展时代的新情况和新特点。但是，无论发生什么变化，社会主义和资本主义都不能忽视人类的发展问题，只有在发展的基础上才能解决其他社会问题。这是马克思、恩格斯唯物史观的基本原理。

2019 年 6 月赴英国参加中欧企业家峰会，自右依次为英国前首相戈登·布朗、中外企业家联合会主席龙永图和我

从俄乌冲突爆发以来的世界局势看，西方有些国家在经济全球化进程中提出价值观对立的政治化标准是目前导致国际社会对抗的道德思想根源。中国提出构建人类命运共同体具有全人类共同价值的世界意义，这是走出人类社会现代文明冲突误区的必由之路。我的研究以期从经济全球化世界格局中资本主义和社会主义两种制度形态的现实联系出发，从政治经济学的角度分析探索当代社会主义的历史未来。《人本论》以“人的自由全面发展”为主题研究社会主义经济关系，是一部中国特色社会主义新时代人类命运共同体的世界政治经济学著作，在思想意识形态领域有利于使世界认同中国特色社会主义，不是消灭资本主义，也不会融入资本主义，而是集人类历史文明发展之大成并通过融合当代资本主义一切有利于先进生产力发展要素的现代市场经济机制模式，促进“以人为本”，构建和谐世界的人类命运共同体。

从现代生产力全球化发展趋势看，社会主义在资本主义时代的物质生产力发展成就基础之上一定会形成新的人类命运共同体文明进步新形态。人类世界现代文明社会的历史未来，根本上在于通过追求“人的自由个性充分全面发展”价值目标，最终实现全人类的彻底解放。中国式现代化道路的基本制度形态框架应当是政治领域民主化、经济领域市场化、社会领域法治化、意识形态领域科学化，既要建立物质文明、精神文明、生态文明，也要有政治文明。在马克思主义

中国化、时代化研究探索中，科学社会主义理论的未来社会制度形态目标，经济基础在于重建公众占有生产资料基础上的个人财产所有制，上层建筑必然是人民民主、自由平等的社会政治制度，人们不再因为生存需要而进行谋生劳动，实现这一目标的经济条件是社会财富极大丰富，从而表明世界最终走向“人类命运共同体”是马克思主义时代化的科学社会主义历史未来。

构建人类命运共同体，需要确立能够获得世界普遍认同的全人类共同价值，把“人的自由个性价值观”作为追求目标，这是一个需要从哲学和政治经济学层面深入研究的时代命题。我们对构建人类命运共同体的认识，不能仅停留在国际关系的角度，而应当从马克思主义唯物史观出发，立足于科学社会主义理论体系的历史观，提高到人类现代文明世界未来发展观高度来进行深入研究。要从政治经济学理论角度，分析探索构建人类命运共同体对于当代社会主义历史未来的价值观理论导向。正如当年开展真理标准大讨论，解放思想，创立了社会主义初级阶段理论，奠定了中国共产党实行改革开放的政治思想基础，完成了社会主义现代化建设道路的“拨乱反正”；确立社会主义市场经济创新理念，破除了中国加入 WTO 的内部思想束缚，扫清了外部体制障碍，具有理论指导意义。在当前复杂变乱的世界形势下，进行深入的理论研究，从马克思主义理论体系的“自由个性价值观”科学学说原理层面，根本解决现代人类社会的思想意识形态对立问题，探索化解中国式现代化道路前进征程上出现的社会矛盾，有利于运用现代政治文明理念确立全人类共同价值，坚持“以人民为中心”的新时代思想理念，建立人民民主现代文明国家的意识形态文化，通过全面深化改革，不断破除忽视自由个性价值观的社会治理模式和僵化的阶级斗争意识形态对抗方式，研究能够改变西方话题中价值观对立成为“政治正确”思维模式的方法路径，用共同语言促进世界上两种制度文明的交流互鉴，不是各说各话，也不是自说自话，而是在面向全球更加开放文明的全人类共同价值基础上探索实现中华民族伟大复兴，将是实现中国式现代化为全人类美好幸福未来作出的历史性贡献。中华民族一定要有世界认知感、话语权才能真正屹立于世界民族之林，尤其面对当前西方有的国家出现全球化逆流之变，更要坚定不移、毫不动摇地把握经济全球化的正确方向，继续坚持顺应世界潮流浩荡之势而行，这也是实现中华民族伟大复兴的必由之路。

2019年6月出访挪威

这次母校的同学们提出组织一次毕业40年返校活动很有意义。我从当年一个16岁风华少年走进山东大学开启了人生之路，到如今走过一生职业生涯进入60岁后的退休生活，永远忘不了山大和各位老师、同学们！逄秀贞老师、倪明远老师给我们做辅导员，对我们的生活学习十分关心。我第一年睡上床半夜摔了一下，老同学宋玉军不顾年龄大不方便主动把下床让给了我，同学之情令人感动。感恩母校给了我知识理论，给了我思想力量。我研究政治经济学的理论功底是在山大本科学习中打下并逐渐形成积累起来的，从山东大学起一直到研究生毕业，我通读过六遍《资本论》三卷本，还有第四卷《剩余价值理论》。记得在山大经济学系的课堂上听赵海成老师讲授徐禾本《政治经济学概论》，那是我们学习这门学科的启蒙教育第一课；马家驹老师的讲座和林白鹏老师、陈乃圣老师、陈一献老师带我们通读学习了马克思的《资本论》三大卷；周之美老师给我们讲授列宁的《帝国主义论》，胡世凯老师给我们讲授了“现代西方经济学”，这是我第一次听到凯恩斯的《就业、利息和货币通论》和萨缪尔森《经济学》；庄德钧老师给我们讲授“世界经济”时一开始还没有教材，上了一半才发下来一本刚出版的钱俊瑞主编的《世界经济》论著作为教材；欧是老师做西欧经济讲座时也没有现成的教材，用的都是老师自己辛辛苦苦搜集的一些论文资料，让我们知道了当时世界上有一个“欧共体”；赵植业老师教我们“商业经济学”时主要讲的是计划经济的统购统销制度模式；巩丽泽老师教“会计学”时每次上课都先讲一句话：“同学们，打醋的钱不能买酱油，专款专用是会计基本原则。”在学校的图书馆里，我看了不少苏联版的政治经济学及哲学教科书，也读了黑格尔的《小逻辑》和有关康德哲学的一些著作。我还去中文系旁听了“美学”，去历史系旁听了“世界通史”。

当时学校经常邀请国内外专家学者来做学术讲座，大大开阔了我们的视野。可以说，山大奠定了我人生的坐标方向，开启了我的人生之路。我将把在政治经济学这座神圣的学术殿堂里的研究探索成果作为报答奉献给人类，不辜负母校的培育。

2020 年 11 月 8 日，张德修（左一）、武常岐（右二）和我看望逄秀贞老师（左二）

我和山大，我和冬泳

——冬泳之趣，贵乎水融

78级　王立权

1978年，小学没念完初中上了一年多做了8年工人的我，“不小心”考上了山东大学。大学四年加上毕业41年，人生最好的45年过去了。回顾这40多年的人生历程，在同学们面前实在没有什么可炫耀的。刚入学就被辅导员倪老师指定为学习委员，同学们信任我，一干就是四年。后来才知道并不是因为我学习好，而是因为身体好——学习委员需要从老校扛教材！记得每一次都是拉上同样身体好的体育委员田卫厚，两个人把80多本书从老校扛回新校。毕业后我回到海滨城市烟台。

从小生长在海边的我，没上学就被喜欢游泳的父亲拖下海，因为没有正规训练，也就是比别的小朋友游得好一点罢了。来山大后，一年级下学期末在老校上游泳课，平生第一次见到被有的同学惊呼为“大澡堂子”的游泳池。从那以后，老校游泳池就成了我除了教室以外经常去的地方。陈福德老师借给我一本北体蓝皮的游泳教材，我如获至宝，照着教材逐页学习游泳技术，自由泳大有长进。天冷了，游泳池关闭，只能步行转战黄亭游泳馆。第二年（1980年）又到游泳池关闭的时候，我就去找体育教研室的老师，说我们要冬泳，希望不要把水放掉。体育老师们将信将疑，但还是同意了。当时全国冬泳的人凤毛麟角，我们也不知道能不能坚持下来，能多游一天就算一天吧。就这样，作为山东大学第一任冬泳队

队长，我率领十几个同学破冰下水，竟然坚持到了第二年春天。没想到，这一游就是43年。其间，我还担任了学校游泳队队长，毕业那年学校举行游泳比赛，经济学系取得了团体第二名的好成绩。1982年毕业回到烟台发起成立了全国第一个冬泳组织——烟台市冬泳俱乐部，我担任理事长直到2022年。我现在还担任俱乐部法人代表、党支部书记，烟台市红十字水上救援队队长，烟台市老年体协游泳工委、烟台泳协成人工委主任。至今俱乐部在烟台各县市区有12个分部，1000多名会员。在此期间，我还担任过中国游泳协会冬泳委员会常委、山东游泳协会秘书长。40多年来我参加超过100场国内外冬泳、成人游泳比赛，拿过数不清的金银铜牌，也算是中国游泳（冬泳）界名人了。

参加游泳比赛

山大改变了我的人生轨迹。我在学校考试成绩并不优秀，良好居多；毕业后教过学，听我课的学生超过3000人；政府里带“经济”字的部门都干过，当过一些相当于“吏”的职务；1992年“下海”到企业，一个学经济的竟然被评上高级工程师，承担过国家“863计划”，获得过山东省科技进步奖二等奖。但是，在同学们面前实在是没有什么可显摆的。唯有冬泳，好像还可以吹一吹。就吹到这吧！

击穿一技接通万有，活出自性之光

78级　王育琨

把对方无意间流露的一个闪光点，与整体“合一”连接，开发出一个思想，回馈对方，丰盛彼此。

——霍华德·巴恩斯教授

40年前，霍华德·巴恩斯教授给我植入了一种巴恩斯心法，直达“至人用心若镜”的全息境界，让我用悲悯心去看见和觉知他人的痛，去找到这个痛背后对方的那个整体“合一”，用那个“合一”照亮他眼前的困惑。在疗愈对方之前，首先疗愈了我自己。当下自性创造心流自然流现，打开了彼此生命的无限可能性，活出了自性之光。

1978年9月6日，我这个农村娃，第一次看见火车，第一次坐火车，第一次走进了山东大学。第一次出门有点不可思议，夹杂着慌乱，把行李寄运到济南东站(今大明湖站)，自己到了济南站，最后才意识到车站搞错了。晚上没带行李走进宿舍。新同学马建堂第一时间给了我一床被子。感恩差错，引来了被子温情，大学四年我俩热度不减，后来他还成了我的同事和领导。

山东大学印记

大学，打开了无穷的知识海洋。79级同学宁高宁为我2006年出版的书《强者：企业家的梦想与痴醉》作序时写道：

> 育琨是高我一年的学长。在我的记忆中，育琨还是那个高高个儿，白白脸，左手抱着一摞书，右手提着一把暖水瓶，总往图书馆里钻的用功学生。今天看了育琨的书稿，才知道他不仅在上学时用功，这些年来一直在用功，一直在思考企业管理这个秘局的解法，他对企业、企业家的了解和把握，已经走到我们许多人前面了。
>
> 育琨是读书读得很广的人，他在探索企业问题的时候，这种读书的广度和深度帮助了他。育琨显然在这一点上是很有智慧的。有一条主线在牵着他整体的思考和研究，这就是企业中的根植于人性的生命哲学。他把它称为企业家的梦与醉，由此他把某个个体的、组织的、社会的在一个时期的奋斗及在这个奋斗过程中的精神和物质的体验结合在了一起。我觉得，这种思考只有到了一个更"过来人"的心境，才做得到。

高宁的观察细微又深入，描述了我在山大的学习生活。现在回看大学时代，美国犹他大学霍华德·巴恩斯教授对我影响深远。

霍华德·巴恩斯是美国富布莱特基金会项目教授，1984～1985年给我们MBA研究生上了一年课。巴恩斯对学生疼爱有加，更关注我们的成长。巴恩斯的案例教学，打开了我的新视野。他把真实的案例甩给我们，让我们打开思维、打开意志、打开心灵，从真实案例中品味人生、品味管理。起初我英文差只能说一两个单词，他就抓住这个单词耐心地追问，最后竟然发展出一个闪亮的思想，这是一种彻底颠覆。我慢慢领悟出了他的一个很重要的方法论：把学生无意间流露的一个闪光点，与整体"合一"连接，开发出一个思想，回馈学生，丰盛彼此。

巴恩斯教授谦虚到骨子里了，他以接触到的任何人为镜子，敏锐发现他人身上的苦痛和光亮，照亮自己，照亮彼此。这种方法论让我获益匪浅！

我从小就口吃，一直到高中毕业都说不出一句不打磕巴的话来。后来上大学，说普通话我就不口吃了，但也不流畅。小时候口吃一直让我抬不起头来，但是后来我却感恩儿时的口吃：(1)口吃让我从小就养成了自己觉知的偏好。10

岁时，自己的“宠物猪”被宰，村里的老人往生。经过两年的抑郁，12 岁的我发出了天问：“一个人跟一片树叶没有什么区别？一天跟一万年没有什么区别？人与人所不同的是什么？”(2)沉默是金。少说，多看，多听。口吃说不出话来，避免了祸从口出，从小还锻炼了我听话听音的能力，听多了废话，自己说话时就警惕了。(3)我喜欢独处。我发现攀比、计较、面子，都是折磨人的，很容易迷失自己。善于清静独处、随时觉知和听话听音的能力，对理解巴恩斯的方法论至关重要。

与巴恩斯教授告别时，我压抑不住自己的感恩之情，用了一长卷白纸，用英文一口气写了一封长长的信。后来，我与巴恩斯教授一直保持着联系，他每次到中国来必约见我，我去美国也总是拜访他。

2018 年，83 岁的巴恩斯教授特意带着小儿子到中国来走走。那天晚上，我在北京他们父子居住的酒店附近，订了一家不错的餐馆。巴恩斯跟我四目相对，足足吃饭聊了四个多小时。他还送给我他的一本巨著——《中国的觉醒》。饭后，我坚持搀扶着他，送他回酒店。他站稳了笑着说：“一路送我到酒店，这是中国人敬老的美德。”我俩含着眼泪紧紧地拥抱在了一起……

巴恩斯教授的《中国的觉醒》，以日记形式记录了 1984～1985 年他经历的中国巨变。在书的附录里，有我手写的那封信。我本来一直遗憾那封信没有复印呢！巴恩斯教授在书的最后说：

在山东大学一年课程结束后，我收到了这封信：

照亮黑暗的一盏灯（摘要）

致巴恩斯教授：

时间飞逝。时间残酷。虽然我痛恨“分手”，但就要逝去的时光也催促我回想品味过去的一年。我发现自己有了突出的变化：教授开发了我的思维，改变了我的存在，让我领略到管理的本质。

教授很少在课堂上提出预设理论，重点放在去开发我们的思维。有时我们无意间提到一个闪光点，教授会有耐心地一次次追问，开发出一个出色的思想，回馈我们。我们很惊喜，原来我们有这么不简单的思想！我从教授那里学到的是如何摆脱知见的束缚，活出自性之光。具体说：(1)教授一直鼓励我们提出异想天开的想法，鼓励我们别怕犯错误，不断试错，不断舍弃，不断进取；“错误”才是我们成熟思想的母亲。(2)学习就是用恻隐之心，推己及人，问出好问题，确认问题，分析问题，提出选择性建议；善于见微知著，

捕捉闪光点，开发出一个思想，照亮彼此。(3)没有人的大脑是废话的跑马场；说出的每句话都要对景，都要专注现实的有用性和价值。

……

从真实的生命苦痛与成长中觉察经营管理，提炼出那个“合一”价值点以照亮生命，才是经营管理的本质……

对我长长的信，巴恩斯教授在书的最后给出了点评：

我去中国之前，得到的提示是这一年需要教授哈佛商学院教科书。我的回应是：我不擅长于教一本书，我更擅长开发学生的实际思维能力——确认问题、问题分析、发现选择性解答、达成决策或提出建议。我认为，教学的重点应该是强化思维，而不是掌握一些知识点。从孔夫子开始，中国的教育多是背诵而不是开发思维。现在是变化的时候了。王育琨先生的信之所以吸纳进本书，就是给人们呈现，中国已经开始觉醒了，这个标志就是年轻人对自己、对现实和未来开始有了自己独特的思考。中国的变化从年轻人的觉醒开始，我很骄傲曾经与他们为伍。

很开心，巴恩斯教授在全书的结尾借用我的信，来给《中国的觉醒》点题。

地头力：“击穿一技接通万有”，活出自性之光

对如何活出自性之光，我老娘有一个经典口头禅：“是人不要管，用管不是人。”

这句口头禅可不一般，是在说一个人活出自性之光的样子，无论遇到什么磨难和伤痛，都有一种很强的自愈力、自我纠错力和强大的自驱力，干啥都不掉链子，不断创造“接近美，接近神”的新境界。我接触过几万名企业家，发现他们身上有一个共同特质：活出了自性之光。这也是我原创地头力学之内核：地头力，直面挑战和危机，当下原力觉醒，自性创造心流自然流现，用生命本体能量“击穿一技接通万有”，“一技通，万技通”，创造“超世界”的大美绝活，解决人类发展中的挑战，活出自性之光。

这个地头力定义，是根据我老娘有质感的生命与口头禅提炼而成的。这是理解奋进中的企业家和中国有为青年人的钥匙。

我老娘名叫吕春华，1920 年出生，斗大的字不认识一个。新中国成立后，她支持父亲到偏远的地方当供销社店员，她一个小脚女人，却要承担起一家的重任：上面有我奶奶和奶奶的婆婆，下面有六个孩子。她白天跟小伙子一样去推小车下地干力气活，晚上还要加工粮食多挣点工分。老娘坚持儿女要上学，她说："我头拱地也要让你们去上学，我吃够了睁眼瞎的苦！"

母亲与我

老娘头拱地，1961 年把大哥拱进了南开大学；老娘头拱地，1963 年把大姐拱进了鞍山钢铁学院。支撑她的就是一些口头禅：

1.头拱地没有过不去的火焰山！

2.头拱地，出绝活：干啥都不掉链子。

3.车到山前必有路，出水才看两腿泥。

4.是人不要管，用管不是人。

5.哪有那么多顺心事？哪有那么多说道？自己把它扒拉过来，头拱地做好就是了！

老娘的口头禅质朴感人，是从生命深处流淌出来的，也是中国这片土地上的集体潜意识，是世世代代中国人智慧的积淀。"头拱地"是山东农村很流行的口头语，指嫩芽拱开地墒露出尖尖角的力量，也指耕地的牛低着头拉着犁子往前走的样子。头拱地，泛指全心全意一门深入贯通一技接通万有。老娘最后一句口头禅最重要："哪有那么多顺心事？哪有那么多说道？自己把它扒拉过来，头拱地做好就是了！"

我根据这句话提炼出一个地头力方程式：

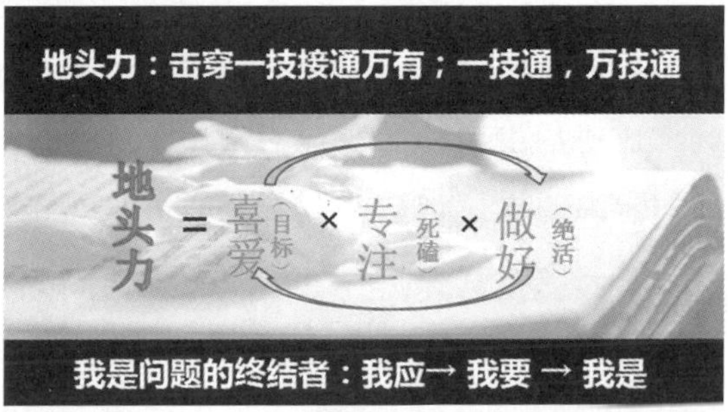

地头力方程式

这个公式是在说：万事一“扒拉”！无论你遭遇多大的苦难，你都要把它“扒拉”成一个喜爱的目标；你还要至诚，用全部生命去“死磕”；这个社会很现实，无论你怎么会“扒拉”，无论你遭受多少苦，没人关心，除非你把当下的活做成绝活！启动这个方程式创造闭环的是内驱力，即“我应→我要→我是”。

2008 年，日本明城大学教授、丰田汽车顾问河田信老师听了我的地头力课程，给我画了一张地头力示意图，把我给惊呆了！过了 15 年，越看越有味道。感恩河田信老师对地头力赋能深远，这是一个独一无二的馈赠！

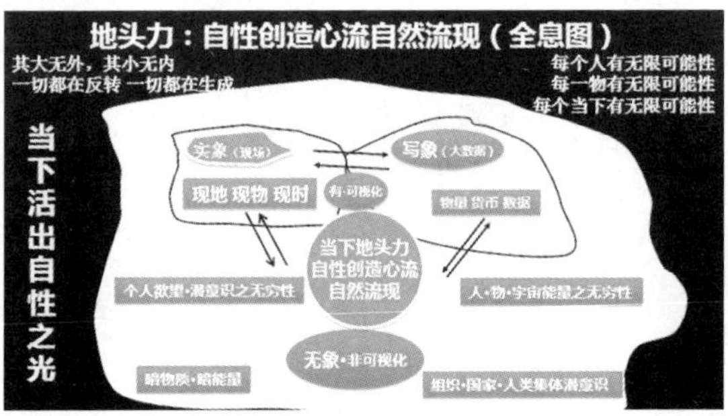

地头力全息图

无象，那片巨大不确定性与巨大无穷性交织的“混沌态”，涌动着无穷无尽的能量。地头力之自性创造心流自然流现，是实象、写象、无象三维能量的合力，同时也是有形之力与无形之力的合力。那是一种比意识更加完备的潜意识，包含着卓越的想象、透彻的洞见与无尽的资源，自性创造心流的自然流现，揭示了活泼泼能量场中创造力爆发的秘密。

潜意识的驱动，激发内在潜意识与外在能量场的碰撞交融，需要建构内在与外在自由开放的活力场。这是一个巨大的文化能量场建设工程。

打开企业团队自性创造力的魔方，最根本的还是要唤醒每个人的主人翁意识和使命意识："我是问题的终结者！""我是不同凡响绝活的创造者！"觉醒使命才可以催动每个人的好奇心和热情，用生命去启动自驱力"我应→我要→我是"，从心所欲而不逾矩，才可以在电闪雷鸣的当下，接通那个万能的"合一"，自性创造心流自然流现，击穿一技接通万有，创造大美绝活解决人世间的挑战，活出自性之光。

入学山大经济学系45周年记

78级　王逸清

诗越大洋　情系山大

洛城奉召忆泉城，篱角落英舞杂风。
劫后大比及另册，已逝旧梦又复生。
瘦肩空囊家国重，茧指薄衣翻书轻。
千年此亭几名士，一世修齐赖治平。

生日偶感（二〇二三年七月五日）

寻寻觅觅数十秋，风风火火迹七洲。
半世碌碌何所为，无非心安与自由。

无　题

桃花开罢杏花开，有花自有蜜蜂来。
一亩小园勤耕作，五彩缤纷自己栽。

无　题

小园独茗浴春光，乡愁伴絮越汪洋。
虽喜今鱼胜旧雁，犹念把盏话沧桑。

顽强与感恩

78 级　王智太

1977 年年底，我在即墨县委派出的农村工作队工作，我们工作队有五个人，我担任小组长。我户口在农村，当时叫“三不脱离干部”，每月的工资是 34.5 元，当地人戏称“米发扫”干部。

1977 年年底听说恢复高考的消息，我虽然想请假学习参加高考，但是组织上没有批准，因此错过了 1977 年年底的高考。1978 年年初，我同班的高中同学有的考上大学了，这对我刺激非常大，我下定了报考的决心。接下来我多次向县委领导提出申请，最终领导给我特批了三个月的假。随后我进入即墨师范学校高考复习班学习，同班同学有孙成正和郭宗元。我抱着考中的决心拼命地学习，功夫不负有心人，终于在 1978 年 10 月来到了梦寐以求的山东大学。

四年大学生活是我一生中最重要的一段历程，学业上我特别感恩庄德钧老师、毛永林老师和陈乃圣老师等，是他们孜孜不倦的教诲，奠定了我人生的知识结构基础。

政治经济学系 78 级刚开始是大班制，后来分班，我先后当选为组长、班长、系学生会主席，这对我是循序渐进的历练，让我不断进步和成长。四年里每天离不开的就是教室、图书馆和运动场。我对自己四年的大学成绩比较满意，没有辜负老师们的期望。

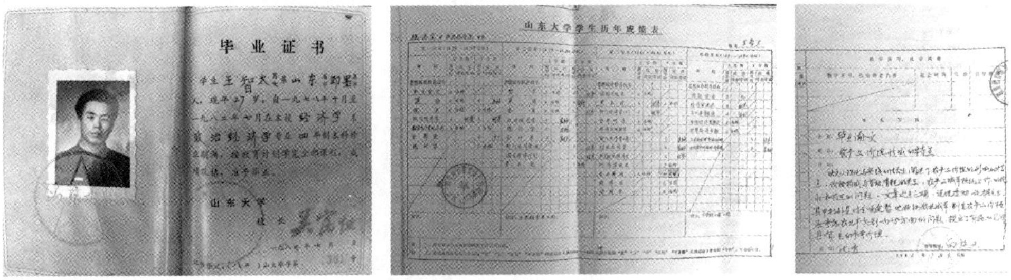

大学毕业证书与成绩表

毕业后，我在国家部委、乡镇、国有企业都工作过，我所有的工作和生活的经历都要归功于大学四年所受到的教育。人生经历中有成功有教训，但每一次挫折我都顽强地、坚韧地应对，并能走出困境，迎来一片新的天地。

一晃人生过半百，我2007年开始旅居澳大利亚，身处异国他乡让我更加怀念大学的生活，怀念老师们，一直想着为母校做点实事。2010年10月，在樊丽明校长、胡金焱院长和我的倡议下，发起成立“山东大学经济学院聚贤教育基金”，我个人首批捐赠100万元（陆续捐赠累计180万元），后改名“山东大学聚贤教育基金”。该基金得益于校友们的大力支持和学院领导们的卓越运作，而后又有土建学院校友孙涌董事长（现任该基金理事长）的加入，基金做得越来越好，截至目前接受校友及社会捐赠1200多万元。

从2013年开始，这十年来每年学院的毕业红毯秀、红酒会和其他活动，我都尽一点绵薄之力。今后我会继续关注学院的发展，做一些力所能及的事情。

虽然远在澳大利亚，但我要把最想说的话送给母校：“山高水长，难忘师恩，我的山大我的家。”

往事如烟

78级　仓乃京

我是在船艇海岛值班半个月后回船队码头拿久盼的报纸和信时，才知道因“文革”停止的高考恢复了。当时感觉有点不真实，心跳加速，只有一个念头，赶紧复员回家，复习迎考。

自1972年12月应征入伍（农家子弟中学毕业能入伍在当时算是最佳的人生选择了），转眼五年多了，主要是个人性格特质的缘故，一直渴望的提干早就没了影，剩下的只有志愿兵一条路，干15年，转业。现在“天上掉馅饼”，有望靠高考改变命运，我没有片刻犹豫，找领导要求复员。虽然我已超期服役，但在我的去留问题上还是几经周折，最后终于如我所愿了。船长跟我交心，没能提干就有点对不住了，不能再留了。

从得知恢复高考到复员之日还有几个月的时间，除了照常工作外，闲暇时间真是度日如年。船艇锚泊，海浪扑打着船舷，皎洁的月光洒在海面上，我在值班站岗，思绪早已飞回家乡，飞进考场，同时寂寞、无助乃至恐惧也时刻煎熬着我。走出校门已五年多，四年半（体检入伍前后也一两个月）中学所学甚微，工基、农基，下午还经常参加劳动，中学数理化知识本就少得可怜。当时手头只有中国地图、世界地图，加上几本马列书，拿什么应考？

1978年4月19日复员，我离开了曾挥洒汗水、奉献青春的部队，20日回家，

21日开始复习迎考，满打满算，离进考场只有2个月29天。到家第一件事，就是翻出“文革”前初高中各科课本，这在当时对参加高考的人来说绝对算得上是件大事。打开书柜，里面空空如也，忙问老爸，家里哥哥姐姐那么多教科书呢？答曰：“前些时候，你的同学、你姐的同学、你哥的同事，都来借书，翻箱倒柜，每个人抱一摞子走了，再说了，你也没说要留啊。”听此话，我眼前一黑，一屁股坐在地上，没课本用什么复习？说起来还是要怪我自己。刚入伍那会儿，还是想利用工作之余学点科学知识，从家里邮来初高中全套“文革”前的课本，一大摞，过不久就又邮回去了，原因是船艇上没有地方放，更主要的是没有学数理化的氛围。现在想来挺后悔的。弄丢复习课本虽说挺倒霉的，但毕竟我考文科，影响还不算太大。查看77级各省文科政、文、史、地试卷，感觉能应付，唯有数学问题大。由于底子差，在中学时就没学什么代数，就连基础的因式分解题都不会做。参加中学组织的复习课时，想听理科班的课（文科班也有数学课，基本没意义），却被拒之门外，也是自己年少气盛，一跺脚，不求人，不信不听你的课就考不上大学了。此后一直一个人在家用全部时间自学数学（这里还得感谢开始几天本庄同时复习的辅裕的帮助）。两个多月自学的结果是，数学考43分。最关键时刻的这次任性，也是自己一生最为后悔的一件事。现在想来，当时完全可以再交一份复习费，或者干脆脸皮厚点，听完理科数学课，数学多考个20分应该不是难事，那样的话，人生可能是另一路径了。这一切皆性格使然，谁又说得清楚呢。

1978年的夏天出奇地热。记得上午第一场考下来，许多人的试卷都被汗水给弄湿了，当天下午考试前每人发一个塑料垫片，答卷时垫在手臂下，以防湿了试卷。停止高考十年后的第一次全国统考，上下那叫一个庄严、神圣，军人全副武装押运试卷到考场。当年没听说有作弊之类的事，上下风气都正。

天气热，考场气氛森然，而我的心情却从未如此平静，五场考试就像在家做作业一般，没一点波澜，该拿的分，一分也没丢。语文没考作文而是考缩写（准备的范文都白搭了），古文考翻译《资治通鉴》中封德彝举贤；地理考南美阿根廷首都布宜诺斯艾利斯的时、空转换概念。考试结果是，总分378.5分；其中，语文80.5分，政治83分，地理85分，历史87分，数学43分。总的来说，文、政、史、地的难度都比上届平均上一个量级（据说79级又更难些）。

我们学富公社77级考上的是挺风光的，有夫妻高中的，有兄弟同进的。1978年暑假，学子们回乡时，浑身上下都透露出一种神圣、知性的光芒，给后进的学子们树立了标杆。而对我来说，考后一切又恢复平静，一颗红心，两种准备，

既是要求，又是现实。这一天，我撑船到时杨庄供销社为生产队买化肥。记得化肥仓库是长条形的，化肥堆在最里头，里面氨气特重，呛得人有种窒息的感觉。买好了化肥，在时杨庄舅舅家蹭了顿饭，正碰到城里回乡的堂兄，带来喜讯，分数下来了。撑船回家，刚从庄子西面露头，就见家门前桥上站着许多人向我道喜，都说当兵五年了还能考上大学，真不容易。蒋湖庄这么大一个庄子，77 级无人考中，我也算是为庄上的父老乡亲挣了点面子。77 级、78 级高考是那个特殊年代的产物，其中之人多历经磨难，终有收获，也是一道难以复制的风景线。

填报志愿那天，我正在秦南，当天越剧电影《红楼梦》“文革”后第一次公演。我被越剧那柔美缠绵的音乐、曲调深深打动，被剧中人物细腻、到位的表演折服，正好庄上来友，又陪着再看了一场。等到赶到公社填报志愿处，人家早就填报结束，只剩我一人。那时也是愚昧，不懂学校、学科间有啥区别，五所学校、十个学科志愿，胡乱填报了江苏师范学院、南京师范学院等院校，一旁的工作人员说，你这么高的分怎么不报一本呢？听人家说得有理，于是第五志愿填报了山东大学，然后将第一志愿与第五志愿打了个互换的勾线。至于选专业也没啥概念，只晓得取巧。在部队时自学过联共（布）编辑的《政治经济学教科书》，学过《中国哲学史》《欧洲哲学史简编》，有基础，完全没有将来就业的世俗考虑。

在山东大学四年是埋头苦读的四年。不只我这样，整个 77 级、78 级都这样，从早到晚，宿舍—教室—饭堂，三点一线。晚上摸黑在路灯下读外语，11～12 点回宿舍，天天如此，整个像海绵吸水，唯恐浪费一点时间。整四年时间，只到校外剧场看过一场电影（还是老乡送的票）。

特殊年代的 77 级、78 级，学生构成也有意思。我们班分为一个大班、两个小班，共 80 人，年龄大的 32 岁，有 3 个小孩，年龄小的刚 16 岁。来源也复杂，有大队书记、工厂团委书记、车间主任、县委组织部的工作人员，有 16 位复员转业军人（其中一位现役军官）和 32 名党员，整体素质很高。现在回过头来看，我们班这拨人在各自的行当里都还挺像样的，没听说腐败了的。

我们这一代人有幸生活在一个波澜壮阔的年代，个人再有智慧、再有能耐，也只是时代浪花上瞬间即逝的泡沫。往事如烟，人世沧桑，唯有你我，真情永在。愿你我同乡校友，沐阳光，嗅春风，快快乐乐，随心所欲，一切皆好。

我的高考我的梦

78级　朱延福

今年是我考上大学的45周年。回想当年，我的高考故事也十分有特色。可以说，它集中体现了我年轻时的决断与坚韧、梦想与拼搏、汗水与荣光，由此也改变了我的前途和命运。

报名前的犹豫

我是一名“50后”，1951年的平安夜出生在安徽省桐城县的一个湖边小村，也是一名“老三届”中学生。“老三届”在中国教育界和社会上有着特殊的含义，专指1966年“文革”爆发时全国在校的从初一到高三的中学生。其中，初中三个年级，高中三个年级，一共有六届学生(同期在校的大学生被称作“老五届”，因为有的专业是五年制)，他们出生在新中国成立前后，集中在1947年至1952年。按照常规，这些人应该分别在1966年、1967年和1968年这三年依次从初中或高中毕业，但是由于“文革”，我们全部滞留在学校加入红卫兵。到1968年年底，这六届中学生全部同时毕业，走出校门，下放农村，接受贫下中农再教育。可见，“老三届”的学历差距是巨大的，既有原本应该1966年毕业参加高考的高三学生，也有1965年刚刚跨入初中门槛只学了一年的初一学生。我是1964年秋升入初中的，到1966年夏，只读到初中二年级，正常情况应于1967年初中毕业，所

以在“老三届”中我们这一届被称作“67 届初中”，但 1969 年年初也随着上山下乡的洪流到农村插队落户。先是在农村干了近两年农活，1970 年年底招工进了一家县属国营企业。该企业位于离县城 40 公里的一个小镇上，只有一条土质公路与县城连接，每天有一班到县城的公共汽车。从此我就与学校绝缘，再也没有机会深造了。那时我也很安心，没啥更多的想法。用当时的话来说就是要像一颗螺丝钉，拧在哪里，就在哪里闪闪发光。我在工厂工作了六年，入团入党，也成了厂里的一名中层干部，并且结婚生子，当时就决心在这家企业干一辈子了。

1977 年 9 月，中央果断决定恢复中断了十年之久的全国高等学校招生的入学考试。这个消息像冬雷滚过鱼池一样，将沉在水底的鱼儿惊起，欢呼跳跃，每一个中国的青年人，都跃跃欲试。1977 年我就想参加高考，但是由于当时在工厂担任车间主任（以工代干），根本不可能放下工作，复习迎考，所以，只有心动而没有行动。而且当年国家还有一个规定，30 岁以下的结了婚的就不准报考，30 岁以上的结了婚的还可以报考，但录取时限制专业。不过到 1978 年，国家政策又作了调整，我的机会终于来了。

1978 年高考，可以说是新中国至当时的高考史上最开放、最宽松、考生最多、学历最杂、题目跨度最大的一次高考。首先是报考条件的放松，不再有年龄、婚姻的限制；其次是政治审查的放松，不再看家庭出身；再次是取消学历限制，所以 1978 年考生的基础学历从初一到高三都有，甚至还有“文革”期间的小学毕业生，更奇葩的是，还有“文革”前已经大专毕业且已工作多年的人也赶来凑热闹；最后是全国用一张试卷（1977 年是分省命题），试题难度平缓爬坡，包含了从初一到高三的所有知识点。就我个人来说，还遇到一个多年不遇的机会——我所在的工厂因设备问题，停产检修半年。工人放假了！

这时，已经是 1978 年 3 月，距离 7 月的高考只有 4 个月的时间了。考，还是不考？这是个非常艰难的选择。不考，以我这样的学历，将来在社会竞争中肯定会受压抑、被轻视，一辈子也别想在高中生、大学生面前昂首扬眉。但是假如参加高考，以初中二年级的基础学历，大概率会名落孙山。到时候，领导会说你，不安心本职工作；同事会笑你，癞蛤蟆想吃天鹅肉，白日做梦！在单位的日子也肯定不好过。我经过三天三夜的考虑，最后下定决心，报名考试！不畏艰难，不怕嘲讽，抓住机遇，贵在参与，再不济也可以实际检验一下自己真实的文化水平。

复习中的艰辛

既然报了名，就必须积极准备，竭尽全力地复习。正如诗中所说："既然选择了远方，就要风雨兼程！"我在复习期间真是日夜兼程，昏天黑地，废寝忘食，如醉如痴。复习从哪儿开始呢？前面说过，我压根就没有进过高中，也没有见过高中老师，甚至不知道高中课本长啥样儿。复习就要重拾初中知识，自学高中知识，而这一切都必须在三四个月内完成。

没有高中课本和复习资料，我唯一的复习依据就是当时刊登在《安徽日报》上的全国统一的考试大纲，从中寻找、揣摩和掌握知识要点。我报考的是文科，主要难点就是数学，需要复习初中数学，自学高中数学。至于语文、政治、历史、地理等就只好依靠自己在"文革"十年时间里的知识积累和综合素质了。

数学的复习资料是当时上海人民出版社出版的一套中学生数理化丛书。数学中的代数我过去学得还比较好，在初二时我们中学就将初中代数的内容全部讲完了。但是，初中的几何仅仅上过一堂课，更不用说高中的几何和三角了。我唯一记得的一堂几何课是老师带我们到户外做实验。老师拿着一根标杆来到河边对我们说，学好了几何，不用过河也可以测量河的宽度。我听了觉得几何很神奇，兴趣也油然而生。非常可惜，几何就上了这么一堂课。记得在复习中第一次遇到几何证明题时，如老虎咬刺猬，根本不知道从何下手，只好去请教我厂的一位"老五届"大学生。该大学生告诉我，几何图形的证明要做辅助线。我听了大吃一惊，什么是辅助线？为什么要做辅助线？用量角器测量不行吗？

语文和政治方面的知识主要是靠平时读书、看报、听广播积累起来的。看书看报的意思大家都懂，听广播是怎么回事？那时很多家庭都很贫穷，既买不起电视机，也买不起收音机，所以国家决定在城乡普遍建立广播网，每天各城市单位和农村社队都有大喇叭广播，我的很多知识就是从单位的大喇叭广播里听来的。从小学五年级开始，我每天早晨六点半准时聆听中央人民广播电台的《新闻和报纸摘要》节目，连续十多年不辍。写作方面好在我曾经在工厂的政工科干过几天秘书，也写过几个长篇的大材料，一般的作文也还可以对付。

历史知识主要是在"批林批孔"运动期间参加"工人评法批儒小组"学到的一点历史常识。所谓的"评法批儒"，完全是"四人帮"一伙别有用心所搞的一场闹

剧，当时要求在全国城乡广泛推行。每个工厂都成立了“工人学哲学小组”“工人文艺创作小组”“工人评法批儒小组”等，我也参加了后者。其实我对儒家、法家的学说根本没有概念，更谈不上什么价值上的贬褒。唯一的收获是通过学习对中国历史脉络有了一个大致的了解。

地理复习资料的获得更加具有偶然性。1973 年，我在小镇上的供销社买东西时，猛然发现商品橱柜的一个角落里摆着几本新书正在出售，其中一本是地图出版社 1972 年出版的《世界地图册》。我看见后喜出望外，不惜花了一个月工资的十分之一将其买了下来。这本书印制得十分精美，我一直放在枕边，没事就翻翻。没想到五年后竟成了我地理复习的主要资料。这本书不仅助力我的高考，此后也长伴我身。后来无论我走到哪里，都把这本书带在身边。复习中的艰苦更是一言难尽。有一次，我从正在复习迎考的同事那里看到一本政治复习资料，就想借来看看，但他只给了我一个晚上的时间，第二天一早就要还回去。我借来以后，真是如饥似渴，从下午三点开始通读，晚饭好像都没有吃。恰巧当天晚上又遇到停电，我只能秉烛夜读。晚上十二点之前将这 200 多页的资料看完了，下半夜又开始抄录自认为重要的内容。等到这一切都完成时，已经是东方红、太阳升了。

还有一天晚上复习，蚊子实在是太多了，我只好躲进蚊帐里看书，被一个同事看到，在全厂传为笑谈。我听到后淡然地回答：“运筹帷幄之中，决胜考场之上！”

整个复习期间，我对外界天气和季节的变化基本上是无感知的。错过了当年四月的春风、五月的鲜花、六月的梅雨，直到七月临考前才猛然发现，外面已是烈日当空、骄阳似火，盛夏季节到了。

考场上的迷朦经过

经过了四个月的临阵磨枪，我勇敢地走进了考场。我记得，当年的高考时间是 7 月 20 日至 22 日三天。由于自己知识的浅薄与狭窄，事先又没有进行过模拟考试，第一天考政治一拿到试卷我就蒙了，不知道命题者的意图，不知道考的是哪个知识点，也不知道要回答到什么程度。我的答题秘籍就是，一靠常识，二靠猜想，三靠模糊化。

一靠常识。语文卷有一大题是判断题。第一小题:“人的器官是有差别的,大脑是人的器官之一,所以大脑也是有差别的。”第二小题:“他用三张小方桌,拼成一张大方桌。”对这类题目,我只能根据生活经验和一般常识来判断正误了。直到上大学以后我才懂得,这在语文里属于语法和逻辑题。

二靠猜想。地理卷有一个名词解释:信风。我又蒙了,信风是什么?我闻所未闻啊!书本、报纸和广播也都没有说过啊!于是我只好展开想象的翅膀,脑洞大开,在考卷上毫不犹豫地写道:“信风是一种测量风向和风速的气象仪器。”阅卷老师看到这样的答案,肯定会笑得肚子疼。

三靠模糊化。历史卷有一道名词解释:官渡之战。官渡之战我听说过,但复习时没有注意,对其具体的时间、地点、人物、经过和意义一概不知,只好模糊回答了:“官渡之战是中国古代一场著名的以少胜多的战役。”这样的回答我估计也能得几分,要不然我的历史不可能考到 88 分。外语就更不用说了,我根本没有复习,仅仅凭 12 年前的印象答题。什么名词的单数复数、动词的时态语态统统忘记了,全部都是瞎猜的。

当然,也有明显的缺憾,例如数学有一大题考的是几何学中的对顶角知识。关于对顶角我在复习中已经注意到了,但不知对顶角的性质、特点和作用,于是就去请教一位“老三届”高中同事。哪知一到他家门口,就看到小夫妻俩在吵架,正“对顶”着呢!见此情形我也就不好问了。这个题目有 15 分,就这样丢失了。

在湖北省世界经济学会年会上作学术报告

高考改变命运

到 8 月底，高考成绩终于发榜了。虽然我的报名是临时起意，我的考试是跌跌绊绊，但最终结果还是超过了我的预期。考前我的小目标是考上一个大专。结果成绩公布后，我的成绩是 363.8 分，超过当年安徽省文科录取线 60 多分，也超过重点线 20 多分，被全国重点综合性大学山东大学经济学系录取。高考不但改变了我的人生走向，也极大地增强了我对人生的信心，后来考研、考博，申请公费出国访学，再也没有怯过场。

我上大学时，大学生还被社会称为“天之骄子”，名牌大学的招生宣传上还常常见到这样一句话：“宁缺毋滥。”国家对我们命运多舛的“老三届”更是千般宠爱，万般呵护。由于当时我已经在国营企业工作了将近 8 年，按照政策，我上大学是带工资、算工龄、转身份（转为国家干部）、包分配的，不但不用交任何费用，还可以拿工资养家糊口。

知识改变命运，在我的身上体现得尤为明显。如果不是当年考上大学，我可能就会在那个小集镇上工作一辈子，也可能早已下岗、失业、退休了。前几年，我和夫人特地回小镇上看了一下原工作单位的旧址。工厂早已停产倒闭，车间里的机器设备被拆卖一空，当年的同事们也都已经退休离散了，斑驳陆离的几栋旧厂房也被切块分租给当地的私人家庭作坊。唯有厂牌仍然悬挂在大门口，似乎在告诉路人，这里曾经是一家红红火火的国营企业。一奋起实现大学梦，再回首已是百年身。往事如烟，但又历历在目。回望来路，苍山如海，桐花万里丹山路；展望前途，残阳如血，雏凤清于老凤声。我的高考体会，可以用宋人王安石的“三不足”说来概括：“天变不足畏，祖宗不足法，人言不足恤！”

在野外考察南水北调对汉江下游地区生态环境的影响

与世界经济专业研究生合影

入学报到

78级　朱崇利

时光荏苒，转眼离我到山东大学入学报到已经过去了45个年头。45年来，祖国发生了翻天覆地的变化，我也由一个黑发人变成了白发人。虽然过去了45年，但当年到山东大学报到的情景仍然如在眼前。

1978年10月4日，天气晴朗，秋高气爽。一早我带着山东大学政治经济学系寄来的入学通知书，搭乘一辆去济南炼油厂拉油的油罐车，从临沂县汤河乡黑墩屯村去济南，到山东大学新校报到。一路上，看到累累的庄稼，看到农民们正忙着秋收秋种，自己也感到总算有了点小收获。本该十年前考取大学，由于"文革"大学停止招生，我们这批"老三届"失去了上大学的机会，只好回乡务农，然后又去当兵。当兵期间，到过内蒙古、四川、新疆。打过山洞，架过桥梁，修过公路。观赏过"大漠孤烟直，长河落日圆"（关于"大漠孤烟直"的解释，中学语文课本上说，一是指牧民的炊烟，二是指烽火台上的狼烟，实际上都不对，作者描写的其实是黄土高原上的旋风卷起的又高又直的土柱，没到过边塞的人很难想象），见识过沙尘排空、遮天蔽日、恰如海啸般滚滚而来的沙尘暴，体验过"风头如刀面如割"的暴风雪，行走过"难于上青天"的蜀道，穿越过"平沙莽莽黄入天"的戈壁沙漠。在社会上摸爬滚打十余年，已经30岁了，仍然一事无成。真是"三十功名尘与土，八千里

路云和月。莫等闲、白了少年头，空悲切”！悲切归悲切，但不颓废，我始终认为“天生我材必有用”，宁让机会辜负我，我决不辜负机会。正是凭着这一信念，读书学习从未间断。毛泽东逝世后，党中央粉碎了“四人帮”，恢复了邓小平的一切职务。邓小平恢复工作后，首先提出恢复高考，且放宽年龄，婚姻不限，学历不限，相当于高中文化水平即可报考，我们这批初中毕业的“老三届”才又有了上大学的机会。现在有幸被山东大学政治经济学系录取，心情自然大好。那时候没有高速公路，柏油路面也很少，多数是双向两车道的沙土路面公路。一路上虽然尘土飞扬，颠簸不止，但并不觉得疲劳。看着沿途风光，憧憬着未来，即从沂水过泗水，便越蒙山向泰山。等到了济南解放桥时已是下午了。我背着行李从解放桥步行到山大新校时，已是满头大汗，感觉天气很热。等到了报到现场，老师和师兄师姐们的热情比天气还热。

接待我们的有车贵老师、倪明远老师和高年级的同学。车老师是山东沂南县人，朴实憨厚，待人真诚热情。倪老师是山东临朐人，年龄比我小许多，白皮肤，中等个，年轻帅气，朝气蓬勃，20 多岁就是山东大学的老师了，令人羡慕。自己都 30 岁了，还在求学的路上。在报到处，首先是办理入学登记注册，领取学习资料，然后是分班分组，安排教室宿舍，领取饭票等。待一切就绪后，已是傍晚时分，这才急急忙忙地去看了看上课的教室——文史楼的三楼。自此开始，在这里度过了四年紧张的大学时光。

1973 年在新疆当兵时留影

1982 年在山东大学南大门口留影

2003年在工作单位留影

至于山东大学为什么有老校新校之分，当时并不清楚，后来毕业工作后才搞明白。20世纪50年代，山东省委决定把山东大学从青岛迁到济南，使省会济南真正成为山东省的政治文化中心，并请当时的山东大学校长成仿吾到济南看了马鞍山路南边的学校新址，有2000多亩地，是万人大学的用地规模。学校选址后还未动工，因为接待需要，山东省委又决定将山东大学新址用地改建宾馆，即现在的南郊宾馆，将山东大学迁往济南洪家楼的山东农学院，农学院迁往泰安，即现在的山东农业大学。因为农学院规模小，教学设施不够用，所以又建了山大新校。我们报到学习一直在新校。

报到时间虽然短暂，但印象深刻。因为这是初次到山东大学，是大学生活的开始，虽然已经过去了45年，但仍然记忆清晰，时常想起，令人怀念。

诗词文章忆山大

78 级　江可申

感　怀

桃李春风一杯酒，
江湖夜雨十年灯。①
而今年迈常回首，
最是七八俊秀②情！

① 引自宋黄庭坚七律《寄黄几复》“桃李春风一杯酒，江湖夜雨十年灯”。

② 太白先生《春夜宴桃李园序》有云：“群季俊秀，皆为惠连；吾人咏歌，独惭康乐。”

沁园春·重聚抒怀

去年，是非同寻常的77级、78级同学毕业40年之岁，无奈疫情肆虐，阻止了聚会的脚步，留下遗憾，萦怀不去。多亏山大校友，有心安排今年十月重聚，有感于此，特将入学40年旧作呈上，以示期待之情。

故国[1]依稀，四十年前，登崇俊良[2]。
忆黄叶时节，我们相识；
明灯共话，几上果香。
山涌千佛，泉流趵突，月满明湖滟滟光。
遭秦火，幸山东竹帛，孔壁收藏。[3]

正声不复微茫[4]，喜一代新人率其昌。
有青春作伴，夜以继日；
白头不弃，济世经邦。
四载光阴，箪食瓢饮[5]，万卷尺牍载稻粱。
重聚了，又泉城秋熟，把酒盈觞。

增字相见欢

泉城四十春秋，
又回眸，
依旧当年山大风雨文史楼。
红颜泪，
少年醉，
苒苒休，
老矣且看稚子敲针作钓钩。[6]

---

① 我之所以在起句中用“故国”一词，是因为中国经历了伟大的改革开放，社会面貌发生了翻天覆地的巨大变化，可谓“曾日月之几何，而江山不可复识矣”。

② 典出韩愈《进学解》：“拔去凶邪，登崇畯良。”即注意选拔和造就人才。在这里，借以赞美国家恢复高考制度，为祖国选拔优秀人才，因此才有了77级、78级这个特殊的人才群体。

③ 秦火、竹帛、孔壁云者，皆与历史上的“焚书坑儒”有关，例如，唐章碣“竹帛烟销帝业虚，关河空锁祖龙居”。这里借指“文革”对文化的破坏，而山大犹能贮藏文脉，如孔子担心后人毁坏先秦诸子之书而将经典藏于壁中一样。

④ 化用李白《古风》：“正声何微茫，哀怨起骚人。”

⑤ 《论语》中记载，颜回居陋巷，一箪食，一瓢饮，而志于学。

⑥ 杜甫：“老妻画纸为棋局，稚子敲针作钓钩。”

经济学思想理论与中国改革开放实践

1978 年，我有幸考上山东大学，稀里糊涂地选择了政治经济学专业。但是，通过四年的刻苦学习，以及毕业之后在大学从事教学研究工作，我深感掌握和应用经济学理论和方法，做到察古而知今，就能很好地服务于现实社会，就能把中国传统经典文献关于“经邦济世”的命题上升到一定的理论高度而加以解读。

经济学理论和经济学思想是经济学家头脑的产物，或者说是他们运用科学方法对经济现象的本质进行理性思考从而形成的系统思想。人们在社会实践中能够得到许多关于经济现象的感性认识，这些信息一经思想家的思维过滤，就可以转化为理性认识，从而形成理论范畴。例如，“三人言利，事析秋毫矣”，就是把物利问题研究得很微观、很仔细、很有深度。这里，有两个对象很重要，即认识主体和认识客体问题。经济学家是认识主体，经济现实是认识客体，前者是主观能动的角色，后者是丰富多变的现实；前者有“万物皆备于我也”的思维能力，后者有“审其所以使，故物莫不为用”的实际价值。所以，哲学上关于认识主体与认识客体孰先孰后的争论，现在看来也没有那么重要。马克思在《资本论》里说过：在黑格尔看来，思维过程，即甚至被他在观念这一名称下转化为独立主体的思维过程，是现实事物的创造主，而现实事物只是思维过程的外部表现。我的看法则相反，观念的东西不外是移入人的头脑并在人的头脑中改造过的物质的东西而已。我对这段经典的理解是，黑格尔强调的是认识主体的重要性，马克思更强调客观现实先于思想家的理性而存在。从人类发展的过程看，正是有了伟大的思想家群体，我们人类才不至于悉数沦为大街小巷的挑夫走卒，过着万古长如夜的低级生活；也正是有了无数的挑夫走卒，形成终岁勤动的生产力积累，我们人类才有了衣食无忧的供给保障。人类社会的进步有赖于人类知识的积累。

从学习经济学思想理论到结合我国的改革开放实践，我的体会有以下三个方面的内容。

第一，产权制度是经济学研究的出发点。在经济思想史上，关于财产权公有还是私有的争论，应始于古希腊思想家柏拉图和亚里士多德。柏拉图认为，国家意义上的管理者不应当拥有私人财产，而应当掌控公共财产，这样既不会受财产的诱惑，又不会偏离明智管理的责任。而亚里士多德同德谟克利特一样，认为财

产私有权作为一种动力，具有更高的生产力（自然本性说），会带来更多的经济活动，私人财产在社会中发挥着有益的作用。德谟克利特认为，私有财产是经济组织的优越形式，私有财产权提供了人们辛苦工作和勤奋努力的激励。在财产制度研究方面，阿奎那秉承亚氏思想，一方面承认《圣经》关于公共财产的内容符合自然法则的观点；另一方面又提出私有财产并不违背自然法则，认为私人财产的存在是对自然法则的一种补充，犹如裸露身体与自然法则相一致，而穿上衣服则是身体对自然法则的补充。

在中国古文献里，有关于公共资源“雨”的描述，很能说明产权结构存在的合理性和必要性。《诗・小雅・大田》：“有渰凄凄，兴云祁祁。雨我公田，遂及我私。”唐代训诂学家颜师古注云：“渰，阴云也。凄凄，云起貌也。祁祁，徐也。言阴阳和，风雨时，民庶庆悦，喜其先雨公田，乃及私也。”我的理解是，雨作为公共资源，最具有自然法则，雨露滋润禾苗壮，在产权配置的过程中，不偏不倚，既下到公田里，又下到私田里。土地所有制的产权二重结构（公田和私田），是人为的安排，是为了人类的利益而设计的人为秩序，也算是西方“自然法则观”的中国文化解读。

产权制度进入主流经济学，亚氏思想成了资产阶级经济学家的基本主张。英国古典经济学家洛克认为，劳动产品即有价值的物品，应该记在劳动者的账上，因为劳动几乎提供了一切东西的全部价值，至少“对人的生活有用的土地产物……有 99%完全要记在劳动的账上”。在洛克看来，凡是自然界所生产的一切，都是公有财产；凡是劳动者所生产的一切，就是劳动者的私有财产。因此，劳动产生了劳动产品的私有权。马克思第一次把生产资料公有制写进《资本论》，认为它是未来社会的所有制基础。但是，其前提是产品经济，而不是商品经济。历史证明，在商品经济活动的社会环境里，产权结构具有二重性，不可以纯粹地公有，也不可纯粹地私有，要公私兼顾，官督商办。

如此看来，改革开放选择公有制主体和多种经济成分并存和共同发展，让二者共同获得资源和使用资源，是符合自然法则的人为安排，是一种理论上言之有据、实践上经得起检验的制度创新，非常具有中国特色。非公有制经济是改革开放的产物。改革开放以来，政府的政策、中央的文件、宪法修正案，无不明确指出，公有制为主体、多种所有制经济共同发展，是我国社会主义初级阶段的基本经济制度。毫不动摇地巩固和发展公有制经济，毫不动摇地鼓励、支持和引导非公有制经济发展，使两者在社会主义现代化进程中相互促进、共同发展。就实践

来说，非公有制经济经历几十年的成长与发展，无论是自身治理结构的建设，还是对社会的贡献，都取得了巨大的成就，成为实至名归的基本经济制度的重要组成部分，是社会主义市场经济的坚实主体。民营经济是创业就业的主要领域，是技术创新的重要主体，是国家税收的重要来源。民营经济“56789”的生力军地位愈益凸显。

但是，一段时间以来，社会上有些人（包括学术界）对民营经济持否定甚至批判的态度，提出“国进民退”“民营经济离场”“新公私合营”等谬论。对此，习近平总书记指出：“这些说法是完全错误的，不符合党的大政方针”，“民营经济的历史贡献不可磨灭，民营经济的地位作用不容置疑”。我们必须排除干扰，深刻领悟党中央高度重视和促进民营经济发展壮大的战略部署和决策意图，坚守民营经济的正能量地位。

第二，市场经济与资源配置是历代经济思想家关注的最主要问题。从历史的演进过程看，商品经济的充分发展是人类社会不可逾越的阶段，市场经济作为经济机制，它的基本特点或内在要求，就在于通过运行的自主性、平等性、竞争性和有效性来配置资源，用市场手段配置资源，较之惯例、权威和政令更为有效、更有可持续性。水是有源的，树是有根的，在历史上，商品经济和市场经济曾经与多种不同的社会形态相始终。马克思曾说古代商业存在于人类社会的缝隙之中，中国的思想家荀子也说“贾以察尽财”。在封建社会后期，无论是东方还是西方，都出现了商品经济的大发展，从而为资本主义生产关系的形成准备了坚实的物质条件。在资本主义社会，商品经济得到了充分的发展，整个社会财富表现为庞大的商品堆积。所有这一切都证明，市场经济是人类智慧的结晶，是配置稀缺资源的最有效手段。

说到中国改革开放，请允许我引用《离骚》里的句子：“彼尧舜之耿介兮，既遵道而得路。”改革开放就是革除过去集权式的计划经济，而建立开放式的、用市场手段配置资源的市场经济体制，道路虽然很曲折，但绝对走对了。遵市场经济之道，得改革开放之路。改革开放之初，国家提出“计划经济为主，市场调节为辅”，开始尝试用市场手段调节少量的社会供求。此后没几年，十二届三中全会进一步指出，社会主义经济是“在公有制基础上的有计划的商品经济”，计划的功能在缩小，市场的功能在放大，体制改革取得了重大突破。进入 20 世纪 90 年代，邓小平南方谈话如春风化雨，又一次解放了思想。党的十四大召开，向国人向世界宣告中国改革开放的目标是建立社会主义市场经济体制。21 世纪以来，我们不

断完善社会主义市场经济体制的基本框架，市场主体、市场体系、宏观调控、收入分配、社会保障，从微观到宏观，从供给到需求，从无序到有序，内容越来越丰富，行为越来越规范，成绩越来越显著。

党的十八大以来，习近平总书记在关于全面深化改革“坚持社会主义市场经济改革方向”方面，提出既尊重市场“看不见的手”的基础性作用，同时又更好发挥政府“看得见的手”的调控作用，为全面深化经济体制改革从理论思考和实践探索两个方面指明了正确方向。如今，市场是配置资源的决定性力量，已写进党的重大文献，并载入宪法，取得了合法地位。

第三，按照思想家的交换、分工与市场的逻辑演进，从而形成国民财富的增长路线，劳动、资本和技术进步三要素的组合方式变化起了非常重要的作用。从弘扬中国经济思想境界出发，古人云“谷非地不生，地非民不动，民非作力毋以致财”，这和配第“土地是财富之母，劳动是财富之父”的著名论断有异曲同工之妙。而且，根据上文提到的“雨资源说”，在农业社会，关乎民之司命的谷物，除了劳动、土地外，还必须有公共资源“雨”的投入，有了雨，土地才有肥力。按照重农学派的哲学观点，土地的肥力是土地产出的自然基础。由此看来，中国学者的经济学思想更具智慧。

斯密说劳动只有与资本相结合，才是生产性的，才有更高的生产率，才能创造出更多的物质财富。按照斯密的逻辑，在资本积累出现之前，劳动创造的产出，其价值量充其量只有工资的部分；但是一旦资本形成和土地私有完成，通过吸收劳动，其生产率就会大大提高，产出的价值量就会进一步扩大为工资、利润和地租三部分，此等体量不可同日而语。马克思说，大工业时期，除了劳动、资本和土地这些传统生产要素以外，科学也被并入了生产过程，劳动对资本的依附成了实质上的隶属，劳动生产率得以空前提高。科学技术物化在资本形态之内，产出就会出现什么情景？“请看机器的资本主义应用获得了多么辉煌的结果。”奥地利学派的大思想家，米塞斯、哈耶克和熊彼特三位巨匠的老师庞巴维克，在总结前人关于劳动、资本和技术组织生产的理论基础上，提出了著名的“迂回生产理论”，对后世产生深远的影响。到了20世纪，新古典增长理论从人均产出到人均资本的讨论，从要素核算理论发展到技术进步，从外生作用到内生作用的转变，无不体现经济学家对增长要素的关注，而且更强调技术进步的重大作用。

改革开放实现了经济增长，回顾所走之路，逻辑路线极为分明：20世纪80年代，国内劳动要素得以释放，劳动者离开土地进城打工，形成前所未有的农民

工队伍；这支新兴的产业后备军，与城市里的资本重新结合，创造出第一波增进财富的劳动生产率。到了 90 年代，国家大力引进外资，加上前期内资的迅速积累，社会生产方式开始由劳动密集型向资本密集型转变，企业规模、生产效率、市场供给容量都非昔日所能比。如今，动能进一步转换，以科技进步为核心的创新驱动成为可持续性发展、高质量发展的根本保证，高技术产业、新兴战略产业、数字经济、新能源经济越来越成为国民经济的主导产业。如果用国民收入增长核算理论考察我国的经济增长实践，不难发现，科技进步不断地创造着生产过程的“余值”，全要素生产率越来越成为 GDP 增长的重要贡献因素和不可或缺的统计指标。

总之，通过改革开放，劳动与生产资料的重新组合，通过资本积累的规模扩张、技术进步的动态组合与结构变化，中国的经济增长方式实现了循序渐进的动能转换，而所有这些现实存在都可以从经济学思想史中找到坚实的理论依据。

以上三点，即从产权、市场和要素三个维度思考经济学思想理论与改革开放实践二者之间的内在联系。特别需要说明的是，我之所以把产权理论置于前且着墨较多，不仅受“生产资料所有制是生产关系的基础”的命题影响，更是得益于孟子恒产论的启发。孟子曰：“无恒产者无恒心。”对于生活在社会中的民众来说，占有物质财富是其行为的根本动因。如果社会不能很好地建立这样的激励机制和制度保障，行为人将失去积极性，社会的活力就无从谈起，文明的进步也难以为继。而接下去谈及的市场经济和增长要素理论则是前者的逻辑延伸，置之于后，顺理成章。

一点疏浅见解，恐难有强说服力，切望批评指正。

生之歌

78(79)级　江奔东

崇山峻岭，
每到狭窄处，
总破一重关，
纵横捭阖气浩然。
沃野千里，
越是夕阳时，
景色更壮观，
自信人生三百年！

记 1978 年迎新晚会

78 级　许子敬

1978 年秋季在山大文史楼小礼堂举办了迎新晚会，经济学系全体师生参加，其中有最后一批工农兵学员。当时主持人老师说：热烈欢迎 78 级同学们，你们都是凭真本事考进来的！在场的学员“噢”的一声，起完哄退场。我当场吹了一首《扬鞭催马运粮忙》笛子曲，效果爆棚，由 77 级学姐李晓鲁手风琴伴奏。李晓鲁当时已是两个孩子的妈妈，英语好，后来去了美国。

向时代致敬

78级　孙成正

我记忆最深刻的就是40多年前恢复高考。1977年参加第一次高考之后，即墨教育局收了我0.5元的体检、政审费，然后就泥牛入海无消息了。高中同学说："孙成正，咱们明年再试一把，如果还不行，咱们就死心了。"1978年第二次参加高考，终于被山东大学政治经济学系录取。

大学毕业后，分配到青岛财政学校，直到1997年合并为青岛高级职业技术学校，2003年又并入青岛大学，更名为青岛大学高等职业技术学院，然后不断拆分重组，直到退休。在校内不断拆分重组过程中，我一直都在金家岭校区，从高职学院划到国际学院，几年后又重组设了个虚拟的高职学院（只是个名称而已），我就到了这个学院，但学院没有学生，也不招生，愿意上课的可到其他学院教课。满工作量为每周六节课，工作了几年直到退休。

由于高职学校是由五个中专学校合并起来的，后勤人员特别多，原来的教师是教中专的，想教课的或因学历不够（本科就可以），或因学生不接受，没有课上，叠加分配制度不太合理，能上课的不愿多上（因为校外上课的课时费是校内的2～3倍）。我也在校外上课，包括在中国海洋大学的自学考试辅导班授课，学生文化程度悬殊，退休的大学教授使用大学的教学方法无法提高过关率，有时会全军覆没，80多个学生的班没有一个人及格！教务的老师说："孙老师，我们打算聘你授课，要求就一个，不能'剃光头'！"我说："不会的！"他说："我们的退休教授水平很高的，为什么会'剃光头'？"我回答他说："自考是应试教育，及格率才是硬道理。自考与大学不同，也与中学不同，与中专更不同，有些类似于高考但又不

同于高考。学生的及格率一要看辅导教师是否吃透教学大纲的精神，二要把学生的基础分清楚。基础好的，重点、次重点、非重点都要求他们掌握；基础中等的，只要求他们掌握重点和次重点，约占全部内容的 75%；基础差的，只要求他们掌握重点，赌一把，撞运气而已。三是看题型。选择题、判断题、计算题多时，及格率高；填空题、概念题、问答题多时，及格率低。所以自考辅导靠技巧，高水平的教授没用的。'宏观经济管理''剃光头'的原因是填空题、概念题、问答题占了 65 分，都得靠背，自考的学生没有这个技能！所以主要靠教师估题赌一把。"这是我 1985～2013 年一直辅导自考的一点小技巧，其实就是雕虫小技！

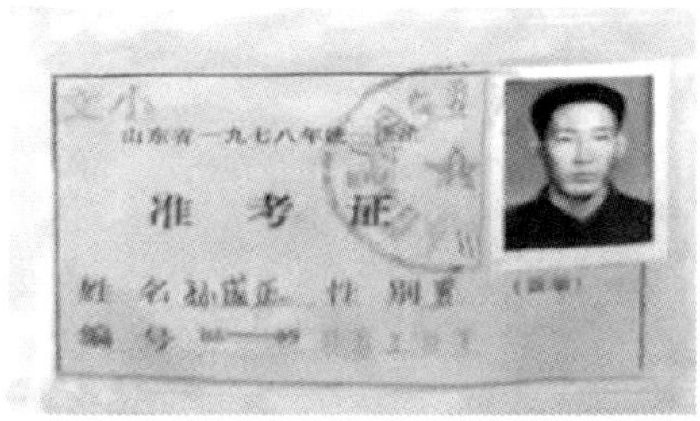

1977 年高考准考证和 1978 年高考准考证

高考和在山大读书时的一些回忆

78级　张东辉

“文革”开始那年我十岁，一觉醒来，突然发现满街涌动着戴着红卫兵和红小兵袖章的青少年，他们到处刷大字报和标语，不过行为还算文明。后来开始大串联，到处是红卫兵接待站，吃饭不要钱。再后来，以“破四旧”的名义打砸抢抄，狼烟四起。学校停课，老师们挨斗，正常上课的时间越来越少，学校已经放不下一张安静的课桌了。稀里糊涂地过了两年后升入初中，每个学期走“五七”道路，学工学军学农，去工厂进军营下农村，一个学期下来上不了几天课。连物理化学课本都改为“工业基础知识”，生物叫“农业基础知识”。进入高中后，动乱依旧，学校成立了木工厂和压电陶瓷喇叭厂两个工厂，我们轮流去那里学工，高二那年我们五人学工小组做成了一张小课桌，这就是高中阶段取得的最大成绩。

1974年4月，邓小平率中国代表团赴美参加联合国大会，发表惊艳世界的演讲，并开始在国内进行整顿。在高中即将毕业的时候，风传要恢复高考，学校闻风而动，对毕业班讲想参加高考的留下补习功课，不想考的毕业离校。上大学是我从小的愿望，自然留下来继续学习，那时临沂一中师资很棒，比如教我们物理（工业基础知识）的老师就是清华大学毕业的。此时，老师们好似英雄找到了用武之地，竭尽全力为我们补课。然而好景不长，前后不到一个月，补习戛然而

止。况且功课欠账太多，一个月也补不过来。这样的中学读书经历预示了后来高考对我们来说有多么困难，尤其文科所考的历史和地理根本就没学过。

“文革”时期不仅在校期间学不到知识，想读书自学也无书可读。这一期间鲜有可读性的书出版，除了鲁迅的书，读过有印象的就是《金光大道》、郭沫若的《李白与杜甫》。“文革”后期比较著名的就是姚雪垠写的《李自成》，这本小说完全按照“三突出”的创作原则，把李自成写成革命英雄，读起来颇感滑稽。这期间读过的书里还是家里保存的范文澜著的《中国通史》收获最大，后来高考历史卷得了高分，这套书功不可没，每当回想高考都从心里感谢这套书。

1974 年冬天，在经历高考美梦破灭之后两个多月，顶着漫天大雪，坐着解放牌卡车到莒南县坪上公社上峪子村“上山下乡”，成为没有知识的“知识青年”。时值农闲，但修大寨田、建水库的农田基本建设工程如火如荼。没有任何机械，全凭双手和双肩，我们这群“一颗红心干革命，敢教日月换新天”的知青，第二天就开始上工地，一天下来，真正懂得了什么叫“又苦又累”。时间一长，身体的劳累、生活的艰苦击败了初到农村时的浪漫情怀。知青的艰苦不仅在物质上，更在精神上，那时的农村基本上是文化沙漠，根本没有书刊可读。下乡时带来的一本《鲁迅文选》反复读了好多遍了，满村里也找不到一本书。我当时是知青组组长，相当于生产队队长，有机会参加公社召开的三级干部会议（公社、生产大队和生产队），可以蹲在公社的院子里吃一顿白菜饨粉条。每次开会最吸引我的是公社办公室里的报纸和《红旗》杂志，每次会后都把报夹上报纸的每个版面仔细看一遍，时间长了和公社办公室的人熟络了还可以把《红旗》杂志借回来看，因此，那时候总盼望着公社开三级干部会议。

在莒南当知青近一年后，我被推荐到山东蒙阴建材七〇一矿当工人。这是一个新建的矿山，我们进矿时还在建设中，新招的工人都是知青。虽然矿山处于沂蒙深山，但从农民到工人的转变，还是给大家带来对未来更多的美好憧憬。虽然工作和生活条件依然艰苦，但大家的精神状态焕然一新。当时宿舍还没盖好，我们都住在工棚里。我还写过一首打油诗，描述当时乐观的生活态度。全诗记不住了，只记得开头几句：一块篷布/几根杉杆/搭起工棚一大间/我们的青年突击队哟/就住在里边……

1976 年“文革”结束了，1977 年中断十年的高考恢复了，一直心心念念的机会终于来了。高兴之后又充满忧愁，最大的困难是没有任何复习资料，身处深山老林，无处寻找复习所需书本和资料。我们这群人发疯似地使出浑身解数，搜寻

每一个线索。找到一点资料，大家就排好时间轮流阅读，有限的资料得到充分利用。最困难的是准备地理考试，因为根本没课本和资料。我搞到一本比较新的地图册，最终也是全靠它完成了地理考试。

上班时间是不能复习的，各车间领导没有公开反对，但内心也不支持我们，认为想高考的都是不安定分子，故意安排一些额外工作，以表达他们的不满。即便如此，每个人一旦拿到资料和书本都是通宵达旦地复习，准确地说，是“学习”，因为考试大纲中的很多内容我们根本没学过。在宿舍学习怕影响别人，就去车间。在复习的日子里，常常一整夜很快就过去，清晨从窗口望出去，寒霜如雪，残月如钩，体会到了“黑夜给了我黑色的眼睛，我却用它寻找光明”。

准备高考的煎熬终于过去。1978 年高考之后，我收到了山东大学政治经济学专业的入学通知书。拿到通知书那一刻，泪水盈满眼眶，不管身在何处，始终没有放弃梦想，当美梦成真，着实让人激动。

1978 年 10 月 6 日来到如今称为“山东大学中心校区”、彼时称为“山大新校”的学校报到，开始了四年的大学生活。那时的新校除了 77 级、78 级这两级新生外，其他毫无新处可言。所谓的“校园”除了文史楼、化学楼和数学楼三栋教学楼及六栋宿舍楼外，就是利农庄农民的菜地和麦田。文史楼尤其破旧，连接南楼和北楼走廊两边的窗户多数没有玻璃，那番景象和想象中的大学校园相去甚远。当时大家都沉浸在对学习的渴望和对美好未来的憧憬之中，除了几句抱怨，对简陋的设施并无过多的关注。我们的许多课都是在文史楼南北之间临时搭起的木板房和后来校北门新盖的车库中完成的。然而，在后来的日子里，慢慢发现进出文史楼这栋破旧建筑、与你擦身而过的不乏许多可以称为“先生”的学术大家，真是一个缺少大楼但有大师的校园。

改革初期，对中国发展模式和道路的探索被形象地称为“摸着石头过河”。这句话也适用于当年山大政治经济学专业的发展。从课程设计看，基本上以改革前的财经院校的课程为主体，比如“国民经济计划学”“商业经济学”“农业经济学”等，即便有“会计学”“统计学”这一类的课程，其内容也与现在的同类课程相差甚大。著名的“巴山轮会议”以后，财经类专业的核心课程才明确确定，那是 1985 年以后的事了。四年中课时最多、用功最多、理解最难也是理论收获最大当属《资本论》这门课。先后学了两年，第一卷学了一学年，第二卷和第三卷各一学期。确实下苦功进行了研读，三卷书的边际写满了注释和心得，在理论思考方面给我很多启迪，使我在后来 40 多年的理论教学和研究中受益匪浅。

这期间还有一些收获，就是去中文和历史系旁听了许多课和讲座。印象较深的是听杜甫研究名家萧涤非先生的讲座，评郭沫若的《李白与杜甫》。这是郭沫若在1971年出版的一本书，是“文革”期间少有的学术著作。萧先生对书中抑杜扬李的写作动机作了深刻抨击，显示了萧先生鲜明的风骨和个性。还旁听过殷焕先先生的“训诂学”、高兰先生关于诗歌创作的讲座及先生动情的诗歌朗诵会。大三的时候，历史系邀请了美国纽约市立大学的唐德刚教授来山大讲学，我旁听了他一学期关于李宗仁研究的课，以及郑鹤声、殷孟伦等名家的系列讲座。此外，还自己搬着凳子去数学系听过课。那时政治经济学系的学术活动相对较少，印象较深的是我们去旁听马家驹老师给77级讲《资本论》，连走廊里都站满了人，成为当年经济学系的一件学术盛事。

学习《资本论》后，受林白鹏老师对马克思早期著作的讲解的影响，开始寻求马克思早期著作与《资本论》之间的逻辑联系，阅读了马克思《1844年经济学哲学手稿》和恩格斯《乌培河谷的来信》等早期著作，继而产生了对马克思、恩格斯早期著作的研究兴趣。1981年“五四”前夕，学校组织大学生论文竞赛，我写了《马克思异化学说及其历史地位》一文参赛，被评为二等奖并获得了人生中第一笔奖金。

收录了我的第一篇专业习作的论文集

这篇文章还引发了我与中国人民大学徐禾先生的一段交往。

上大一时“政治经济学”这门课用的就是徐老师的《政治经济学概论》，这本教材是当时最流行的政治经济学教科书，国内财经类专业几乎都采用这本教材。因此，大家对徐禾老师充满敬意。1982年下半年，当时我已留校任教，突然收到徐禾老师的一封信，他在信里说在人大经济系资料室看到论文集里我写的那篇文章（获奖论文集虽然不是正式出版，但山大也发往许多大学进行交流），很感兴趣，谈了很多他的观点，说了很多鼓励的话。我当时备受鼓舞，毕业论文也选择了这方面的题目《马克思〈1844年经济学哲学手稿〉初探》，并获得“优秀”成绩。此后我和徐禾老师保持了多年的联系，从他那里学到很多理论知识，开阔了我的理论视野。可惜搬家时保存多年的通信不慎丢失了，心疼了好长时间。

一位著名教授对初出茅庐年轻人一篇习作的关注，体现了老一辈学者高尚的情操，成为我学习的榜样。当我也开始带研究生后，一直以徐禾先生为楷模，爱护学生，关心学生，尊重学生的学术选择。

毕业留校后，系里安排我在《资本论》教研室，跟随林白鹏老师从事《资本论》的教学和研究工作。然而，在《资本论》教研室的工作尚未开始，胡世凯老师就把我要到经济学说史教研室，希望我将来教西方经济学方面的课程。20 世纪 80 年代中期后，西方经济学成为财经类专业核心课程，我开始讲授宏观和微观经济学，完成从《资本论》向西方经济学教学和研究的转变。这期间胡老师言传身教，指导我较为系统地阅读了当代西方经济学的代表性著作，特别强调学好英语直接阅读原著的重要性。从经济学说史教学开始，对西方经济学的发展演变有了更深入的把握，打下了从事现代西方经济学教学工作的扎实基础。

胡老师 20 世纪 80 年代中期从哈佛大学访问一年回来后，陆续邀请美国、加拿大等国的一些教授来山大交流，每次都让我参与接待和交流，为我提供了很多学习和练习英语口语的机会。印象最深的是接待美国卡耐基大学诺贝尔经济学奖获得者西蒙教授，当时我很紧张，胡老师鼓励我把握机会，多交流可以学到很多东西。事实上，西蒙教授非常和蔼、朴实，当时安排他住在千佛山下的齐鲁宾馆，在学校访问期间安排在留学生楼里的客房休息。他问学校里有客房为什么还要去宾馆住？在西蒙教授访问山大期间，我全程陪同他。其中，最重要的活动是在公教楼南边东头的阶梯教室（现已拆除）里对经济学系教师和学生演讲，阐述他的次优选择理论，胡老师做了全程翻译。我陪同他参加了座谈会，参观了趵突泉、大明湖和千佛山。其间，交谈了很多内容，印象最深的是他对中国改革的充分肯定，认为中国找到了正确的前进方向。

西蒙是一位了不起的学者，他拥有 9 个博士学位，在经济、管理、心理学、认知科学和人工智能等诸多领域都有杰出建树。他不仅获得诺贝尔经济学奖，还是图灵奖得主，是全球唯一的图灵奖和诺贝尔经济学奖双料得主。与大师的交流让我获益匪浅，意识到提升认知能力的重要性。今天回忆起来，从内心感激胡老师提供各种交流机会，尤其是陪同西蒙教授的难得机会。

在留校任教最初阶段对我专业发展影响较大的另一件事，是 1984～1985 学年做了一年美国杨百翰大学富布莱特教授巴恩斯的助教，并听了一年他讲授的国际经济学课程。巴恩斯教授研究生毕业于哈佛大学，在德国获得博士学位。他的教学沿用了哈佛大学的案例分析特色。案例分析教学法当时在国内尚未开

展，巴恩斯的课堂教学让人耳目一新，对于提高分析和解决问题的能力非常有帮助。他的教育理念和教学方法对我有重要启发。结束在山大的讲学之后，他先后三次再访山大。2016 年 10 月他再一次访问山大，84 岁高龄仍然坚持站着做讲座。这次来他带来了他的新作《中国的觉醒》，依据他在山大一年的经历和日记讲述了中国改革开放带来的巨变。

2017 年我与巴恩斯（右一）的合影，这是他最后一次访问山东大学

我在教学过程中深感自己需要对西方经济学有更系统、更全面的深入把握，于是萌发了去国外读书的念头。1988 年通过了 TOEFL、GRE（美国研究生入学考试）和美国大使馆组织的面试，获得 1989 年美国富布莱特奖学金和耶鲁大学入学通知书，但未能成行，中国人民大学的高鸿业先生（大使馆组织面试的国内主考老师之一）事后很为我惋惜，连续两次用了“功亏一篑”来形容此事。后来巴恩斯教授希望我去杨百翰大学读书，并从香港的一个基金会为我争取了全额奖学金，但出于各种原因，也未能成行，辜负了他的辛苦努力。

1993～1994 年学校公派我去美国做访问学者，这是我第一次走出国门。其间，我系统地选修了中高级微观和宏观经济学，与教授们有了充分的交流，对美国的经济学专业的教学体系有了更深入的了解，并收集了大量资料，为以后的教学和科研做了大量的文献积累。2012 年暑期，距第一次访美近 20 年之后，我应美国波特兰州立大学的邀请，在该校讲授了“中国的改革开放与经济发展”“中国对外贸易与公共政策”两门课。40 年来我访学了欧亚北美十几个国家的近 20 所大学和科研机构，从事合作研究和讲学。从出国学习到海外讲学是我学术生涯的历史转折，折射了改革开放后中国的巨变带给每个人的变化。诚如巴恩斯

教授所言，觉醒的中国发生了巨大的变化，影响了我们每个人的人生道路。

《现代西方经济学》(书影)

回国后，1996 年我主编出版了山东大学第一本西方经济学教科书，组建了西方经济学学科团队。2003 年后，西方经济学专业开始招收硕士和博士研究生。我先后培养了国内外 20 多名博士研究生，150 多名硕士研究生。

2000～2004 年，我在山东大学威海校区兼任经济系主任。2004 年，我组建了山东大学商学院，并担任首届院长至 2013 年。2023 年，我完全结束了在山大经济学院的教学工作。从 1978 年算起，至今已在山东大学学习和工作了 45 年，在这里度过了人生中的大部分时光，与山大结下不解之缘。

2021 年山大建校 120 周年，学校对文史楼进行了由里到外的彻底修葺，周边花树环绕，凉亭草坪，细径通幽，旧貌换新颜。南楼改为校史馆，仅北楼仍称作“文史楼”。45 年过去，我熟知的那些曾经进出这栋楼的先生们均已作古。“萧瑟秋风今又是，换了人间”，昔日的新校已成为中心校区，高楼林立，校园美轮美奂。触景生情，总是忘不了那些激情燃烧的岁月、锐意进取的火红年代。

山大生活记忆

78级　张延平

1978年高考令人难忘，四年大学生活铭记心间。

我生于1949年冬。不到半岁，父亲病故，母亲和祖母把我养大。1966年夏，我初中毕业，“文革”开始，在生产队劳动了三年。1969年秋，在本村民办初中教学。

1977年冬，高考恢复，许多人报考应试，我却因为没上高中而错失了机会。1978年夏，高考条件放宽，我及时报名，认真备考。临近考试三天，我才从邻村借到《世界地理》，连夜背记。

1978年高考是全国统考，并增加外语自选考试，不计入总分。7月20日，我到达考场时才知道，参加俄语考试的仅我一人，单设一个考场，同样有三位监考老师。考试时，老师们在我左、右、后边，时站时坐，看我答题。考试结束时，有位老师说：“你就等着收入学通知书吧。”果然，我考了355分，以全公社第一名的成绩考上了山东大学。

10月6日，我来山大经济学系报到，开始了四年的大学生活。我认真学习了马克思主义，尤其是政治经济学理论，各门学科成绩良好，成为一名合格的本科毕业生。但与同学们相比，仍有明显差距，总觉得个人学习不够勤奋刻苦，同时深感家庭生活确实不易。

大学期间，我有助学金和困难补助金，每月6元，个人生活基本够用。家庭生活让我始终挂念，尤其是入学初期。上课听讲，有时会想，妻子一人“挣工分”，能否够全家人“口粮钱”。晚上休息，心中常念，母亲衣襟抹泪，女儿挥手告别，离

家之情令人哽咽。

为补助生活，我和赵玺玉、张金彪、谢世臻等同学，在逄老师关心帮助下，利用空闲时间多次参加勤工助学劳动。在新校建设工地，用镐掀开挖建楼地槽。用地排车拉运水泥楼板，由新校送到老校。

从三年级开始，我多次借骑一辆旧自行车，带一书包馒头回家，改善家人生活。星期日干家务重活，下午带玉米煎饼返校。途中车链滑落，习以为常。有一次车链轮盘掉落，只能从济钢推车步行十多公里返回学校。

1981 年春节过后，我用女儿的“压岁钱”，加之吴承科同学帮助，买了 40 多元钱的手表。

知识改变命运，高考是关键转折点。1982 年夏天毕业后，我被分配到济南市计委工作；2001 年 5 月，调至济南市人大常委会上班；2013 年 5 月，以 44 年工龄退休。大学入校至今，已经 45 周年，当时的中青年学生已成为白发老年人。我今年已 74 岁，前 30 年在农村生活，又 30 年在城市工作。退休后每年冬春住城市，夏秋回农村，过着“城乡一体”的休闲生活。

今年 10 月 21 日，我们回到山大见面，让我们一起感谢新时代，享受新生活。

祝同学们健康快乐！

我与山大政治经济学专业的缘分

78级　张守华

因父亲去世早，家境困难，我初中毕业后没读高中就下乡插队。1977年恢复高考，一开始，我没打算参加高考，认为自己是初中生，根本没有考上大学的可能。后来，有同学给我鼓劲说："守华你挺聪明，平时又注意学习，咱们一块参加高考试试吧。"我想反正报名费也不贵，才5毛钱，所以报了名。没想到还过了体检线，参加了体检，但没有被录取。后来才知道，是因为父亲当时还没有平反，政审被刷下来了。不管怎么说，这极大地增强了我再次参加高考的信心。

2005年8月摄于延安

此后半年的复习中，我每天都是白天上班，晚上熬到半夜，饿了就吃半个凉馒头。高中数学没学过，就跟着我上高一的弟弟学高中数学，他学一点就教我一点，到高考时我只学到了对数课程。1978年夏季高考后，厂里有两个工友收到成绩通知，而且成绩不错，我是又羡慕又着急。在焦急中熬过了一天，终于盼来了我的高考成绩通知，总分386分，比他们两个都高。我喜出望外，高兴得一宿没睡觉。

填报志愿就简单了。我想，山东大学是省内最高学府，距淄博也近，交通方便，是首选。到外地上学，距离远，路费也贵。具体选专业呢，我想，学中文或者历史，将来毕业后当老师的可能性比较大；“政治经济学”专业，虽然不知道具体学什么，但想当然地认为，这个专业既有“政治”又有“经济”，将来毕业后当机关干部的可能性大。就这样，我只用了 5 分钟就填完了志愿。此后，我就走入了山东大学的校门，稀里糊涂地开始学习政治经济学专业。

2018 年 6 月摄于澳大利亚悉尼

回想起来，我一名初中生能够进入山大学习，在没弄明白的情况下选择学习政治经济学专业，毕业后在党政机关工作直到退休，大学期间所学的专业知识，对于提高我的适应能力、综合分析能力帮助极大。这是我与山大、与政治经济学专业的缘分。我感谢高考制度的恢复，感谢山大，感谢经济学系，感谢政治经济学专业！

往事如烟

78级　武常岐

在过去几十年的人生中，总有一些记忆犹新的时刻、一些让人回味的时刻、一些改变命运的时刻。我想对于山东大学政治经济学系78级每一位同学来说，能够进入山东大学读书并度过四年的大学生活就是这样的时刻。

四年的大学生活似乎并不足够长，就是转眼的工夫。然而如何进入山东大学这一学术殿堂，并度过四年的学习生活的往事历历在目，这些如烟往事在每一个人的身上都留下了深深的烙印。这个烙印也是那个时代的印记。当我们感觉有给年轻人讲述历史的冲动的时候，说明我们已经老了。然而，在今天的课堂上，每当我面对着21世纪出生的大学新生的时候，就忍不住给这些年轻人讲述中国的改革开放，讲述春天的故事，讲述我们在大学时代的成长经历。

45年前中华人民共和国发生了历史性的巨大变化，影响了世界，也影响到我们每一个人。我们每一位同学都经历了改革开放前的十年探索期，受到了直接或者间接的冲击，我们每一个人的命运都和那个时代息息相关。从1966年到1978年的12年里，正常人应该完成了整个小学和中学教育，准备接受大学教育。然而直到那一天的来临，每一位同学都在经历着各种各样的锻炼和磨难。改革开放的春风在1977年就徐徐吹起了，大学要恢复招生的传言已经在大地上

悄然传播。那是一个充满希望的年代，是一个真正的大革命、大变革的时代，由于不同的原因、不同的机遇，由于遇到了不同的人，最终有 80 位幸运儿迈进了这座神圣的校门。山东大学政治经济学系 78 级这样一个群体就在那样一个充满激情的岁月中诞生了。从大学的大门向我们敞开到迈进校园，一直到完成学业，几乎每一天都和过去的一天不同。回望过去，每一个人都有着说不完的故事。下面是我的故事。

日月如梭，往事如烟

在部队的照片

1972 年，读了两年高中的我报名参军，由于年龄不到 18 周岁没能成功。1973 年年底终于如愿以偿，到了山东莱阳 54747 部队驻地，开始了我的军旅生涯。到部队才知道我所在的连队是在抗美援朝中赢得“鸡雄山狙击战斗英雄连”光荣称号的一支英雄的连队，连队的旗帜是在中华人民共和国成立 70 年阅兵式前导的百面战旗中的一面，部队的不少干部都参加过抗美援朝。五年的军旅生涯锻炼了我的意志和体魄，也使我和我的战友结下了深厚的友情，如果没有这些友情的支持，我不可能成为山大 78 级的一员。

我参军后不久邓小平就出任总参谋长，给部队带来了新气象，特别是 1976 年粉碎“四人帮”之后，大家对未来充满了希望，当时我已经到了部队机关，常常和几位年轻的参谋在一起议论国家大事。1977 年大学恢复高考的消息传到部队，对我的震动很大。求学是梦寐以求的事情，看到昔日的小学和中学的伙伴们都在准备考试，自己则因为身在部队，没有参加考试的机会而感到沮丧。为了排遣烦恼，1978 年 5 月我向机关领导提出休假，从在山东乳山的部队驻地出发去福建探亲。然而，我在南行途中，在当时的通信条件下，居然有人从部队打长途电话追踪到我，通知我尽快返回部队，准备参加 7 月的高考。原来在我不在的时候有人替我报上了名，回到部队了解到那人就是司令部的黄文光参谋。黄参谋是河南永城人，我们平时常常在一起交流思想，他知道我有读大学的念头，苦于没有报考的机会。有一次他到师机关开会，听说师里有几个可以报考地方院校

的名额，他在开会之余就争取到一个名额带回团里。回来以后发现我在休假，就联系我沿途可能停留的地方，最终找到了我。这应该是一生中对我命运影响最大的一位战友。司令部机关的所有同事都支持我，让我拿出一个月的时间集中精力复习功课，没有这些支持，其实我是无缘大学校门的。

当时部队营房在距离乳山县冯家镇还有十几里地的一个山沟里，挨着只有十几户人家的王家庵村。拿到报名资格后，我就到离部队驻地四五里地之外的万家村中学，想跟着毕业班听听课，几堂课下来感觉到非常灰心。虽然在中学时期数学和化学是我成绩最好的两门课，也是我最喜欢的两门课，但是中学毕业六年之后再拿起笔来，脑子里空空的，而在一个月里完成高中的数理化功课复习参加高考是不现实的。好在在部队期间，特别是到机关之后，经常读报看书，在万家中学的一次语文模拟考试中，我的一篇作文居然被老师当作范文。这使我放弃了报读理科的想法，转报文科。事实证明这个选择是对的。在高考中，我的数学考试只得了 38 分，语文考了 88 分，历史考了 93 分。1978 年的考试是全国统一命题，考场设在文登大水泊机场附近的一所中学里。据说烟台地区驻军推荐了 70 多人参加考试，大学本科就录取了一位。当时报名和现在不一样，先出成绩再报学校和志愿。虽然我非常喜欢历史，但是经济建设和改革发展已经成为当时的热点，山东大学政治经济学系就成了我的第一志愿。

校园里的风波

进入大学读书，是我们孩童时的梦想，如今如愿以偿，每一位同学都非常努力。当时宿舍的条件比较差，一个不大的房间，四张双层床挤得满满的，大部分同学都在教室上晚自习。我们的四年大学生活本来可以风平浪静，然而由于一些特殊原因也会有一些小的风波。对于整个 78 级有着影响的就是一次罢课事件。在文史楼三楼有一个大家晚上经常去的自习室，走廊尽头是个平台。平时我也常去，那天晚上不知道为什么没有去。晚上我回到宿舍，听说和我同一个宿舍的陈建民同学被打了，而隔壁宿舍的马卫刚同学也被打了。打人的是校园里的一群小流氓。同学在自习室被打，我作为班干部对于班里同学受欺负不能熟视无睹，况且还是一个宿舍的同学，马卫刚同学虽然住在隔壁宿舍，但是是班级通信员，负责给全班同学发信，大家都很喜欢他。当晚同学们义愤填膺，七嘴八

舌，比较一致的意见就是校园不能保证同学的人身安全，第二天上午不去上课了，罢课表示抗议，要求学校保证校园里治安秩序和人身安全。在当时的气氛下大部分同学都表示支持，也有部分同学有保留，表达不同意见。班级人多，有些同学和挨打的同学不熟，也可以理解。第二天一早，老师也听到这个消息，我记得是陈一献老师和赵植业老师一早到了宿舍，首先看望了和我一个宿舍的受伤比较重的陈建民同学，我们把情况一说，两位老师也表示支持。这样我们就决定，不仅要罢课，还要到学校党委请愿，要求严肃处理肇事者。

上午九点，我们班的几十位同学排着队，走了半个小时，到当时校部机关所在的洪家楼老校区，去向学校党委请愿。虽然当时口气很硬，但心里也在不停打鼓。学校党委安排在会议室请几位代表向校党委反映情况，现在记不清是哪位党委领导接见了我们，但学院的江炳坤副书记在场，对我们进行了安抚，表示要严肃处理。之后我们就回到了宿舍。当时学生支部认真做了研究，决定我们要尽快上课，把损失的时间补回来。当天下午我们就回到教室上课了。有些同学担心学校会因为我们几位带头闹事而处分我们，事后才知道学校党委对这件事情是认真对待的，对我们的行为很包容，对事件进行了严肃处理。

过了不久，山大校园打架斗殴事件就在当时老校的大礼堂里举行了公开审判，我和班里的几位同学出庭旁听，这也是我第一次参加法庭审判。参与打架的几位年轻人都受到了法律的惩罚，最后的判决结果是将领头打人的判了刑。校园秩序因此大为改观，从此以后再也没有听说过校外的年轻人到校内寻衅滋事。不仅如此，据说因为我组织这次活动、维护校园秩序，在校园里有了名声，校团委学工部组织新一届校学生会换届，还把我增选为校学生会副主席。

南腔北调

我们四年的大学学习和生活丰富多彩，最主要还是进入了一个新的世界，而打开这个门的就是这些年来陪伴着我们的老师。担任我们课程的每一位老师都有着独特的讲课风格，而且还操着不同的口音。记忆犹新的包括第一学期给我们讲授政治经济学课程的赵海成老师。赵老师操着福建口音的普通话，当时上课没有麦克风，80人的班级，可想而知一堂课下来体力和精力都会耗费很大，但赵老师总是激情饱满。当时的任课老师中，山东本地的老师并不很多，很多老师

来自天南海北，庄德钧老师、毛永林老师、陈一献老师、胡世凯老师、陈乃圣老师、欧是老师、朱懋铎老师等，当我想起这些老师的名字，脑海中不仅浮现出他们的音容笑貌，更是回想起在课堂上他们的南腔北调。

这些来自四面八方的老师聚集在山东大学的校园里，使我们这些土生土长、土里土气的年轻人，经过了四年的熏陶，增长了知识和智慧，逐步成熟起来。来自四面八方的老师带来了不同的文化，丰富了我们的生活。我特别要提到的是胡世凯老师。当时老师没有办公室，都在家里备课，好在大部分老师都住在校园南面的家属院。快毕业的时候，我准备联系出国，有一些表格需要填写，胡世凯老师刚从美国访学回来不久，我就在一个晚上到胡世凯老师家里去请教。胡老师特别耐心，讲得非常详细，不仅帮我填好了表格，还举了不少例子，讲到英文和中文表述的细微区别，不知不觉一个多小时就过去了，这些精心讲授和大师风范一直到今天还影响着我。

四年前回到山东大学发现和当年的情况相比，有明显的变化。首先是学生成分的变化，现在的大一新生中，本省的学生只占 30%，而来自其他省市自治区的学生为主体。78 级外省的同学比较少，只有十位：来自江苏的仓乃京和薛为昶，来自安徽的朱延福和江可申，来自浙江的钱升和俞大澄，来自福建的刘正汉和杨日炎，以及来自四川的谢禄清和余文华。入学后不久杨日炎就提出要转专业，不喜欢学政治经济学要学中文，正好有来自上海的朱珑珑同学希望由中文系转学经济学。这次转学可以用经济学中的帕累托改进来描述，交易双方都受益。杨日炎中文系毕业后去了新华社，日后成为高级记者。朱珑珑毕业去了德国留学深造，经商做企业，数年后回国发展，现在成了非常有社会贡献的企业家。这些年山东大学的学术水平提高很快，但操着南腔北调的老师少了，山东口音多了，常常使我怀念我们的大学时代。

平日和我们接触更多的是两位辅导员，倪明远老师和逄秀贞老师。我记得倪明远老师留校不久，入学时帮助我搬行李，我开始还以为是我们的一位同班同学，后来才知道是辅导员老师。当时班里同学年龄差别很大，我想有不少学生的年龄应该比倪明远老师大，但倪明远老师在努力地辅导我们。对同学们的情况最了解的应该是逄秀贞老师，她一直是我们的辅导员，直到我们毕业。她一直关心着每一位同学的成长，给我们很多帮助。

宿舍里的故事

宿舍是大学生活的核心。78 级的宿舍又不同一般。八位同学一入学就安排住在一起，四个上下铺的双层床，两张桌子在中间，实在是没有什么空间。我和李立、于国俊、孙成正、陈建民在一间宿舍里度过了整整四年时间。入学后一年，80 人的大班不利于管理和组织活动，就分成了两个班。分班以后调整宿舍，一开始入学时同宿舍的许子敬和初明起搬了出去，王立权和李全金搬了进来。

中间有个小小的插曲。一开始同宿舍的班里年龄最大的 37 岁的孙国栋同学来自潍坊，入学后不久就提出转学到昌潍师专，导火索是家里来信说养的老母猪跑了。当时一口猪是家里的重要收入来源，也是学费的来源。师专不用交学费和生活费，学制也只有两年，毕业后转成城市户口，家里人可以带出来。潍坊离家近，平时可以照顾家。孙国栋做出这个痛苦的选择很可惜，但是在当时的情况下可以理解。孙国栋离开了，空出床位，王正国就搬进来了。

我和李立在上下床住了四年，大部分时间我都在下铺，住在下铺比较方便，不用爬上爬下。在下铺时间久了感觉不好意思，就提出和李立交换，住到上铺。那年冬天宿舍窗子上最上边的一格玻璃破了，开始用报纸挡了，倒也没事。但有一天晚上，刮风下雪，大家都在被窝里冻得要命，没人起来。天亮起床一看，雪花飘到屋里，床头上都积雪了，就赶快通知工人来维修。

我当时是带薪上学，相对比较富裕。为了学习英语，我和许子敬一起跑到泉城路上的百货大楼买了一个松下的录音机带回宿舍，大家都叫“砖头块”。当时校园里流行邓丽君的歌曲，说是为了学英语买的，我估计“砖头块”播放邓丽君歌曲的时间比播放英语磁带的时间还多。

当时学校晚上强迫熄灯，不让大家学习太晚。9 点多大家都回到宿舍，躺到床上，就交流各种各样的故事，大都记不清了。记得老于时常提醒结过婚的同学，屋里还有没成年的年轻人，讲话要注意。再就是记得陈建民总讲到他家乡临朐的老龙湾，特别神奇，一直想去，到现在也没能成行，很是遗憾。

重返校园

离开校园之后，在比利时鲁汶大学相继完成了硕士和博士阶段的学习。1991 年任教香港科技大学商学院，2001 年加盟北京大学光华管理学院。2019 年 7 月山东大学管理学院举办了一次庆祝中华人民共和国成立 70 周年的大型学术研讨会，请我回来参加。轮到我上台之前，主持人在介绍我的时候讲了一串头衔。我上台之后首先讲了这样一句话："这些头衔对我来说都不重要，今天在这里我的身份就是山东大学的校友，母校只要有需要我义不容辞。"我想这只是一句直白的客套话。没想到一个月以后我接到一个电话，被告知母校需要我的服务，邀请我回母校担任管理学院的院长。那时我才知道时任山东大学管理学院院长的赵炳新教授已患重病，并且不久就离开了人世。当时我既感到一份意外、一份沉重，也感到一份喜悦。感到意外和沉重是因为我已经离开北大光华的行政岗位快十年了，一直在管理学领域寻找自己的乐趣，而管理学院院长的挑战和艰辛是众所周知的。感到一丝喜悦是因为母校在召唤，而我能够用自己多年积累的管理学院工作的经验和知识服务母校。再一个原因就是管理学院前两任院长是同班同学徐向艺和杨蕙馨，他们打下了很好的基础，肯定支持我。所以，2019 年 10 月我就鼓足勇气回到了母校。转眼就是四年了。到校三个月后就面对着抗击新冠疫情的大考，学院转型发展的压力也很大，在已经成为校长的 77 级樊丽明学姐的领导下和学校学院各位同事的支持鼓励下，努力工作，充分利用这个报效母校的机会，使得管理学院走上了全面图强的轨道。

回到母校后，每天早上，当我从山大南院骑着共享单车去办公室路过小树林时，我常常停在路边，恍恍惚惚感觉有同班同学还会坐着马扎在树下温习功课，准备暑假前的考试，说不定哪位同学会从树后面转过头来给我打个招呼。40 多年过去了，小树都已经成长为大树，小树林里也安上了固定的凳子，但当年的小树林已经成为一个图腾，神牵魂绕的小树林是我们的精神寄托。

每一代人都有每一代人的使命。回首往事，我感觉我们见证了历史，我们创造了历史，我们走过了我们要走的路，我们可以告慰我们的师长和前辈，我们没有愧对这样一个时代。未来要由新一代的山大人承担，继续把小树林的精神发扬光大，早日把山东大学建成世界一流大学。

山大“政经人” 要做正经事

——向母校老师同学汇报

78级 林万里

我是农村孩子，家里—地里—学校真正的三点一线。考大学前，从未坐过汽车、去过县城。参加高考是同学骑自行车带到十里外考场的，志愿是老师帮选的，懵里懵懂地到了山大政治经济学系，被校友戏称为“政经人”。

毕业分配，选择了铁道部隧道工程局。8月入职，在局政治部宣传部做理论宣教工作。当时，局机关大学生少，山大毕业生被高看一些的同时，大家的期望值也高一些些。所以立誓：做了四年“政经人”，一生要做正经事。经过一段时间，岗位熟悉了，工作也胜任了，转年被选为局机关团支部书记。

1984年，中共中央印发《关于经济体制改革的决定》，局党委决定组织宣讲学习，部长让我撰写宣讲材料。经过研读文件、查找资料、走访座谈，成稿后又经部长们审改几次，及时呈送到政治部主任手中。政治部领导看了并不满意，便提出见见起草人，面对面向我指出了不满意的地方，他见我对修改有畏难表情，便要我把未经改过的原稿送来。万万想不到稿子不仅通过了，领导还指名要我在局机关大会上作报告。我斗胆去推辞，他却大手一挥：“你宣讲，我给你主持！”报告会效果应该还不错，因为不久，铁道部派人按照邓小平同志干部“四化”要求在局机关民主推选“三梯队”，居然有不少同志填写了我的名字。

之后，我晋升为部员；1985 年 8 月，调到局团委主持工作，成为全国铁路最年轻的局团委书记；六年后转去工程处锻炼一年；1993 年回局宣传部任部长兼报社总编；1995 年，经铁道部党组考察任命为隧道工程局党委副书记。其间，主持开展了局“三项制度”改革试点、工程局公司制改革。2001 年担任改制后的集团公司党委书记兼任隧道股份董事长。我在隧道局工作近 24 年，经历了隧道施工由风钻开挖到台车掘进再到盾构施工的跨越！在我们隧道工人手上诞生了中国第一座十公里以上铁路双线隧道、第一座水下沉管隧道、第一座长江水下隧道、第一座海底隧道、第一个海底 LPG 工程等无数个中国第一！获得了詹天佑大奖、鲁班奖、国家科技进步特等奖，以及省部级科技奖、质量奖等上百项。我更为我倡导并参与组织的国产盾构机研发感到自豪！现在的中铁装备是由当年的工程处的小小修配厂发展起来的，起步时经验几近为零，大家信心不足。我和局长在做好动员鼓劲的同时，坚持每月赶去召开推进会。经过几任班子多年艰苦创业，自立自强，至今盾构设计制造能力已居世界前列，被习近平总书记赞为大国重器、国家名片。

2007 年 1 月，奉国务院国资委调令进京担任中国北车(后南北车合并为中国中车)集团党委副书记兼纪委书记六年，主持纪委工作，除分管党委宣传部、组织部、机关党委外，还分管城轨事业部、新产业部，有幸参加了动车组的引进消化吸收再创新全过程，见证了中车人科学严谨、拼搏奉献，通过引进消化吸收再创新，全力打造民族品牌。至今，高速动车已成为国家高端制造业象征、名副其实的中国名片。

2013 年 8 月，调任中国铁物党委书记、董事长，当时企业面临着生死考验。上任后抓了两手：一是把铁路钢轨、油料业务集中成立专业公司，核心资产发挥核心功能，既让集团集中掌控现金流，保证活下来，更能可靠保障铁路运输物资供应；二是抓紧清欠止损，转型发展，全力打造生产型物流企业，让公司活起来。历经风雨见彩虹，几年后中国铁物(现为中国物流)成功上市。2015 年我又调任刚刚经过巡视的中国航油，任党委书记兼新加坡航油公司(新加坡上市)董事长，经历了中国航空油料由进口向出口的转变。2017 年，转任中央企业专职外部董事，担任中国东航、中国农发、中国建科三家集团公司的董事会成员。

回首 41 年工作历程，工作岗位从建筑工程到工业制造，再到物流服务，需要不断地熟悉业务、学习进步。机会是组织给的，衷心感谢组织信任；知识是母校教的，真诚感恩山大培养！

参加城市地铁开工典礼

考察中铁装备盾构总装车间

梦绕山大！

78级　徐向艺

初识山大

1978年10月，我怀着憧憬、怀着希望、怀着好奇，来到山东大学求学。

当时，我对山东大学已有初步认识。从高中语文老师对山东大学的介绍中得知，山东大学大师云集，学风淳厚，人才辈出。文学家闻一多、老舍在山大工作过，成仿吾在山大任过校长，共和国元帅罗荣桓曾在山大学习过……我报考山大，大概最初就是受他们的影响。接到山大入学通知书以后，我想方设法查找关于山大的一些资料，对山大有了粗浅的认识。山东大学是一所古老的大学，是清末山东巡抚袁世凯上奏光绪皇帝御批创建的一所新式大学；新中国成立后，山东大学培养了大批政界栋梁、学界精英、商界领袖等。

说实话，初到山大的印象与以前的想象差距不小。经过“文革”的破坏，山大校园破烂不堪，火柴盒式样的一排排楼房墙壁斑驳，路基坑洼不平，所谓的“花园”里杂草丛生。学校没有院墙，没有大门，没有任何“山东大学”的标志。报到时

在校门口留影

我在校园转了半天，竟找不到山大，还到处打听山东大学在哪儿。我们住宿条件很差，八人一间宿舍，里边放上四张上下双层床，八张小小的课桌，八个小凳子，房间里拥挤不堪。教室更糟糕，由于招生仓促，教室不够用，我们被安排在文史楼旁边简易的临时小木房里。这个建筑工人住的工棚经过简易改造成为我们的临时教室。上课时已是秋天，寒风瑟瑟渗透进来。1978 年冬天好像来得特别早，也特别冷，同学们在教室里早早穿上棉衣。我们在工棚里熬过了整整一个冬天。第二年春天，我们的教室移到原来用作后勤仓库的大房子里。教室房层很高，显得很宽敞，但是，这个仓库大概是建校时盖得最早的房子，房顶和墙壁早已破烂不堪。课桌和凳子大小不一、高矮不等、新旧不同，大概是从仓库或其他教室淘汰的桌椅中挑拣出来的。我们在这里上了一学期课程才移到文史楼。尽管文史楼教室墙体显得破败，课桌椅也很陈旧，但比在小板房、仓库里上课强多了。山大当时的条件不尽如人意，许多同学颇有微词，尤其班级里许多城市来的孩子多有怨言，但这一切对像我这样来自农村的孩子来说，都算不了什么。我很快适应了这里的生活。

最让人惊叹、兴奋而又使人扼腕叹息的是图书馆！说让人惊叹、兴奋，是我从未想过馆内藏书这么多，尽管山大图书馆在“文革”中受到严重破坏，但经过几年整理恢复，这里仍藏有百万种图书。我最感兴趣的是外国文学名著，仅在入学第一学期我就借阅了十几本名著，包括《悲惨世界》《茶花女》《战争与和平》《红与黑》《安娜·卡列尼娜》等。这些名著，在农村中小学我只听说过，但没见到过，有些书连听都没听说过。我第一次走进图书馆，查看图书索引，看到这么多好书，就像探险者发现金矿一样兴奋不已。说图书馆使人扼腕叹息，是指图书馆面积与藏书相比空间狭小，借书、还书的人拥挤不堪，常常是人满为患。20 世纪 70 年代不像现在电脑普及，人人持有手机，互联网渗透人们生活的各个方面，那时大概课后接受外部信息，除了定时播放的广播，只有图书馆一隅。尽管当时图书馆人头攒动，人声嘈杂，秩序远不如当下，但仍是师生们最乐意驻足之所在。

我要说说我读的专业了。我录取专业是“政治经济学”，所在系是“政治经济

学系”。当时拿到入学通知书，我高兴之后又傻眼了！什么是政治经济学？学什么？大学不就是学中文、历史、数学、物理、化学等专业吗？哪来的政治经济学？它是研究什么的？在后来的专业课程学习过程中，我慢慢明白，政治经济学的研究对象是人们在社会生产过程中形成的社会生产关系，它包括生产、分配、交换、消费过程中的各种经济关系。政治经济学不是孤立地研究生产关系，而是在生产力和生产关系的矛盾运动中研究生产关系。学经济学能够让我们理性观察社会、理解社会。进大学一个学期过后，我真正爱上了自己的专业。

“罢课”风波

我们班的同学大都在“文革”中经过洗礼，一次“罢课”使我们班级“名扬”全校。

那是一个寒风凛冽的夜晚，同学们刚刚回到宿舍，准备就寝。忽然，宿舍的门被推开，一位同学慌慌张张闯进来紧张地说：“不好了，我们同学被打了，就在校园小树林旁边。”已回宿舍的我们六位同学马上跳下床来，快速向小树林跑去。在路上，我们与其他宿舍同学会师，有的同学在路上捡起树枝，有的拿起拖把，权当武器。我们赶到事发地时，打人暴徒已逃离，被打两位同学蹲在地上，一位同学头上被打胀起一个大包，另一位姓陈的年龄较小的同学眼睛被打伤，嘴被打破，被打掉两颗牙齿，满嘴流血。我们派几位同学搀扶被打同学去医务室，其他同学分头搜索打人暴徒。

很快事情搞清楚了。学校附近有一伙小混混，与学校几位教师子弟搅在一起，经常到校园滋事。山大新校小树林是有名的学生们学习、讨论、约会的优雅、温馨的地方，每天来这里的人很多，大家在这里文明、礼貌、安静。但是，近几天这伙小混混到这里高谈阔论，抽烟喝酒，把小树林搞得一片狼藉。很多同学敢怒不敢言。我们班小陈等同学上前制止，要求他们安静。这些小混混可不是好惹的，双方发生争执。后来被周围同学劝阻，没有发生大的冲突。我们两位同学以为没事了，晚自习结束两人说笑着回宿舍，走到校园偏僻的地方时，那群小混混悄悄跟上来，毫无道理地向两人寻衅、行凶。

搞清楚事情原委，我们班同学义愤填膺。大家齐聚教室，立即作出三项决定：一是马上组织游行，抗议校园暴力；二是明日罢课，为被打同学伸张正义；三

是向校方递交诉状，要求惩办凶手，采取措施，保障师生人身安全。

我们班的同学都经过“文革”的历练，组织这样的活动轻车熟路。我们马上走出教室，列队游行，高呼口号，要求惩办凶手，保障同学安全。已是半夜11点了，校园已经安静下来了。我们一闹腾，校园又热闹起来。宿舍区的许多楼房都亮了灯，楼层窗户都打开，同学们探出头，有的随我们高呼口号，有的下楼加入我们的游行队伍，有的敲打起脸盆、茶缸声援我们。我们围着校园转了一圈，半小时后，约定好明日活动方式，就各自回宿舍了。校园安静下来。

第二天，我们在校园贴出罢课声明，同时贴出《告校长书》。同学们在教室集合，黑板上写着“今日罢课”。上课老师来到教室，看了看黑板，又看了看稀稀拉拉来的几位同学严肃的面孔，夹着课本回去了。

大约10点钟，有人通知我们到校长办公室，校领导接见我们。我们全班同学站着整齐队伍，从新校来到老校（两个校园相距1.5公里）。校长办公楼是一座古朴、优雅、历史悠久的三层建筑，平时我们是没机会走进这座楼的。今天，我们没兴趣欣赏这座楼房的建筑风格，派了十名同学代表进去，其他同学在楼外等候。当天校长不在家，校党委书记孙汉卿接见我们。我作为学生代表的一员，和同学代表一起走进二楼孙汉卿书记的办公室。

当同学们向孙书记侃侃而谈的时候，我仔细打量这位当年的老八路、老革命，他与我印象中的叱咤风云的英雄相距甚远，坐在我们面前的是一位和蔼可亲的老头，听着我们“嘁嘁喳喳”的控诉，他认真听着，偶尔插话询问几句。当孙书记最后问我们有什么具体要求时，我的思绪才回到现实。我们学生代表反复强调几点要求：(1)学校保卫处配合公安部门查寻滋事者，严惩凶手；(2)学校要制定相应制度规范，加强校园管理，确保师生人身安全；(3)学校给受害同学提供良好的治疗条件，并给受害同学经济赔偿。孙书记听完我们的诉求，当即拍板，全部答应了同学们的要求。转身对秘书说，通知分管后勤和安全保障的副校长、保卫处处长、校办主任立即到他办公室来。最后，孙书记用缓缓的声调，委婉但不失威严地对我们组织罢课行为提出批评，告诫我们马上组织复课。

我们的目的已经实现。我们走出书记办公室，与等在楼下的同学们会合，高兴地回到宿舍。下午，我们正常上课。这次罢课行动对全校师生震动很大，这大概是“文革”结束后一次不寻常的过激行为，也可能是最后的一次罢课行动。

时代风流

1978 年，我们入学不久，党中央召开了十一届三中全会，确立了邓小平在中央的主要领导地位。当时我们并不知道这次会议的历史意义，但是，这次会议给高校带来了春风，学术界开始复苏，校园里学术气氛日渐浓厚。哲学系关于“实践是检验真理的唯一标准”的讨论，历史系关于“英雄创造历史还是群众创造历史”的辩论，中文系关于“伤痕文学”的争议，经济系关于“生产力与生产关系”的辨析，等等，使以文科见长的山大活跃起来。我们的老师们一改温文尔雅、沉默禁言，在课堂上开始慷慨陈词，在学术会议上大胆陈述己见。我们失学已久、重回课堂的“新三届”(77 级、78 级和 79 级大学生是特定时期的产物)学子们也不甘落后，课堂讨论时争论不休，学术专栏上奇文纷现。“新三届”大学生久经磨难，阅历丰富，大都个性鲜明且富有才华(他们从十年高中生中脱颖而出)。也许正因为他们有过受压抑、经历练的岁月洗礼，所以嗜学如命，如饥似渴，同时他们更多了些反思，多了些使命感和社会责任心。所以他们不鸣则已，一鸣而不可收。这一时期，学生学术刊物雨后春笋般涌现出来，文科刊物风靡全校的有《沃野》《明湖》《求索》《基石》等。《基石》是我们经济系 77 级和 78 级同学联合主办的学生学术刊物，后来成为“系刊”。《基石》上发表的文章尽管还显稚嫩，但是观点敏锐，语言犀利，思辨性很强。我有幸在《基石》上发表过三篇论文。当时写了些什么已经记不清了，只记得有一篇是关于按劳分配的论文。

1980 年，学校下发开展“‘五四’青年学术论文征文”通知。同学们响应征文积极性很高。我们班有六篇论文获山东大学首届“五四”青年优秀学术论文奖。更值得自豪的是，这些获奖的同学若干年后都成为学界精英、政界干才、商界大腕。我也是获奖者之一。

我获奖的论文题目是《关于按劳分配中的劳动计量问题》。现在的学生很少研究按劳分配问题了。过去相当长时间内，平均主义、“大锅饭”造就了闲人、懒人，劳动效率低下。“文革”之后，为尽快改变这种状况，学术界开始关注按劳分配这个古老而又现实的话题。我也对这一问题产生了研究兴趣。我获奖论文主要观点是：(1)社会主义条件下主要分配方式有按劳分配和按资分配两种形式，前者是主要形式。在当时，要不要按劳分配，学术界及其在实践中都没有分歧，

但是，要不要实行按资分配存在争议。当时我肯定按资分配的合理性，还是很大胆的。不过，论文没有过多阐释这一敏感问题。(2)关于按劳分配争议的辨析。多年来，经济工作者在贯彻按劳分配过程中，经常遇到劳动量如何计算、不同岗位的劳动如何比较等问题。这应该说是按劳分配讨论中的一个薄弱环节。(3)提出了按劳分配中的劳动计量范式。我在论文中指出：按劳分配中的“劳”，不是“个人劳动时间”，而是“个人有效劳动时间”；有效劳动时间必须体现有效劳动成果；自然劳动时间不能作为有效劳动计量的标准，劳动计量的实质是对形成有效劳动成果所付出劳动量多少进行计量。这是我的第一篇学术论文——如果也称得上是论文的话，有6000多字。因为是学术尝试，写作并不规范，文字还显粗糙，但它是我几个月心血的结晶。论文获奖我非常开心，获奖证书是一个小小的红色硬皮证书，奖品是一个大大的笔记本。当时，我将获奖论文集、获奖证书珍贵地保存了多年，但后来多次搬家，都遗失了，真是遗憾。

论文获奖一个月以后，《山东大学报》发表了部分获奖论文摘要，我的论文被压缩成300字的摘要刊发了。看到自己的论文变成铅字发表，很是得意。大约在大学生活的最后一学期，我开始谈恋爱。一天我领女朋友来我的宿舍，闲聊时拿出刊发我论文的报纸向她炫耀。一向矜持的她忍不住“噗嗤”笑起来：“就这个豆腐块啊，也叫论文？”她实在不以为然。我只好讪讪说：“论文本来好长的，不知哪个编辑压缩成这个样子了！”

幸运的一代

我们“新三届”大学生在课余闲聊，总会哀叹我们是被耽误了的一代。我高中毕业在农村待了五年，还好，担任民办教师，还算没有脱离书本；其他同学就惨了，有的在农村务农十余年，面朝黄土背朝天，为生计操劳奔波，后来结婚生子，不知不觉已过而立之年。我们又算是幸运的一代，赶上了末班车，挤进了大学校门，坐在了求学的课堂上。其实，被耽误的岂止是我们这些学子，我们的老师们也是被耽误的一代。“文革”之前，大学里有一大批中青年教师，才华横溢，学思敏捷，正想甩开膀子大干一场，在教学、科研上大展宏图之时，波涛汹涌、波澜壮阔的“文革”开始了，偌大的校园已放不下三尺课桌，神州大地已无知识分子的立锥之地。山东大学一大批教师转行，大批图书流失，实验室遭到破坏，校园荒芜

破烂，古老名校元气大伤。

我们是被耽误了的一代，但我们赶上了末班车；我们的老师是被赶下车的一代，但他们有的跳上了车。入学后第一学期给我们讲授“政治经济学（资本主义部分）”专业基础课的老师是赵海成。由于我们年轻，看老师们很成熟、很深沉，感到他们年龄很大，其实赵老师当时只有 39 岁。当时我们使用的教材是徐禾主编的《政治经济学概论》，连印刷时间都是 20 世纪 60 年代初，大概是从出版社仓库里找出来的旧书，但我们读起来感到很新鲜、很深奥。这门课安排一周 6 学时，总计 100 多课时。赵海成老师备课认真，每次上课都带着厚厚的备课本，手提包里还准备有大小不一、写着密密麻麻小字和数据的各种卡片。在课堂上，他充满激情，讲到精彩处，有时会手舞足蹈。我们听得一知半解，但还是如醉如痴。什么价值与使用价值，什么剩余价值，什么一只绵羊等于三把斧子，什么资本有机构成，等等。他感到学生们听不懂的地方，会反复强调，不厌其烦。那时没有逃课一说，不管上什么课，大家都是早早到教室占据较好位置。那时大家都有记课堂笔记的习惯。一门“政治经济学”课程我大概记了整整四个笔记本的笔记，有五万字之多。这还不算，我们晚上还要复习教材，阅读参考书，针对白天讲过的东西，整理课堂笔记，就是把课堂笔记再规规矩矩、完完整整书写一遍，我整理后的笔记达八万字之多。

大约是在二年级下半年，开设了“《资本论》研究”课程。讲授《资本论》第一卷的是林白鹏老师。这是一位典型的中国知识分子，处事稳重，待人谦和，治学严谨，工作认真。他课下言语不多，课上语速缓慢。那时老师上课，每节 50 分钟的课程都要准备 30 多页（有时甚至 100 多页）的讲稿，课堂上准备讲的每一句话，甚至所举的每一个例子、援引的数字、对学生的提问等都会写在讲稿上。后来我留校任教以后，继承了这一传统。我讲授 20 余次“工业经济管理”课程，教案达 46 万字之多，后来以此为基础，出版了我的第一部教材《工业经济管理学》（山东大学出版社 1991 年版），这是后话。在当时，“《资本论》研究”这门课程实在不好讲，不仅原著晦涩难懂，还有翻译的原因，读起来更是费劲。林白鹏老师以严谨科学的态度、朴实准确的语言、渊博扎实的知识、归纳演绎的方法，逐步把我们带进一百年前的马克思潜心苦思、旁征博引、条分缕析的研究环境和思路中，使我们重新认识了马克思，渐渐理解了《资本论》。林老师讲课最大的特点是，他在课堂上引导性提问互动。在林老师的课堂上，课堂发言成为绝大多数同学们的爱好。往往林老师提问话音未落，课堂上已是举手一片，课后很多同学为

没获得抢答机会而懊丧。课堂问答与互动逐渐成为我们班级学习的亮色，后续课程均保持着这一优良传统。

梦绕母校

每一位大学生都有这样的感觉：进大学时，感到大学生活将很漫长，但不知不觉到了毕业之时，又感到大学岁月是那么短暂。大学四年我不仅学到知识，也结识了很多人，经历了很多事，为以后职业发展打下了良好的基础。1982 年 6 月我留校任教，成为山东大学这所国内外享有盛名的高校的一名教师，我感到无比自豪！我在山大这片土地上，默默耕耘，欣喜收获，教书育人，著书立说。我和祖国、和山大共命运，国家在振兴，山大在发展，个人在成长。从教 40 多年来，山东大学先后评我为二级教授、特聘教授，2020 年被评为“山东大学教学卓越奖”。社会和国家给了我一系列荣誉：国家教学名师、万人计划领军人才、国家教学团队首席专家、国务院特贴专家、山东省突出贡献中青年专家等。是山东大学哺育了我，培养了我，成就了我，我终生对山东大学充满着刻骨铭心的、深深的爱！

梦绕山大！

回顾四十年

78 级　常金海

要回顾四十年，咋说呢？

说回顾一天，觉得时间过得很慢，有些累。

要回顾四十年，却觉得光阴似箭，时光太短，脑海一片空白，只记得一些小事、琐事。

当看到书架上那些书，摸摸往年笔下的讲稿和一本本杂志，方觉得些许坦然。唉，没有空度人生，也为党的教育事业尽了自己的一份力。

求学之路：煤油灯，瓜干面饼

我叫常金海，1949 年 10 月生人，山东寿光市人士。1975 年从部队复员回到家乡，为了生计去潍坊一建公司干起了建筑工人，工地就在原潍坊农校。饭后休闲跟在校学生聊天，得知国家可能恢复高考，于是产生了上学的念头。辞职回到寿光老家，几经周折，1976 年入本村小学当了一名民办教师。然后找了些学习资料和中学课本，白天教学，晚上点上小煤油灯，温习功课。那时我已结婚，生有一双儿女，家中还有 80 多岁的老母。在生产队干活记工分，生产队无钱可分，家庭花销基本是靠在校挣的每月 3 元钱。当看到我每晚复习功课被煤油灯呛得鼻

孔满是黑灰时，妻子心疼地说："算了吧，都快 30 了，还有两个孩子，学校能要吗？"我也有些犹豫，却有些不甘心。"有枣无枣打一竿子，省得日后后悔！就是考不上，学了也对教学有用！"在我的坚持下，妻子同意了我的观点，全力支持我复习备考。这样拼了整整一个冬天，到年底梳理复习资料时，却是打开书本会，扣上书本就忘。心想，这样咋行！于是春节一过，便修改了学习计划，借了套文科学习资料和一本解析几何，开始全力复习资料，自学解析几何。1977 年国家恢复高考报名已经结束，自己无缘参加。1978 年高考，我花了五毛钱获得了准考证，终于由秘密复习功课转为公开参加高考。参加考试那几天，妻子特意为我做了两张地瓜干面饼和一张白面饼，嘱咐我安心参加考试。经过两天多的考试，心中的石头终于落地，心情感到格外轻松愉快。两天耗掉了两张地瓜干面饼，把那张白面饼带回家给了正在期待的儿子和女儿。然后又回到白天教学、抽空到田间帮助妻子干农活的生活，其他的啥也没多想。

金秋时节，一个酷热的下午，我正在田间帮妻子整理收割玉米秆，突然有信使送来信件，是我被山东大学政治经济学系录取的通知书。我愕然了，没有特别激动，倒是有些惆怅。"学考上了，学费咋办呢？""这是上天给的机遇，考上了就去上！我在家种着地，照顾好老人和孩子，学费咱卖些瓜干，再跟亲戚借点，你就安心去上学吧！"妻子的鼓励和支持，使我鼓起勇气，坚定了信心，坐上去济南的汽车，踏进了山大的校门，开始了大学生活。

我与儿子，摄于千佛山

四年大学生活里，因自己以前对政治经济学知之不多，有些知识以前甚至都没听说过，再因家庭条件，需在课余时间打点零工。因此上课时认真听，忙着记，生怕考试成绩不过关，愧对家人。1979 年暑假放学回家时，妻子对我讲了一件事："你知道我在家最难时到了什么地步吗？那天天气很热，4 岁的儿子和 3 岁的女儿为要一根冰棍跟着卖冰棍的围着胡同跑了一圈，哭得满头大汗都没吃上，我真的没那 3 分钱，又不能跟人借！"我听后十分内疚，回校后更加刻苦，尽力省下细粮换成玉米面，找人帮捎带回家（一斤细粮能换二斤粗粮）。在课余时为新校基建挖

过沟，拉过水泥板，跟同学夜间去企业看过仓库。多亏了国家对我们这代大学生发放了补贴和助学金，最终使我能顺利完成学业，以优异的成绩获得了大学本科毕业证书和相应学位。在这里我要特别感谢诸位大学恩师，给了我在复杂的社会人生中生存和前行的工具，感谢我的妻子和家人们对我的支持与鼓励，使我圆了大学梦。

四年室友毕业留影

（前排左起：张东辉、田卫厚、路士勋、刘广如；

后排左起：常金海、葛序太、晁代成、宋玉军）

职业生涯：讲台，论文与职称

原本不想再当教师，但在 1982 年大学毕业后被分配到潍坊市委党校政治经济学教研室，成了一名党校理论教员，走上了一边在讲台授课、一边为职称拼命撰写文章的职业生涯。当初来潍坊市委党校是因这里离家近，照顾家庭方便，而且听说家属能农转非。因此来后心里坦然，领导安排啥就干啥，别的啥也没多想。跟着一位副主任成天挖坑栽树，不嫌苦累。后被调到别的科室，帮着搞基建。星期天回老家帮妻子整治农活。学校逐渐走上正轨，陆续开办基层干部理论学习培训班和学历班，我又被调回到政治经济学教研室，开始做理论教学工作。

由于进校后大半年是在干些体力活，偶尔到校外上些辅导课，很少触及在大学时所学的东西，教学业务有些生疏，所以对党校的教学内容和方式很不适应。对于学历班课程，有大学时的功底，照搬恩师的授课模式还能凑合对付，可对于培训班的专题课却很不适应。对于专题课，学校只给任务不定具体题目与内容，

由教员自己确定题目和内容。因初来党校不熟悉校情，平时科室人员只闻其名，不见其人。除开会见面，平时各人在家办公，很少沟通，自然也就不知道别人在做什么，上课讲什么，所以一时陷入困境。记得第一次上专题课，讲的是世界经济危机问题。费了几天工夫，写了几十页讲稿，一个上午讲了两三个小时，口干舌燥，满头大汗。课后一想，糊里糊涂，不知道自己到底讲了些什么，学员自然更听不懂了。经过一大段时间折腾，自己心灰意冷，再加上家属农转非的事情学校根本就无此一说。自己顿时情绪低落，怨气闷在心里，产生了跳槽的想法，可最终因家庭条件不允许，也就没走成。就在自己事业处于低谷时，幸遇名人指点，鼓励我勿气馁，要坚定目标，锲而不舍。“天上不会掉馅饼，不要等别人施舍，要努力练好自己的基本功。”于是我鼓足勇气，放下烦心的事情，努力加强业务学习，提高自己的教学和科研水平。白天在办公室值班，看书学习写教案，去教室听别人讲课，学习教授专题的方式方法，晚上在宿舍面对镜子读讲稿、练讲演。经过一番努力，登讲台不再怯场，提高了课堂授课水平，还在学校讲课演讲比赛中荣获二等奖。与此同时，经常跑图书馆看报读书，利用自己常回农村、熟悉农村农业的情况，搞些“三农”调研，写成专题分析报告，撰写文章投稿。稿子虽多是泥牛入海，但被选中刊登时热血沸腾，信心倍增。学校实施教师职称与工资挂钩后，面对残酷的职位竞争和家庭生活需求，自己更不敢怠慢，力争每年在省级刊物和校刊上发表一至两篇文章。经年累月，数篇文章在各类刊物发表获奖，既提升了自己的专题课教学水平，又有稿费和奖金收入，补贴家用。当然，我知道这些文章相比师兄弟的论文，算不上什么理论论文，它在经济理论的大海中只是转瞬即逝的小小水滴，不会激起什么浪花。但它对我的职业生涯却起了重要的作用，或者说，改变了我的人生轨迹，使我迈过了一道道沟坎，最终突破重围，登上了自己职业生涯的最高点，被评聘为党校教授，以胜利者的姿态完成了职业生涯。在这里我要感谢这些年真诚鼓励与支持我的大学同学和热心相助的同事。

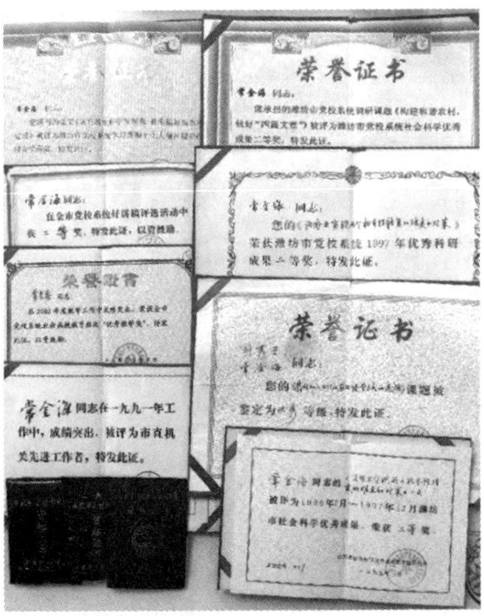

荣誉证书

回归自然，知足常乐

2009 年 10 月，我退休回到了老家寿光古城街道刘家村居住，又开始了十多年的从家庭到田园的生活。不过现在是以劳动为乐，生活以养生为主，知足常乐。

当听说别离 40 多年的同学要再聚山大时，老泪纵横。这是我渴望已久的一件大事，自己一定要参加，并决定带上伴我生活工作四十九载的妻子，同赴济南，圆她“到山大看看”的梦。

我与妻子

半亩方塘亦大洋

78 级　隋明梅

相比学校生活丰富、工作经历多彩的同学们，我应该是“人类简史”者，因为我只读过一个学校的书、在一个报社做了一份采编工作便退休了，退休后出任的中国广告主协会副会长是组织批准的兼职，属于志愿者。

一个学校便是山东大学。我绝没有贬低自己上过的中小学的意思，只是自 1966 年入小学到 1976 年高中毕业，我虽上过十年学却没读过几本书。记得第一次发课本是四年级，第一次真正学到让我感兴趣的数理化是初一——后来叫那个时期的教育是教育回潮。这一潮回得我如饥似渴狂喝了几口墨水，但也就一年左右吧，课本就是“毒草”了，被拔除了。伤心了几天后，我便从“每周一歌”找到学习乐趣——用从广播里学会的歌曲对着报纸上刊登的曲谱来学习简谱并自学成功，成功的标志就是高中毕业后我在这所母校当民办老师期间兼过音乐课。至于高中，那是学工学农学军的课堂，类似现在的职业中学，只是“职业”得有些杂，编排剧本学样板戏，开拖拉机修大寨田，扔手榴弹捆炸药包，开山推石修大操场，上下学的自行车后座上驮个拾粪筐，筐里斜插着一根粪叉……事事认真，积极努力，总是要求自己“一不怕苦，二不怕死，排除万难，去争取胜利”，就是没觉悟更没机缘排除万难去找些书来读——为此我批判了自己很多年，真真是老大徒

伤悲！

1977年顶风冒雪去投考，只中了个可以走读的师专。坚决不去，我要再考——二等在其次，关键是不能去看天安门上太阳升啊。这事儿闹得懂社会的成人们以为我精神出问题了，否则不会放着城市户口的美好未来不去迎接却要继续当农村户口的民办教师；这事儿还导致了“美好障碍”——学校为了留住“人才”，一边摇晃着可能转正等红彤彤的胡萝卜，一边给我等有心再考的青年教师增加工作量，白天几乎是满课，早晚办公又是全体教师一个大办公室，等批改完两个班级、两个课目的作业备完课回到家，脸都懒得洗就睡了。复习虽不可能，但大学一定要考。于是，最后只我一个人风雨中蹚过沙河背着蚊帐打地铺再投考（后来知道，那个考场也只考上我一个人），结果当然不理想，357分，人家没考上的历史地理都能考八九十分，而我英语因为不会没参考，其他科最低是数学68分，最高是语文74分，竟然没有一门超过75分的。显然，去看天安门上太阳升的愿望又落空了，报山东大学中文系也不够分数。伤心了几天，便傻呵呵乐呵呵地听校长的话，报了一个我根本不知道是学什么干什么的山东大学政治经济学系。所以，山大是我唯一真正读过书的学校，或者说，是山大教会我读书的。因为那里有一个我从来没见过的大图书馆——后来才知道她很小，图书馆里有看起来我一辈子也读不完的书；因为老师和班里同学听起来个个都比我有知识，估计我一辈子也追不上，事实也确实没追上——我应该是输在起跑线上的典型吧。携此自知之明，我开始了山大生活。读书几乎是我大学四年的全部内容，以至于毕业后每每同学们回忆起山大生活中的那些或地上或地下的趣事乐事，我知之甚少。

其实，说读书也是夸自己，现在想来那时候我并不会读书。白天鸭子听雷般地听一只羊换三把斧子的商品价值价格逻辑，夜里恶补《格林童话》、《伊索寓言》、唐诗宋词、《古文观止》，当然是不好意思让人知道的；课上搞不懂计算机穿孔那没完没了的1和0，课下却带着胶东破擦音积极努力地学念26个英文字母，学了一年英语后在快慢两班通考的英语中得了个第五名，就暗自张狂，竟敢借一本英文版的《简·爱》来读，当然是读不下去的；与自己生活工作紧密相关的“有借必有贷、借贷必相等”是完全听不进去的，离自己万里千年的那些但丁、巴尔扎克、托尔斯泰等笔下男女的命运却让我魂牵梦绕甚至哭湿枕头，哭够了还敢拿笔写小说，当然是没写成的；马克思恩格斯虽学了四年但终归是没能推开政治经济学殿堂的门，光学课只听了一节却仿佛看到教授描绘的光科学在不远处闪

着绚丽耀眼的光芒，于是从文史楼对面书亭美丽的卖书姑娘巩莉那里买来《科学研究的艺术》，读后激动得直想转系去研究青霉素，当然是没转成的，因为那只是半夜狂想曲……

由于完全没有目的，只是随心随性地乱翻书，所以那四年的书读得很杂也读得很傻。没从实用的经济学里读懂现实存在的合理性和生存发展之术，也没从五千年中华史里参透过去和未来之道；没能透过那么多文学作品看穿人性美丑，更不可能从涉猎较少的哲学大家那里悟明白宇宙的本质以及人与世界的关系。

好多年后我才有勇气承认自己是真正的不学无术。

这种不学无术导致我离开山大后就像喝了一肚子奶水却没能长大的巨婴，踽踽行走在长安街上茫茫然不知所去，好长时间都不适应山大校园外那个北京西皇城根九号院的生活，甚至在生儿子后把产假变回了山大时光。

回学校住了几个月后，我似乎清醒了些，母校虽温暖但不是蜗牛壳，她给我知识，我应该把知识变成力量。于是，靠这种知识的力量，我在《经济日报》采编岗位上傻干加实干 36 年，直到退休。

流水账本写至此，忽地生出些伤感。逼退伤感的办法是换个角度看人生，这一看，我就又看到了那张大烙饼。

大约是 50 岁，几个“80 后”请我吃饭，说是向我讨教成功之法。我告诉他们，首先，世上没有关于成功的教与学，否则，好学又好为人师的我应该能学会成功并且成功的桃李一箩筐了；其次，我和他们是两代人，时代背景和人生经历的巨大差异决定我很难与他们共情，又怎敢指导人生？不过，吃了人家的嘴短，总得说两句。于是我开玩笑说，第一，他们是馒头和窝头——改革开放的蓬勃向上之气从娃娃催起，持续不间断地把他们催蒸成高庄大馒头，部分蒸得不太成功的至少也是个有高度的窝窝头；而我们一代是烙饼，那种我妈烙的外表平整密封、内里分层无数的烙饼，也叫千层饼——曾经我们那代人不知在哪一年突然流行自我嘲评：思想的巨人，行动的侏儒。大概也包含了这个意思，但又不完全是。当然，个别没分层的就成了死面杠子头火烧，亦无分层亦无痛。第二，由于蒸锅里的馒头们挨得太近，除了努力快速纵向长高，还不得不与周边的馒头们横向竞争生长空间；而我们一代，先是在广阔的空间里野蛮生长，然后是走进开放无边界的时代舞台，大家都跟接了天上掉下来的馅饼般地拿到入学通知书进入大学教室，然后是国家分配工作、各单位争着要大学生，这一系列原因导致我们那个时代的大学同学之间少有竞争，多的是惺惺相惜。带着这种基因毕业的我，哪里

懂得这抛弃情不要命也要竞争的时代成功术？饭是白请了。

继续烙饼。被烙饼的过程很痛却是很振奋的。1976 年那个多事的秋冬，那个要做纯粹的人、做有益于人民的人、以救世界人民于水深火热为己任的革命小青年，被如来大手抓起来，翻个面，然后猛地“啪啪”向热锅底上狠狠摔砸下去，直到现在还能感觉到那种被摔砸得心惊肉痛、天旋地转的感觉。

不过，这第一次翻面后忽地感觉自己内里有了层次，只是当时并不明白那是什么。好在很快就进入山大，图书馆、老师、同学、操场、小树林，风声、雨声、笑声、读书声，山大的一切动或不动的风景、懂或不懂的书声，都有声有形地让我慢慢感受到那个饼内的层次在动，感受到烙饼比斧头和羊更适合我的胃口，斧头和羊在说身外的事情，而饼在渴望内里更多层次。好多年后我在有勇气承认自己是真正的不学无术的同时，也原谅了自己在山大时的胡乱翻书，我对自己说，求仁得仁嘛。

求仁得仁，1983 年，在我还没明白党报工作是怎么一回事情的时候，一场反精神污染运动让我二次被翻面，好在因为我对政治世事、机关文化和寰球冷热很懵懂，这一次被摔得并不厉害。不过，我自此似乎有了“不须扬鞭自奋蹄”的功能，主动地不让人知道地自己试着翻面，于是那饼心起层就多起来。

再往后就是大声呼唤着思想解放、体制改革、机制创新、对外开放，东西南北飞来飞去地采撷并传播着改革开放之成果。过程中被翻面已是常态，有涉管理理念的，有涉经济体制的，有涉所有制的，有涉思想文化的，更有涉价值观的。一年又一年，各种翻面，火力或大或小，力道或重或轻，时间或长或短，这一切都给了我很多自我翻面加层的时间和空间。

当这种翻面由习惯变成一种享受后，有时候我甚至会拿一些被定义为问题的东西来尝试自我翻面，比如利改税啦，比如“砸三铁”啦，比如国有与国营啦，甚至东西方制度与文化差异，等等。所以，当 20 世纪 80 年代末再次被翻面猛摔向热锅底的时候，我甚至以少有的理性来应对，不叫痛不喊冤，笑谈以对，我知道这才叫现实——我必须经历的；我知道这一刻已成为历史——而我那一点点所谓痛与失必将成为历史中无处存放的尘埃。

所以，进入 21 世纪，年过不惑之后，大大小小的翻面于我已是一种感悟机会了。可能是因为内里早已有了很多层次，有了自己的价值判断并可以做些预判，甚至还有些享受那些虽能悟得缘起却不问何去的被摔砸的翻面了。记得有一次“两会”期间去京丰宾馆看望陈岱孙先生，讨教了些财政问题后不知怎么话题就

到了我的工作状态上，我拧拧巴巴地表达了自己正被烙饼的感受，先生盯着我微笑了很久后认真地点了点头说，很好、很好。

确实很好。

我很庆幸自己成了一张千层饼，被摔被翻面的痛或快乐都已凝成我人生资本中权重很高的部分——优质资本。

想来我之所以在历经反复翻面、生出很多层次成为千层饼而不是被摔成死面杠子头，除了感恩生养我的那片山海和父母祖辈，再要感恩的就是教育我的山大老师、同学和图书馆了。山东文化、山大教育、山大四年那些毫无目的的听课读书，那些背着书包、夹着教材进出文史楼的老师和同学的笑面背影，那些小树林里无边无际的讨论畅想，那些八人宿舍里关灯后的胡思乱说，在过去的40多年里给了我认识世界、理解社会、展望未来、坚信未来的强大内力及行动力。山大虽不是我的天光云影，却参与构筑了我的半亩方塘。

至于离开山大进入《经济日报》的36年，我想用退休之日胡写的一首《七律・休致经济日报36年事》给老师和同学做汇报：

水火风霜南北疆，经年卅六一番忙。
银毫屈折展黎庶，墨海直流卷庙堂。
冬竹邻家桐柳粗，夏梅墙外菜花香。
蓬莱此去烟云散，半亩方塘亦大洋。

1987 年 5 月采访大兴安岭森林大火，一日，逃过生死劫后在防火带休息时睡着了，一位解放军宣传干事在拍摄扑火战士时捎带上了形象不雅的我。那天是我儿子一周岁生日

2005 年 6 月在河南伏牛山滑雪场工地采访

职业生涯里我得了不少新闻奖，但唯一认真收藏的是这一件。在我看来，新闻业务类奖不过是对我业务能力的认可，而五一劳动奖章是对我品质的认可。我祖上算不上有文化但却信奉“勤俭传家久，诗书继世长”，而“不偷工”又被他们摆在做人品质之首要；我对西方文化理解不深，唯独完全认可的是七宗罪之首是懒惰

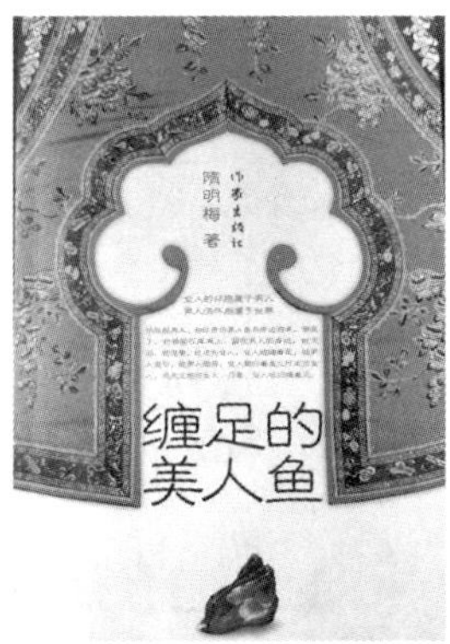

我没有留存自己作品的习惯，这本《缠足的美人鱼》是唯一留存的作品

大学忆事

78 级　谢世臻

值此大学毕业 41 周年来临之际，回首往事，感慨万千，心底里有一种想写一点东西的冲动。然提笔忘字，词不达意，言不及衷，实难为文。故此只能拼凑几句顺口溜，供大家开心一笑。不妥之处，敬请斧正。

迎新晚会

路纯东引吭高歌回延安
许子敬扬鞭催马运粮忙
王育琨活现官场不倒翁
孙广军山东快书笑满场
隋明梅矫健独舞骏马腾
柏东水口琴演奏曲悠扬
范爱军声情并茂忆总理
七七级女生清新小合唱
李晓鲁琴声美妙人更靓

注：1978 年 10 月 6 日入学后不久，经济学系迎新晚会在数学楼阶梯教室举办，由全系老师和 77 级、78 级学生参加。节目很精彩，印象很深刻：同学们多才多艺，经济学系藏龙卧虎。

政经课

赵老师 呕心沥血教政经 讲台上循循善诱

众学子 废寝忘食苦攻读 徐禾本烂熟于心

注："政治经济学(资本主义部分)"是专业基础课，赵海成老师倾心相授，同学们如饥似渴。记得当时的吴富恒校长还来我们的政经课课堂听过课。同学们以极其严肃的态度、极大的热情和干劲来学习这门课程。课前认真预习，课堂上详细记笔记，课后讨论总结。期末考试采用口试的形式，所学内容已是烂熟于胸。后来大家一致认为这门课是四年大学中学得最扎实的一门课。

罢课事件

三位同学遭痛殴

罢课请愿惊汉卿

注：1978 年冬，临近期末的一个晚上，大家都在教室准备考试。几个游手好闲的本校职工子弟，其中有历史系党总支书记的儿子、校印刷厂副厂长的儿子，晃悠到文史楼找电视看，可当晚没有单位放电视，于是这几个家伙大为不满，在教室门外大声喧哗，寻衅滋事。这时我班同学陈建民、马卫刚和李全金上前好言劝阻，不料这几个混混不但不听，反而拳脚相加，大打出手，结果小陈被打掉了门牙，小马和老李也被打得鼻青眼肿。同学们对小流氓公然在大学教室门口无端伤人的这一事件大为震惊，强烈要求学校当局尽快查处此事。但不知何故，学校有关部门迟迟不对这一暴力伤人事件做出处理，几个小流氓依然逍遥法外。学校这种不作为激起了同学们的极大愤慨，不记得是谁喊了一句："人身安全都没有保证，怎么上课？再不处理，罢课请愿去！"于是，全班集合，列队出发，直奔老校，把校长办公室塞了个水泄不通。校党委书记孙汉卿闻讯大惊，亲自接待，苦口相劝："我非常理解大家的心情，小流氓是成心捣乱，一定会严肃处理，大家应以学习为要，尽快回去上课，否则，岂不是上了那几个小流氓的当了吗？"于是立即指示车队调车，要赶紧把同学们送回新校。同学们七嘴八舌提出了很多意见和要求，书记一一应承。等大家走出一号办公楼，只见校车已在等候。不知又是谁喊了一声："我们不坐，自己会走。"硬是没给孙书记这个面子。

后续结果：这几个小流氓被公安机关逮捕法办，判处劳动教养一年。处理结果是将这几个光头上铐的小流氓押到教室，在我班全体同学面前宣布的，这让大家出了一口恶气。以现在的眼光看，当时罢课请愿的做法也许有点过激。不过谁知道呢，因为有人说如果不是罢课请愿惊动了上级，造成了压力，结果可能就是批评教育，赔偿医疗费，赔礼道歉，大事化小了。另外，据说学校当局事后曾指令经济学系查出谁是这次罢课请愿的始作俑者，大有秋后算账的意思，结果不得而知，似乎是不了了之。

饭闹风波

魏干瘪小启事暗讽伙食差

政经人大字报“惊憾”斥“流氓”

魏干瘪反唇相讥

“胸中自有价值论　哪怕肋骨露几根”

语言风趣非流氓　强奸民意假正经

政经人迎头痛击

油腔滑调脸皮厚　舞文弄墨酸文人

师傅辛苦不体谅　枉为当今大学生

结　果

师傅笑掉大牙　伙食未见改进

注：饭闹风波的主角“魏干瘪”应该是中文系的某位鬼才。与其唱对台的应该是我班的二组。“魏干瘪”即“胃干瘪”。魏干瘪的“寻物与招领”，以风趣诙谐的方式，讽刺食堂伙食太差。小启事贴在一号食堂前，大意是在本食堂就餐数月，忽然发现体重减轻若干斤，不知道这些重量哪里去了，恳请诸位帮忙寻找。同时又收集到疑似皮屑肤糠之物若干两，不知此物来自何处，是何人所失，请速来认领。由此引发了饭闹风波。

班　游

登千佛山　伴暮鼓晨钟　随经声佛号　眺望齐烟九点

游大明湖　赏四面荷花　仰济南名士　泛舟老段落水

注：记忆中，班级集体出游的次数不多，除了毕业前夕由学校统一安排的毕业生游览灵岩寺之外，主要的班游有两次：登千佛山，游大明湖。在千佛山的齐烟九点坊，远眺城北，可见一线黄河，但九点只找到三点：华山、鹊山和药山。班游大明湖那天出了点小意外，段京治同学在划船时不慎掉进湖里，幸好大家施救及时，把他拉了上来，可他已全身湿透，只好让郭德明同学陪同他先行回校。

另外，我自己曾与本班同学组队远游两次。一次是王立权领队爬泰山，逛岱庙，同行的同学有杜德勇、田卫厚、孙秀丽、隋明梅。虽是穷游，却很开心。另一次是由徐平带领到曲阜，访孔府，拜孔庙，同行的同学还有亓文公和郭立华。

《基石》创刊与人代竞选

《基石》铺开求索路

竞选萌发民主芽

注：学生刊物《基石》从 1980 年上半年开始筹备，正式创刊于 1980 年秋，主要发起人是李全金、马万询，还有 77 级的几位同学。同年暑假期间，李全金、我及 79 级的周英杰和赵京华一起到济南国棉厂做过一次社会调查。我们的调查报告就发表在秋季开学后的《基石》创刊号上。据我所知，我班有好几位同学的科研是从《基石》起步的，他们把《基石》作为学习和练手的园地。从这个意义上来说，《基石》是造就了我班包括韦森在内的多位当今经济学家、经济专家、学者教授的第一块铺路石。

柏东水同学竞选郊区人大代表是我们大学政治生活中的一件大事，也是改革初期我校公民参政、实践民主的一次重要尝试。他在成功当选人代之后，以极大的热情和努力向郊区人大和政府提出了很多有益的提案和建言。他这种勇于践行民主、积极参政议政的实际行动和忧国为民的一片赤诚之心非常令人敬佩。

六位女同学

金风随梅扬蕙馨

美玉琇丽玮素华

注：六位女同学名字，巧成一副对联，这是一种缘分，正是：

一副佳对　两张美图　三生有幸

四年同窗　五彩缤纷　六位女神

老许的笛艺

天籁之音人间少

甚幸四年时有闻

注：许子敬同学的笛子独奏是校、系、班各种迎新会、联欢会、庆祝会上的保留节目，笛声悠扬畅快，令人乐在其中、心旷神怡。

徐平的书法

龙飞凤舞书《竹石》

挥毫泼墨文史楼

注：我班徐平同学虽就读经济学系，但同时也是中文系书法大师蒋维崧教授的得意弟子。在校期间，他的书法作品多次在校报、校刊上发表。1980 年，其书法作品入选全国大学生书画展。大家或许记得，当年进文史楼北门，从右手上楼梯，正对楼梯的墙壁上有一幅笔走龙蛇、刚劲有力的大字草书，写的是郑板桥的诗《竹石》："咬定青山不放松，立根原在破岩中。千磨万击还坚劲，任尔东西南北风。"那便是徐平在文史楼的杰作。

两位体育健将

刘玉华屡率山大男篮齐鲁称霸

王立权首开高校冬泳山东之先

注：刘玉华同学在校四年期间一直是山大男篮的主力，他率领校队多次在山东高校篮球比赛中夺冠。王立权同学是山大游泳健将，他多次获得校级游泳冠军。他也是山东高校第一支冬泳队——山大冬泳队的创始人和首任队长。

勤工俭学

公教楼旁　手持锹镐挖地沟　双手磨起大血泡

新老校间　人拉板车运楼板　山大北路洒汗水

注：当年的勤工俭学，不像现在的学生做家教，而是要靠卖苦力。

1980 年冬天，我和张景民同学搭帮，参加了公教楼暖气管道沟工程，我们承包了四米多的开挖任务。当时已天寒地冻，需要用镐头才能把冻层撬开，再用铁锹向下挖。虽然气温是零度，却满身冒汗，内衣都被汗浸透了。干了两个下午才完成，每人得款三块八。

1981 年秋季开学不久，我、张延平、赵玺玉等同学搭帮，借了两辆地排车，从新校南门外的预制厂向老校最东北角的工地运送水泥楼板，每块楼板重约 800 斤，每车装 2 块或 3 块，重约 1600 斤或 2400 斤，来回 7 公里路，一个下午运三趟，共 20 余公里，加上装车卸车，几乎是马不停蹄。运送每块楼板的报酬是七角五分，干了三个下午，每人得款五块多。我记忆最深的是，从新校南门到北门还好，是一路下坡，可是一出北门拐上山大北路一直到洪楼南路这一段近两里的路程，却是一路上坡，步步艰难，只能弯腰弓背，低头拉车，缓步前行，滴滴汗水洒落在山大北路上，每次收工时都已精疲力尽。

小　树

当年沐浴阳光雨露茁壮成长的小树

如今已是历经磨难贡献卓越之栋梁

注：1982 年 7 月毕业前夕，在全校应届毕业生（文科）诗歌朗诵会上，我班隋明梅同学创作和朗诵的作品《小树》立意巧妙、寓意深长、情文并茂、发自肺腑，既形象地表达了对四年来帮助自己不断成长的母校、老师和同学的感激与眷恋，又表现出时不我待，要到更广阔的天地里经风雨、见世面，从我做起，立志成材，以实际行动报效国家的决心和抱负。该作品深受好评，力压群芳，获得创作第一

名、朗诵第二名。这是她个人的荣誉，也是我们经济学系 78 级在校四年的高光时刻之一。41 年过去，真是弹指一挥间！

记忆肯定有偏差，不准之处请指正。

愿各位老同学笑口常开，身心健康，生活愉快！

我上大学最大的收获是解放思想

78级　魏　建

上大学是我的梦幻时代。上大学学到了很多东西,从根本上确立了我的人生观。上大学的最深体会、最大收获是解放思想。

记得大学的某一天晚上,经济学系77级、78级部分同学在文史楼顶或者是七层宿舍楼顶平台上,举办了一个自由演讲会。我斗胆上去简短讲了“怀疑一切”。那是个解放思想的年代,在某种程度上或者在某些人那里,是“怀疑一切”的年代。没有那时的解放思想,就没有改革开放,就没有科学技术、文学艺术的全面振兴,就没有经济的超常规发展,也就没有全国人民蓬勃向上的精神面貌。

我的大学

78级　张金彪

1964年夏天，我进入济南市省府前街小学，开始了读书生涯。1971年从小学升学到济南第四十中学，当时小学是七年制，那一年小学六年级和七年级学生一起升入中学一年级，以后小学变成了六年制。当时不分初中、高中，一个中学四年完成全部初高中学习。中学时期学校教学秩序已经开始逐步恢复，只是其中一个多学期批判修正主义教育路线回潮时，很多学生上课是想来就来，想走就走，上课的学生经常不足一半。是否到校上课基本是学生自愿。老师不敢管学生，到点进教室看到有学生，不管多少就开始上课，没有学生就回到办公室休息。除了这个学期，其他学期还能基本完成规定的教学进度。虽然我们经常到工厂参加学工劳动，到农村参加学农劳动，但是期末考试可以如期进行，课本也大部分可以学完，我保存的中学成绩单可以反映出这个状况。有一年学校还举行了一次数学竞赛，这也反映出当时的学校基本恢复了正常教学。在中学的课程设置上，最具特色的是开设了针灸课，目的是为学生毕业后到农村插队劳动、为农民服务培养一个技能。巧合的是，我后来在农村务农时，有一次一位农村青年在修建黄河大堤时被马车压在身上昏迷不醒，我利用所学的针灸知识使这位青年很快苏醒。中学期间我一直担任年级团支部书记，学习成绩每个学期都名列年级前几，曾被学校推举为济南市级三好学生。

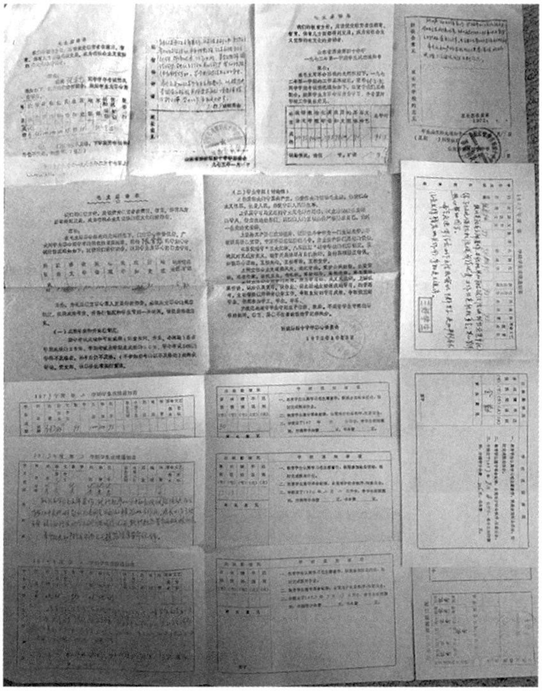

中学成绩单

1975 年，我响应毛主席号召“农村是一个广阔的天地，在那里是可以大有作为的”，中学毕业后立即报名去了农村参加劳动，当时已经打定主意，要在农村扎根一辈子。

1977 年 10 月 21 日，新华社受权正式对外公布：恢复中断了十年的高考。当时我是山东省济南市历城县华山公社坝子管区袁庄大队的插队知青。那一天我在农田劳动结束回村庄的路上，从农村大喇叭播放的中央人民广播电台新闻联播节目里听到了这个消息，如同平地响起了惊雷，不敢相信自己的耳朵。第二天又从大队部的《人民日报》上再次看到这个消息，确认无误，我的内心瞬间心跳加快，激动无比，热血沸腾。这种废除过去的“自愿报名、群众推荐、领导批准、学校复审”的“十六字方针”大学招收做法，使得每一个青年学生只要有能力，都可以有机会到大学去读书。恢复高考的消息一下子引起了我深藏在内心渴望到大学继续读书学习的愿望，我自己过去也没有意识到这个愿望是那么强烈，一旦有了机会就会瞬间爆发。

同年12月11日至13日，570万符合考试资格的考生从工厂、从军队、从农田走进考场，考试由各省组织，最后录取了27.3万人。我的考试地点是在历城县北园公社的一个中学里。考试后不久我被招工到济南表厂工作，这个厂当时生产迎春牌手表，后来和济南钟厂合并后生产康巴斯石英钟，曾经占据央视春节晚会午夜报时钟位置多年。1978年年初，大学入学通知陆续寄出，我一直没有得到通知。农村插队时我和其他两个知青一起住在农户的一间小屋里，屋子很小，只能放下三张床，没有桌子，要看书就要坐在小凳子上，把床当作书桌。那时白天到农田劳动十分劳累，只有晚饭后有一点时间看书。我当时担任知青组组长、大队团支部书记、民兵连副指导员等职务，经常白天劳动，晚上还要组织全村青年进行义务劳动等活动，实际可以看书的时间少得可怜。由于电压不足，房间里灯光昏暗，就是这样还经常停电，需要点油灯照明。由于备考时间短，几乎没有时间复习，在这种情况下，我想不被录取也是正常的。没想到后来过了一段时间，居然收到了曲阜师范学院外文系英文专业的录取通知，而我根本没有报名外文系。据说那一年的高考外文系录取原则是，既然考生普遍没有外文基础，干脆就从中文考试分数高的学生里录取外文学生，认为反正都是学习语言，中文有基础，外文应该也容易掌握一些。所以我就这样稀里糊涂地被录取了。

收到曲师录取通知后，我是喜忧参半，喜的是我的学习能力得到了认可，没有花太多时间复习就能被大学录取，证明我有能力考入大学读书；忧的是英文专业不是我喜欢的。这时厂长找我谈话，说厂领导很看重我，希望我能够以工作为重，个人利益服从集体利益。我当即表示放弃这次读书机会，但是内心同时已经决定要再次参加高考。

1978年起，高考实行全国统一报名、统一试题、统一考试、统一政策、统一招生录取。高考时间是7月20日至22日。我在济南第三中学的考场里再次参加了高考。高考前的那段时间，我在济南表厂食堂负责采购工作，每天蹬着三轮车去购买青菜和鱼肉。由于副食品供应紧缺，各个工厂食堂的采购人员每天都早早来到菜市场排队，直到农民送菜的马车中午到达后，才能得到为数不多的青菜，排队在前面的能够得到一些好的青菜。排队期间大家就聊天打发时间，我则坐在三轮车上低头看书，显得很不合群，是菜市场上的另类人物。可以说，我是蹬着三轮车复习进入大学的。

填写志愿前有一天，我到济南泉城路百货大楼东侧的新华书店去买书。当时各种图书都严重供不应求，书店里人山人海，每当有文化类图书上架，几乎马

上就一抢而空。在拥挤的人群里，一位女生胸前的校徽引起了我的注意，小小的白色徽章上“山东大学”四个红色校名熠熠生辉，我猜想这应该是刚刚入学的77级新生。当时我眼前一亮，心里立即意识到这就是我理想的大学，我也要戴上这个校徽。我对政治很感兴趣，又认为以后经济发展也很重要，我想“政治经济学”既有“政治”又有“经济”，最符合我的发展方向，于是山东大学政治经济学专业自然而然地就成了我的第一志愿，并且如愿以偿。

山东大学录取通知上注明我属于走读生，白天到校上课，晚上回家居住。这是学校为了多招生，在宿舍不足的情况下采取的一个措施，把家住济南市区离校比较近的一些学生作为走读生来录取。我报到以后实际上马上就分到了宿舍，开始了紧张的大学生活，往往是一个月才回家一次。但是我为了走读准备的自行车却为同学们提供了方便，经营了四年免费“共享单车”业务。

转眼间，大学毕业已经40多年了，但是大学生活至今仍然历历在目，有些场景尤其印象深刻。

大学场景之一

入学后，校园里英文学习蔚然成风，学校大喇叭晚饭后都要播放当时最流行的《英语900句》，学生们在寒风中，站在路灯下、马路边，跟着广播一起读英语，场面十分壮观和感人。入学时我的英语水平仅限于认识26个字母，问候语“How do you do? ”，还会说一句“Long live Chairman Mao!”毛主席万岁。到山大后，英文基本是从ABCD和基本语法开始学起，后来我和马夏宁同学同在英语快班学习，我们两个经常在晚饭后漫步在校园里，一起练习英语口语，英语水平很快得到了提高。凭借在山大学习打下的英文基础，毕业后可以阅读英文期刊，曾经把《麻省理工斯隆管理评论》(季刊)上的长篇学术文章翻译发表在国内学术杂志上，那时候也不懂什么叫版权，也没有经过论文作者的同意就翻译发表了。

大学场景之二

大学时的教材和教学受“文革”和传统教学方式的影响很深。有一次农业经

济课程考试的一道考题是：“为什么中国农村一定要实行先集体化，后机械化？”我回答说：这是一个伪命题，这个问题本身就是错误的。集体化和机械化两者没有必然关系，比如美国农业的机械化程度非常高，但仍旧是以农户为单位经营，没有实行集体化。根据我在农村的劳动经历，目前还是以体力劳动为主，实行的是人民公社集体化经营，往往出现出工不出力、劳动效率低下等现象，这完全不利于大型农业机械购买资金的积累，不利于中国广大农村机械化程度的提高。结果我的这道题得了零分。我们的教学往往强调学生的知识教育，任何问题都要有一个标准答案，这种教学方式很容易限制学生创新能力的发展，不知道这种现象目前在大学里是否有了改变。

大学场景之三

大学体育老师的一句话我一直记在心里，他说把身体锻炼好，打下好的基础，将来工作再忙，也能扛得住，可以吃老本。四年大学期间我每天跑步 10 公里，加上 200 个双杠和 50 个单杠。操场上每天跑步的一开始有几十个学生，越跑越少，等完成锻炼指标后，往往我是最后一个离开操场的人，回到宿舍后就已经错过了食堂开饭时间。很感谢我的同宿舍老大哥张延平，他每天帮我带晚饭回到宿舍，我才不至于饿肚子。毕业以后我基本保持了锻炼身体的习惯，目前以游泳、快走等有氧运动为主，加上单杠、哑铃等力量训练来保持肌肉。到现在我感觉自己最大的财富是有一个好身体。我认为现在祝别人长命百岁，已经不是祝福而是一种诅咒了。按照现在的生活水平和医疗条件，相信人们普遍可以做到生命远超百岁。希望每一位老同学都能管住嘴，迈开腿，多说笑，早睡觉，勤查体，无烦恼，毕业百年聚会一个都不少。

大学场景之四

大学期间，我每天洗冷水浴。淋浴间设在每一层楼的西头，由于窗户质量较差，摇摇晃晃被大风一刮就坏，窗玻璃经常破损失修。冬天时雪花和寒风从窗户外刮进了，寒风凛冽，冻得浑身发抖。所以我不但洗了冷水浴，还外加了山大宿舍赠送的寒风浴，买一送一。我在山大养成的冷水浴习惯保持至今，经历过了山

大的冷水冷风双冷浴，以后再洗冷水浴就是一种享受了。

大学场景之五

入学第二年，我们国家宣布进行对越自卫反击战。我听到这个消息后，很担心苏联趁机入侵我国，从而爆发大规模战争。于是我马上找来了德国军事学家克劳塞维茨的《战争论》和一些其他军事方面的书认真阅读，做好了一旦祖国需要就投笔从戎的心理准备。所幸反击战很快结束，邓公在我们军队马上打到越南首都的有利形势下决定撤军，目标达到后见好就收。

大学场景之六

入学后，学校边复校边建设，我也积极参加了建校劳动。室兄张延平和我组成一个劳动组，刨冻土，挖地沟，运建材。在劳动中他处处照顾我，最累最难干的活多由他承担。我的家庭经济状况尚可，参加劳动主要不是为了劳动报酬，而是想为山大的建设留下自己的汗水和印记。现在我可以自豪地说，山大校园建设也有我的贡献。

大学场景之七

大学的食堂饭菜花样很少，既无营养也无味道。我印象最深的一道菜是炖茄子，没有什么油水，其实就是开水煮茄子，加上往往是些老茄子，又苦又涩难以下咽，害得我离开大学后看到炖茄子这道菜就反胃。因为食堂伙食太差，学生曾向校领导表示强烈不满，此后有了一些改善。现在的学生食堂伙食和那时候完全是不可同日而语。

四年学习结束后，开始了毕业分配。当时各行各业都急需人才，所有大学毕业生通通由国家分配。我到济南市人事局报到后得知有两个去处——济南市委宣传部和济南市政府计划委员会。我对去市委宣传部不太感兴趣，希望到市政府工作，但是济南市人事局的有关人员告诉我，因为我室友张延平也分到济南市了，由于他不是党员，不能去市委工作，而我早在农村插队时就已经入党，所以只

有我去市委，他去市政府才能使我们两个人都得到妥善安排。当时我的党员身份成了影响我得到理想工作的“障碍”。还有一个毕业分配的细节值得一提，当时同学田在利非常渴望到济南市委宣传部工作，曾经和我商量能否把机会让给他，我表示如果有这种可能，我没有意见，我可以去济南的其他单位工作。他为此曾经奔波了一番，但是济南市委无法解决宿舍问题，无法接收他。他后来自己想办法去了他老家黄县的县委工作了，好像是在县委宣传部，可惜不久就因为车祸英年早逝了。他是一位很有才华和理想抱负的同学，如果不是这个车祸想必以后一定会在政坛上很有作为。我曾经想，如果他来了济南工作会不会躲过这一劫呢？但是世界上的事情发生后，就没有如果当初不做什么或者做什么再次选择的机会了。世事难料，不胜感慨。人生充满了选择，不同的选择形成了不同的人生道路，而且人生是一条单行道，没有回头路可以走。

在济南市委宣传部工作期间，我一开始工作热情很高，后来随着改革的发展越来越感到自己在做一些不受欢迎的事情，经常向济南市所属的各个机关、企事业单位下达一些不切实际的宣传工作要求，到各个单位听汇报，也能够感到他们是在拿一些假大空的汇报来应付我们。在一次宣传部内部工作会议上，在讨论宣传部如何为改革服务时我提出来：我们宣传部对改革服务的最好方式就是什么也不做，我们的宣传部对改革的贡献就是停止目前的政治说教式的宣传工作，不向下面下达宣传工作指标，不给下面添麻烦，无为既是有为。我的发言受到了领导严肃批评。我在此工作期间，多次为领导起草讲话稿，了解到很多领导的水平就是秘书的水平，有些领导在大会上的长篇讲话不过是在做秘书的传话筒。这和过去毛主席自己起草文件的做法完全不同。

同学段晓光和我同在济南市委宣传部工作，他 1984 年考上了中央党校政治经济学专业研究生。通过他，我了解到那里的一流学习环境和条件，于是 1985 年报考了中央党校经济管理专业研究生，并在全国 300 多名考生中成绩名列前茅被录取了。

1985 年 7 月，中共中央将贵州省委书记朱厚泽从贵州调往北京任中宣部部长。朱厚泽上任宣传部部长后，曾来中央党校召开一个小范围座谈会，研究宣传工作的改革。我参加了这个座谈会，结合我三年宣传工作的经历，在发言中提出当时中央要求在全国进行共产主义理想教育是没有什么意义的。思想教育要分层次进行，对工人、农民更应该进行职业道德教育、社会伦理道德教育和法制教育。一个工人的首要任务是生产出合格产品，而不是看是否具有共产主义理想；

宣传部机构不应该层层设置到基层，工厂普遍设置的宣传科处可以撤销或转变为工厂产品的宣传部门，可以改名叫广告科或者公告关系部；党管新闻，要遵循新闻的真实性原则，允许人们实话实说，发挥新闻监督作用；学术研究无禁区，允许学术流派多元化，不能要求学术研究人员思想统一、保持一致，不能因言获罪，要创造宽松的学术环境。朱厚泽对我的发言很感兴趣，要求我把所讲内容进一步整理写成正式报告给他。这就是"宽松、宽容、宽厚"的著名"三宽政策"，之后中国思想文化界出现了一段时间的宽松环境。

中央党校的学习条件和环境在全国得天独厚。中央国务院领导及国务院各个部委的部长经常到校做专题报告，阅览室里摆放着很多中央各部委的内部文件、简报等供学员参阅。图书馆里的外国期刊、报纸和进口图书也是多种多样，这在当时还很封闭的时代是很难得的。在党校读书期间，我接受劳动人事部委托赴多个城市进行了城市机构改革的调查活动；接受中央农研室、国务院农研中心委托进行了农村改革调查并获得调查成果二等奖；接受中央政治体制改革办公室委托做了国外政治体制比较资料的汇集研究工作。这些调查后形成的多篇专题调查报告，报给了有关委托部门汇集出书，有的发表在国务院研究中心的《管理世界》双月刊和其他一些报刊上。

1986 年，国家经委的《企业经济研究》期刊编辑部向我约稿，写一篇关于企业改革的文章。我如约写了一篇文章《企业行为合理化的关键在于改善企业机制》，编辑部准备作为下一期刊物的首篇重点论文发表，但不久我收到编辑部来信，得知他们内部规定每次重点文章需要经过领导审阅。领导对我的论文审阅后批示："这篇文章主张发展股份制，而股份制是资本主义的东西，此文不宜发表。"编辑部随信还寄来了按照每千字 3 元计算的 18 元稿费。他们的规定是如果预约稿件不发表，可以按照正常稿费的 1/3 支付稿费。后来这篇文章在中国社会科学院"经济研究参考资料"上刊登。

完成中央党校两年研究生学习后，我回到山大参加了同等学力课程考试，由林白鹏老师作为我的论文指导老师，通过论文答辩后获得了山东大学经济学硕士学位。

中央党校毕业后我回到了济南市委宣传部，开始考虑更换工作单位。有一次老同学马夏宁来济南时和我见面，他当时在中国国际信托投资公司总部工作。他告诉我一个信息，山东省国际信托投资公司刚刚成立，急需人才。他引见我和公司负责人见了面，很快公司就通过省人事局发调令，到济南市委联系干部调动

事项，但是被拒绝。那时候国家干部是无法自由流动的，只能通过人事部门干部调动渠道进行。只要济南市委不同意把我个人档案转走，我就无法离开原单位。宣传部部长对我说：“你是我们市委大楼里唯一的研究生，而且是中央党校的研究生，把你放走了，别人会说我连一个研究生都留不住，显得我不重视人才，你叫我的脸往哪里搁呀？”这就是他卡住我不放的原因。信托公司通过省领导出面对济南市施加了压力，历时半年我才终于脱离了宣传部。

到信托公司后最初担任办公室秘书。我发现公司虽然成立不久，业务却发展迅速，但也存在业务杂乱无章、随意性很强的严重问题。我提出来要制定全面的规章制度，使各项业务规范化、制度化。我起草了几十个公司各项业务规定，促进公司的业务经营走上了正轨，我也很快提升为办公室副主任、主任。

在办公室工作期间，我负责公司国际信用评级工作，公司得到了很好的信用级别，具备了在国际资本市场发行债券的资格。评级的一个项目是国外评级公司对金融业务负责人的考察。公司领导担心当时的金融部负责人业务能力不够强，影响公司的评级结果，于是对外介绍我既是办公室主任也兼任金融部经理，由我出面与评级公司交流两个部门的业务情况。在评级结束时，评级公司对我们公司领导说：“贵公司由张先生担任金融部经理，对金融业务的风险降低具有积极作用，这对你们的评级结果会有帮助。”评级公司的这个评价，促使我很快就真的担任了新成立的国际金融部的经理。

我担任公司国际金融部经理后广泛开辟渠道，为山东省经济发展筹措急需的外汇资金，成为山东省对外开放的重要窗口。我负责了公司在日本发行武士债、新加坡小龙债业务，与国际上的几十家顶级银行建立了融资业务关系，为山东省引进了数十亿美元资金，支持了上百个企业技术改造和先进设备进口项目。其中，济南电信局西门子程控交换机的引进，使电话开始走入家庭；济南卷烟厂设备引进，开启了济南烟厂的飞速发展；对潍坊化工厂的贷款，解决了进口国外先进化工设备急需的外汇资金，帮助这家工厂发展为山东省较早的上市公司；还解决了得利斯等一些上市公司前期发展的设备引进外汇资金需求；等等。我也因此获得了省政府颁发的山东省技术改造先进工作者称号。

获奖证书

工作证

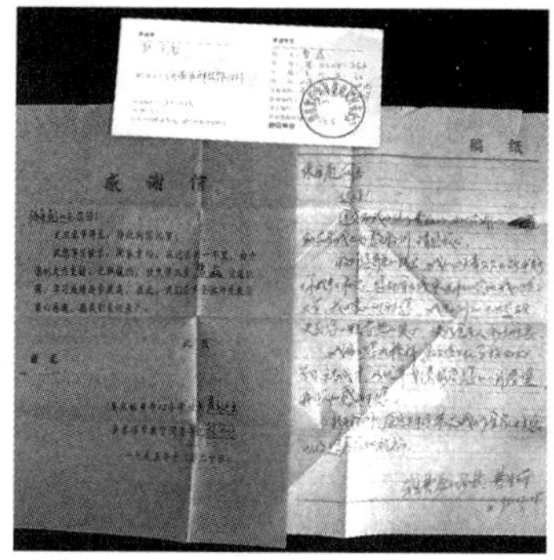

感谢信

四年的大学生活改变了我的人生，山大的经济学学士和硕士学位是我最珍贵的名片，山大期间的学习是我从事理论研究的起点和做好各项工作的基础，从山大毕业后就有一种“登泰山而小天下”的感觉。我由衷感谢山大对我的培养，山大是我永远为之自豪的母校，我是山大永远的学生。

第二编

山东大学经济学院聚贤沙龙

三点体会

——在山东大学经济学院聚贤沙龙的发言

78 级　王京清

77 级、78 级是共和国历史上非常特殊的两级学生，他们来自党政军民学以及工农商各行各业，其中大部分出生于 20 世纪四五十年代，具有一定的社会实践经历，加之上大学的知识滋养，因此显得比较成熟。我是山东大学经济学系 78 级的学生，于 1975 年 5 月加入中国共产党，同年 6 月参加工作。大学毕业后在中央国家机关工作了 41 年。回顾人生走过的路，有幸在毛泽东、邓小平、江泽民、胡锦涛、习近平同志领导下工作过。在中国共产党百年奋斗历程中，新民主主义革命时我没出生，社会主义建设赶了个尾，改革开放全程参加，走进新时代干了十年，我感到非常自豪和光荣。有三点体会，与同学们交流分享。

找准人生坐标

马克思哲学认为，空间和时间是物质存在的基本形式。中国先哲们的宇宙观认为，上下四方，所有的空间为宇；古往今来，所有的时间为宙。宇宙是一切物质的存在形式。我觉得，如果把时间作为横坐标，把空间作为纵坐标，纵横交织，形成无限的空间和时间，而一个人的生命时间是有限的，工作生活的空间也是有限的，无论选择从政、科研、教书、经商等，一定要找准适合自己的人生坐标点，这样才能获得成功。

掌握运用辩证法

《易经》作为辟径之首、众书之源，其基本要义告诉我们："立天之道，曰阴曰阳；立人之道，曰仁曰义；立地之道，曰柔曰刚。"其中，"天"指自然界，"地"指人类社会。也就是说，天地人三才之道，都是对立统一的。毛泽东同志在其《矛盾论》中指出："事物的矛盾法则，即对立统一的法则，是唯物辩证法的最根本的法则。"新中国成立之后，毛泽东同志又进一步指出："对立统一规律是宇宙的根本规律。这个规律，不论在自然界、人类社会和人们的思想中，都是普遍存在的。"这些哲理告诉我们：一个人无论是修身齐家，还是治国平天下，任何情况、任何时候都会遇到矛盾，而矛盾都是对立统一的。修身要注重仁义，内方外圆；工作中要注意刚柔相济，绵里藏针，既要有智商，还要有情商，既要坚持原则，又要有灵活性，话要想好了再说，事要考虑周全再做。

争做新时代的强者

一代人有一代人的使命。77级、78级同学大都步入退休行列。应当说，时代赋予我们这代人的使命基本完成了。今天，当我看到在座的同学们风华正茂，便想起毛泽东同志讲过的话："世界是你们的，也是我们的，但是归根结底是你们的。你们青年人朝气蓬勃，正在兴旺时期，好像早晨八九点钟的太阳。希望寄托在你们身上。"老子讲过："知人者智，自知者明，胜人者力，自胜者强。"所谓"自胜者强"，告诉我们：一个人如能战胜自己的私情和欲望，则天下没有能与你相争的。同学们是新时代的青年人，我作为你们的学兄，希望你们成为新时代的强者，百折不挠，完成新时代赋予你们的使命！

努力当下，少留遗憾

——在山东大学经济学院聚贤沙龙的发言

78级　马建堂

今天学院提出的题目并不是特别好讲，我想还是讲讲自己这个一甲子多的人生历程，然后谈一点感悟吧。

45 年前的 10 月，天也是这么蓝，风也是这么轻，我坐着长途汽车来到山东大学，开始了难忘的四年大学生活。转眼间，我们入校整整 45 年，大学毕业 41 年了，非常感谢樊教授和在济南的学长学姐们的精心安排。我们 78 级这个班级一共有 80 个人，但是今天报名来的只有 31 个人，这比我预料中的要少很多，后来了解到有一些同学在线上参加，因为年事已高，子女不放心，所以不能亲临现场。我从一个懵懂的少年，转眼间已经过了 65 岁，按照国际标准也是老人了，所以和同学们见了面之后总是羡慕你们，年轻真好，当然我们也年轻过。

我在山大上了四年之后，不知道是内心主动还是受其他同学的感召，考了南开大学的研究生，可能很重要的原因是我当时被分到惠民师专工作。研究生毕业之后我就留在了南开大学的经济研究所工作了半年，在这半年中感觉到还是北京的学术研究氛围更加浓厚。我的硕士研究生导师是谷书堂教授，但是当时谷书堂教授并不能带博士生，所以我就考到了孙尚清先生的门下，毕业之后就留在了国务院发展研究中心。

在发展研究中心工作了将近八年，后来想投身生动伟大的改革开放的世界，碰巧国家经贸委综合司司长调到昆明当市长，所以我就调到了国家经贸委综合司担任司长。我可能是当时最年轻的司长，所以作为青年人出差的时候会主动帮年龄较大的司长拎包。后来碰上国家经贸委改革，一分为三，一部分改制为国

务院国资委，一部分去了国家发改委，一部分去了商务部，我就留在了国务院国资委。我比较擅长的是宏观经济、财政货币政策，国务院国资委只管企业，我感觉好像有点不太对口。

当时中央号召到边疆地区挂职，我主动申请去最艰苦的地方。中西部地区最艰苦的是青海。为什么是青海呢？虽然西藏新疆地区比青海还艰苦，但是当时去新疆和西藏地区后会被提拔，而我们去青海挂职是平调，所以青海是最艰苦的。后来我到青海之后工作了几个月，青海的主要领导问我愿不愿意留下，我说我来挂职就没准备回去，所以就留在青海工作了五年。当时主要负责同志说："你要留下来有一个条件是，组织不调你不能提走。"我说没问题。

后来中央选择了我到国家统计局工作将近七年，再后来组织把我调到了国家行政学院工作了三年。碰上了机构改革，国家行政学院变成了中央党校（国家行政学院）。中央党校是以党的理论教育和党性锻炼为主的一个干部学校，我觉得党的理论建设不是我的强项，后来我又回到了国务院发展研究中心工作了五年，现在到了全国政协工作。

回望过去40多年的历程，党和国家给予了我充分的信任，给了我很多的岗位工作，但是如果用一个词来概括40多年的历程，我认为是"遗憾"。可能如果从头来过、从头干起，很多岗位我会干得更好。如果我重新来过，在国家经贸委担任司长，我可能还会为国家国有企业改革做更多的贡献。如果能够回到过去，我可能会为青海的老百姓做更多的事情。但是这都是假设，真的有很多的遗憾，感觉做得还不够。

回到当下学院出的题目——给我们学弟学妹们留一些寄语，我想留下的就是八个字：努力当下，少留遗憾。人一辈子无法做到不留遗憾，但要尽可能地少留遗憾，少留遗憾靠的是努力。

学弟学妹们首先要做到努力学习，书到用时方恨少，到社会才会发现，在上学的时候为什么不多学一点？为什么有的同学的知识比我多？为什么有的同学的文学功底更厚？与其将来遗憾，不如当下多学。少花一点时间在休闲上，多花一点时间在学习上，努力当下，参加工作以后努力工作，努力做到不愧负这个时代，努力做到不辜负组织上的培养。同学们，你们走出校门之后一定要努力工作，不要躺平。

在家里努力地爱自己的父母和兄弟姐妹，他们陪伴自己走过一段人生历程很不容易。我最大的感触就是疫情期间怕我老母亲突然离开，在北京早上睡不

着觉，六点钟自己开了三个多小时的车回到滨州，给母亲送药。我阳了，药可以不吃，但要连夜送给母亲。

在社会上要努力当下，爱自己的同事，团结同事。我在很多单位工作过，也担任过领导，我会对大家说："千年修得同船渡，你和同事们几年甚至几十年朝夕相处，这是何等之深的缘分，为什么要搞得脸红脖子粗呢？一定要团结，团结共处。"

总之，努力在当下，在当下好好学习，工作之后好好工作，在家里好好爱自己的家长，不负家庭、不负社会、不负时代、不负国家。

在不同的人生之路中做好自己

——在山东大学经济学院聚贤沙龙的发言

78级　孙秀丽

非常高兴来到母校的校园，就像刚才两位同学所说的，45 年前也是这个校园，也是十月，我们走进山大，今天我们又回来了。同学们看到我身上戴了咱们学校的校徽，之前校庆时领到了这枚徽章，我觉得很珍贵，今天特意戴在身上，作为一名山大人我觉得非常荣幸。今天我还有一种冲动，多想坐到李老师旁边，坐到同学旁边，再当一次学生。在同学们眼里 45 年很遥远，不可想象，因为你们现在才 20 岁左右，但对于我们来说，似乎就在昨天，现在的我们大都已经退休，特别怀念年轻时的时光、怀念大学的时光。应该说，我们有很多母校，从幼儿园开始到中学、大学，但我认为对一个人影响最大的是接受本科教育的大学，对于我而言母校就是山大，是我本科的学校，走到哪里我都以山大为荣。我在学校的工作时间比较长，在上大学之前我担任过两年民办教师。我 1976 年参加工作，47 年的工龄中，只有六年的时间不在学校，所以对学校的感情和师生的感情特别深。

今天的题目是青年人的成才之路，你们都是青年人，是国家的希望，现在我们已经不再是青年人了，当然我们也还在成长。我们当年的成才之路可能不一定适合大家，我们眼中的成才之路也不一定完全适合你们的口味，但是总有一些相通的东西。我最后一个工作单位是山东交通学院，工作单位和路有关，说到成才之路，我就想到路总有共性。我们这代人工作生活条件有限，走的路比较艰难曲折，如果说我们当年走的路算土路的话，那么现在大家面前的路就是高速路，路和路是不一样的，现在同学们的成长之路速度更快、效率更高、成就感更强。

作为走过来的这些老校友，也是你们的师哥师姐，我们也希望能跟同学们交流。

刚才我观察了台下的同学们，首先映入我眼帘的是男女性别的分别。因为我在省妇联工作了六年，好像性别意识更强。我看到现在教室里的同学中至少有70%是女生，当年我们班80个同学中有6名女生，只占7.5%，从这也能看出现在的变化、女性的成长。当然当年有很多原因，其中一个原因是十年没高考，高中毕业以后，女生就回到了社会，回归了家庭，可能生儿育女、成家立业，就少有人再回去高考，也就不会再往前走。因为当年我是民办老师，所以和学生们一起参加了考试。这些年来社会在进步，党和政府更加支持女性的发展，现在对于女生来说，相比之前要成长得更快一些，所以在高校中有很多女生。

明确目标，做好规划

回到话题中，怎样走好人生道路，尽管我们时代不同，但是老生常谈的话还是要说。在担任学校党委书记的时候，每年要给新生上大学第一课，我与同学交流更多的是告诉同学们要爱党、爱国，要明德修身。今天作为校友、作为你们的师哥师姐，就说点更实在的话。从交通的角度来说，路要成路，首先要有规划，自己要有想法，如果没有想法将来会缺少发展方向，要有长规划、短规划、大目标、小目标。今天上午我去理发，理发师是我们山大艺术设计的本科毕业生，她毕业后没有去读研考公，而是有自己的职业规划，想要进入美容美发行业，现在做得非常好。她在为顾客创造美的同时，也在享受成功的快乐，她还经常外出学习，不断提高专业技能。同学们在校期间，首先要有自己的人生规划，你们也有职业规划课，无论是考研、出国还是自己创业等，都要有自己的目标。

付诸行动，脚踏实地

其次，一条路的建设在有了规划之后，就要有实施方案。学习工作也是如此，无论干什么，都要努力地把当下的事情做好。对于大学生而言，每一学年都应有自己的目标，要将自己的目标落实到行动，既能仰望星空，又能脚踏实地，不能好高骛远，也不能只有目标不行动。习近平总书记曾说过青年人要自找苦吃，希望同学们也要用这句话来勉励自己。工作学习中会有很多情况，同学们要善

于勇敢面对，要寻找需要通过自己努力才能完成的目标，而不是选择躺平、单纯地追求享乐，要脚踏实地，要勇于迎接挑战，要学会克服困难，人生的路不可能一帆风顺，有挫折能克服，对青年人来说是好事。

把握时机，乘势而上

再次，我想告诉大家要善于把握机会。将来每位同学面临的机会是不一样的，既要创造机会，也要把握机会。我们这一代人的工作是被分配的，无论分配到哪里自己都努力做好。对于我个人来说，我唯一一次自己选择调整工作是在2000年，我从学校考到了省妇联，当时是组织动员参加全省副厅级干部考选，我算是把握住了机会。同学们在以后的工作中会有很多这样的情况，机会可以说是平等的，但是怎样去把握、能不能把握还是要依靠自己的实力。山大永远是我们坚强的后盾，当年我们被录用的17人有4个是山大毕业的，山大给了我们坚实的基础，给了我们良好的教育，给了我们能够扎扎实实做事的基本功，受益终身。

关爱自我，以心交心

最后，再说点家长式的知心话，无论大家是不是独生子女，都要学会关心自己，还要学会与人相处。我每年都会和同学们讲，大家独自离开家庭，最牵挂你们的是父母，父母给你的关心、给你的生命要好好珍惜，要让身体变得更加健康，锻炼好自己身体的同时也要注重心理健康，要努力去规避一些不健康的心理情况，只有照顾好自己，成为一个身心健康的人，才能在将来好好工作。此外，要学会与人相处。与人相处并不是讨好别人，而是要学会感恩、学会宽容、学会互相理解，特别是换位思考，只有学会和人相处才能在相处当中让自己愉快，让别人接纳你，才有合作伙伴，才有更大的创造力，没有合作是不可能成功的。相信经过在山大几年的学习，大家一定会越来越好，也相信同学们可以做最好的自己。

锚定奋斗目标，不负青春韶华

——在山东大学经济学院聚贤沙龙的发言

78级　钱　昇

今天我是作为外省生源的代表来参加这个沙龙——当时外省的生源仅有10％左右，其他外省的同学目前还没来到校园。

我对这个沙龙场景是非常熟悉的，因为我一直在高校，毕业以后，到了杭州电子科技大学工作，就没有再离开，所以山东的文化传统从一而终，我学会了。今天的场景我又有一点羡慕，因为现在的条件这么好，而当时我们上课的时候，由于刚恢复高考，学校的教学楼并不够用，因此在文史楼南北楼之间建了一个简易教室，地上铺一层砖，用板材搭起来，上课上到一半老师说："同学们跺跺脚吧，冬天多冷。"我们进校时的宿舍是几十个人住一个大教室。45年过去了，社会发展了，整个学校的办学条件也好起来了。但是回忆起这一段时光，我仍感觉到非常欣慰。因为在当时的环境下，我们整个班的同学都乐此不疲地在求学，而且可以说是非常成功地走完了职业生涯。用我们班老书记姜福耀同学的话来说，从政的同学没有一个腐败，从事学术研究的同学没有一个学术剽窃，经商的同学没有一个偷税漏税，80个同学做到100％过关。

学院给出的题目，我想从经济学的角度来讲。

经济学首先是解释问题，即为什么要成才？

我们能够进入大学特别是"985"大学来学经济学，需要达到什么样的成才要求？我所在学校的经济学专业是我申办下来的，我也是应用经济学硕士点的学科负责人，我们的定位和山大定位肯定是不一样的，但是有一些基本的东西是一样的，也就是说在座的同学能够进入山大需要有社会成本，除了家庭支付以外，

还有学校的支付、国家的支付。我们选择上大学还有极高的机会成本，一生只能做出这一次选择。进入大学之后还要支付各种的交易成本。我们有这么高的代价支付出去，我们当然要成长，因为我们是社会人，我们要在社会生存，我们要得到社会的认可。

其次，什么是成才？

我认为成才就是个人价值的实现。社会的各个阶层、各行各业，都是社会需要的，不需要的都会被淘汰，而只要我们能跟上这个时代，能实现自我价值，我认为就是很好的成才。成才又是分阶段的，从出生开始，家庭教育、幼儿园教育、小学中学等一系列进行下来，都是成才的一系列环境因素，但是我认为上大学是一个非常重要的环节。虽然不上大学也可以成才，但是它的自我价值实现比率和成才的社会评价的质量是有区别的。

现在大学生和我们当时的情况是不一样的，当时是精英教育。曾经有一次我们拿着系里的介绍信和学生证去省政府，找当时计划经济委员会进行调研，并且指定要综合处处长出来接待我们，我们居然进去了并且处长也接待了，但现在这几乎不可能，现在的大学生已经不稀罕了，这也是社会的进步。我们学经济学都知道物以稀为贵，作为一名本科生，你可以把自己的能力和素养与别人区别开时，你才是有价值的。随着学科越分越细，社会对人才的需求也越来越精准化，但是我认为本科生目前还是素质教育。

从我的个人体会来说，目前最受益的就是在大学期间拥有刻苦读书的感觉，这种感觉现在回忆起来，让我觉得我的人生总算有一件倾尽全力去做的事。当时我自己做过统计，我每天学习时间在 11 个小时左右。我在农村插队时就非常向往上大学，当时工农兵大学生是不推荐知青的，所以每到夏天我们在地里插秧的时候，看着村里的工农兵大学生撑着伞，网兜里装着几本书走回来，我们心里是很羡慕的。1978 年终于有了高考的机会，当时浙江考了两场，先筛选掉一半人，再参加全国统考。我们公社(乡)160 多个考生，只有我一个人考上了。由于当时浙江重点线是没有高校的，浙江大学在当时只有工科，杭州大学属于普通院校，再加上我中学的班主任是山东人，我的父亲也在解放战争时期在山东待了四年，所以命中注定我跟山东是有缘分的。上大学以后，同学们每天都恨不得把老师“吃掉”，每到课间休息，老师只要喝口水，同学就会围上去，当时的主讲老师会让同学们把问题写成纸条，带回去认认真真准备，下一节课在课堂上针对问题给予解答。

经济学院给我们最大的帮助，就是培养了让我们一生受益的思辨能力。很多其他知识可以后期去学，但唯有思辨是在大学的熏陶下才能够有效形成。在我工作的学校，我创建过十多门课程，在退休前的最后十年里我还担任过学校“挑战杯”“互联网＋”竞赛的总教练，我所用的就是我的经济学思维。在工科学生给我讲解项目的技术创新点过程中，我获得了很多新的知识，然后我又用这些新的知识创建一门新的课程。我所开设的新生研讨课由于报名的学生太多，必须经过面试才能够确认拥有上课资格的学生。正因为我的思辨，我在学校里作为教师拥有个人独特的价值。

1982 年在选择毕业论文题目时，我选择的是计划与经济相结合的课题（1985 年国家才提出“有计划的商品经济”）。在其他同学出去实习时，我泡在资料室里，最后写了 3000 字的提纲给指导老师看，老师由原来不认可题目转为支持。毕业论文答辩时引起了与答辩老师的激烈争论，虽然也有老师认可我的观点，但是他认为我的论文实际上是一部分计划、一部分经济，但是我说那是板块论，而我是有机结合论。没想到，我这篇颇具争议的毕业论文最终还获得了“优秀”成绩。本科生毕业论文的水平是相对幼稚的，但是在当时的环境下，院系提倡大家敢于批判、敢于思考，同时经济学本身就是一个批判的学科。我认为对于学习经济学的人来说，独立思考能力、理性的思辨能力、批判精神是非常重要的。思辨能力的训练是要下苦功的，在第一个学期学习“政治经济学（资本主义部分）”时，对很多内容不理解，任课的赵海成老师建议我看《资本论》，我依然读不懂，于是老师让我去看苏联卢森贝的《〈资本论〉解说》，结果我感到这些解说比《资本论》还《资本论》，我仍然看不懂。后来我想通了，不是《资本论》难懂，而是我的思辨能力不行，这是我的短板，我要把它补上。同学们，对于你们不喜欢的课能不能够反向思维，是课真的不好，还是个人在这方面能力是欠缺的？

我认为我没有资格讲如何成才，但是对于如何成长，我认为要实现自己的价值，不要辜负大学四年，相对于其他，随着年龄的增长，最值得怀念的或者最值得骄傲的是你曾经有一段时间在大学里非常认真地学习过，而且对你一生的成长起到了好的作用。大学的自主学习并不是学不学自己做主，而是除了应对专业需要的课程之外，能够按照自己的人生目标设计整个学习规划，利用大学的条件来储备今后人生所需要的知识能力。

在时代和学习中选择自己的人生道路

——在山东大学经济学院聚贤沙龙的发言

78级　马卫刚

今天有这个机会听了前面四位学兄、学姐的发言深受启发，我想如果当年毕业时也知道这些道理，我的人生道路会走得更精彩，这几位同学都是我们班级毕业生中优秀的代表。刚才，钱昇同学发言说自己是山大外省学生的代表，我想我可能是作为当年直接高中毕业考上大学的一个代表吧。在我们这一代学生中，我的人生经历是为数不多能和今天在座各位同学基本一致的。16岁的时候进入大学，是我们班最小的同学，今年61岁了，去年到龄退休。正巧赶上这次毕业40周年的校友返校活动。从16岁上大学来到山大到61岁返回校园正好一个人生轮回，很有时代感啊！我高中毕业考上了大学，考上大学后又攻读了研究生，研究生毕业后参加了工作。钱昇学兄作为大学教授今天讲了很多关于大学期间该如何学习的内容，我觉得他讲得非常好。按照这次发给我们的会议程序，由于时间关系到我这里只剩下一分钟了，后面的活动还有不少，那我就从几位学兄、学姐发言的启示中简单地说几句，主要想和同学们分享两句话。

第一句话是总结前面学兄、学姐所说的，作为年轻人，要在时代中选择人生道路。无论如何人都无法离开这个时代去成长，今天到会的京清、建堂学兄和孙秀丽学姐都是优秀党政领导干部的代表，钱昇学兄和你们熟悉的杨蕙馨教授、武常岐院长，还有我们班级这次没返校到会的《人民日报》海外版总编辑张德修同学、旅居澳大利亚的成功企业家王智太同学等，都是在时代的奋斗中走出了人生辉煌之路。大家可以关注一下我们为这次返校活动专门发布的“文史楼”公众号，这上面都是我们77级、78级同学用亲身经历讲的关于“我的大学”的故事。

我们这一代大学生经历了新中国成立后改革开放前的历史时期和国家改革开放伟大历程，特别是中国融入世界经济全球化的发展进程，在开放中既看到了欧美加日澳西方发达国家的一些情况，也看到了亚太非洲发展中国家的状况；与我们的前辈相比既有机会接触了资本主义国家，也接触了世界上的社会主义国家，特别是直面感受到了苏联、东欧国家及中亚、波罗的海三国 20 世纪 90 年代社会主义历史剧变后的情况；还从港澳两地体验看到了回归祖国前后的发展变化，目睹了台湾海峡两岸关系的时代变迁。这些时代的发展变化都对我们的人生之路产生了重大影响。今天，经济学院有位同学问我写《新时代政治经济学概论》这本书时是怎么考虑的，我说这是基于毕业后工作实践几十年的时代感悟，同时也来自大学本科和研究生时期的理论学习思考。

这也就是我想说的第二句话，那就是在学习中选择人生道路。在大学中学习的内容不要荒废，要在工作后有意识地运用起来，不断继续在时代中学、在实践中学。我毕业参加工作先后从事地方外经贸与商务发展、开发区建设管理和国资监管、国企改革等职业。虽然长期离开了学术理论界，但在实际工作经历中一直关注思考一些政治经济学的理论实践课题。我由于工作需要先后到访了世界上近 80 个国家和地区，这些出访的经历都无时无刻不在触发我的思考。每当我看到世界的发展变化，虽然在国外出访看到的大多是走马观花，但都会时常从政治经济学角度思考一些科学社会主义理论实践问题。1982 年，我在毛永林教授指导下写本科毕业论文时研究的是政治经济学社会主义理论体系的始点范畴。当时的大学教科书是从“社会主义公有制的建立”开始研究的政治经济学社会主义理论体系，这也是延续了斯大林时代苏联社会主义政治经济学教科书模式。我提出把“社会劳动”作为政治经济学社会主义理论体系的始点范畴，从马克思主义政治经济学的社会化机器大生产理论入手研究社会主义。记得 20 世纪 80 年代《中国青年报》组织开展潘晓来信引发的人生观讨论，围绕“一切向钱看”进行了异常热烈的思想交锋，我还写过一篇论文《论特权、金钱、劳动》，试图研究比较分析封建社会、资本主义、社会主义三个制度形态主体经济关系的历史差别。当时寄给了《中国青年报》，但被退稿了，可能是理论性太强写得太长吧。我作为一个刚刚入门学习马克思主义政治经济学不足 20 岁的青年，朦朦胧胧地意识到社会主义社会的生存价值观应当是劳动原则，封建社会是特权原则，资本主义社会是金钱原则。1984 年从山大毕业后师从厦门大学吴宣恭教授、刘熙钧教授读研究生，写学位论文时继续研究了政治经济学社会主义理论的经济范畴

体系课题，当时提出了以“人的自由全面发展”为主题研究政治经济学社会主义理论体系，重点研究了政治经济学社会主义理论体系的始点范畴、主体范畴、中心范畴及其构建基本经济范畴体系理论逻辑的方法论。2008 年在北京师范大学哲学与社会学学院的管理哲学在职博士班研修学习时，我在《世界本质与人类本质哲学观》的研究论文中，从当代世界信息化高科技时代人类物质生产劳动和精神智力劳动的新劳动阶级哲学形态概念变化影响的方法论上，对世界未来经济社会发展的人类本质特性做了进一步研究探讨。2002 年，在山东省委党校中青班学习期间整理研究生论文，在我们班王金凤同学支持下出版了《自由合作劳动者论纲》一书，主题是以马克思主义“人的自由全面发展”理论研究社会主义经济关系，在徐向艺、杨慧馨同学支持下获得了山东省社会科学 2003 年度优秀成果奖。2002 年 11 月党的十六大召开后，党中央确立了“以人为本”建设社会主义和谐社会的科学发展观思想，使我更加坚定了理论自信。我 2022 年到龄退休后，在山大经济学院校友、青岛大学党委书记胡金焱教授支持下，来到青大又继续政治经济学领域的理论研究。在青岛出版集团董事长王为达校友支持下，2023 年 2 月出版了《新时代政治经济学概论：构建人类命运共同体的自由个性价值观研究》一书。目前正在写《人本论》一书，这将是一部以“人的自由全面发展”为和谐价值观的社会制度形态研究著作，旨在探索当代社会主义理论创新的政治经济学原理，目前已形成了基本的篇章结构研究思路。回想起来，我是从山大走进了政治经济学殿堂的。一直到今天，我始终没有忘记自己在山东大学经济学系政治经济学专业所学的理论知识。

这次母校的同学们提出搞一次毕业 40 年返校活动很有意义。我从当年一个 16 岁风华少年走进山东大学开启了人生之路，到如今走过一生职业生涯进入 60 岁后的退休生活，永远忘不了山大和各位老师、同学们！感恩母校给了我知识理论、给了我思想力量，我研究政治经济学的理论功底是在山大本科学习中打下基础并逐渐积累起来的，从山东大学起一直到研究生毕业，我通读过六遍《资本论》三卷本，还有第四卷《剩余价值理论》。记得在山大经济系的课堂上听赵海成老师讲授“徐禾本”的《政治经济学概论》，是我们学习这门学科的启蒙教育第一课，马家驹老师的讲座和林白鹏老师、陈乃圣老师、陈一献老师带我们通读学习了马克思的《资本论》三大卷，周之美老师给我们讲授列宁的帝国主义论，胡世凯老师给我们讲授了现代西方经济学课，这是我第一次听到凯恩斯的《就业、利息和货币通论》和萨缪尔森《经济学》，庄德钧老师给我们讲授世界经济课时一开

始还没有教材，上了一半才发下来一本刚出版的钱俊瑞主编的《世界经济》论著作为教材，欧是老师做西欧经济讲座时也是没有现成的教材，用的都是老师自己辛辛苦苦搜集的一些论文资料，让我们知道了当时世界上有一个“欧共体”；赵植业老师教我们商业经济学时主要讲的是计划经济的统购统销制度模式，巩丽泽老师教会计学时每次上课都先讲一句话：“同学们，打醋的钱不能买酱油，专款专用是会计基本原则。”四年里，在学校的图书馆我看了不少苏联版的政治经济学及哲学教科书，也读了黑格尔的《小逻辑》和康德哲学的一些著作，还去中文系旁听了美学课，去历史系旁听了世界通史。当时学校经常邀请国内外专家学者来做学术讲座，大大开阔了我们的视野。可以说，山大奠定了我人生的坐标方向，开启了我的人生之路。我将把终生在政治经济学这座神圣的学术殿堂里的研究探索成果作为报答奉献给人类，不辜负母校的培育。

最后，感谢山大经济学院的领导、老师和同学们对我们这次校友返校活动周到热情的接待安排！

附录

政治经济学系78级任课老师名录

赵海成　政治经济学(资本主义部分)
陈一献　政治经济学(社会主义部分)
林白鹏　资本论(1)
陈乃圣　资本论(2)
周之美　资本论(3)
欧　是　帝国主义论
毛永林　反杜林论
常汝娟　经济学说史
胡世凯　当代资产阶级经济学说
庄德钧　世界经济
赵植业　部门经济学(商业经济)
白施义　部门经济学(农业经济)
王福英　部门经济学(工业经济)
栾曙生　国民经济计划
巩丽泽　会计学
由其文　专业英语
常　健　统计学
贾象珊　财政学(财政与信贷)
朱茂铎　世界史
李天安　中国近代经济史

叶世昌　中国经济思想史

姜亦纯　工业企业经济活动分析

毛永林　马列著作选读

黄金平　国际贸易

王青山　马克思主义哲学原理

张锡恩　中共党史

逄秀贞　班主任

倪明远　辅导员

车　贵　系团总支书记

徐世欣　系教务秘书

政治经济学系78级同学名录(82人)

（按现住地汇总）

济南　张东辉　徐向艺　杨蕙馨　刘广如　赵祥杰　田卫厚　孙秀丽
林美玉　张景民　段晓光　路士勋　朱崇利　杨公民　魏　建
王金凤　张延平　杨树秋　路纯东　吴成科　江奔东(79)

青岛　李　立　郭宗元　孙成正　马卫刚　郭德明　杜德勇　郭利华

菏泽　徐　平　霍保银　董金如　晁代成

潍坊　魏素华　常金海　陈建民

济宁　张德联　柳化方

枣庄　杨正钜　宋玉军

烟台　王立权　张可坤

威海　初明起

泰安　路一森

淄博　张守华

聊城　葛序太

东营　赵玺玉

北京　王京清　马建堂　张德修　隋明梅　武常岐　王育琨　许子敬
亓文公　林万里　马夏宁　马万询

上海　朱珑珑　俞大澄　李全金　仓乃京

江苏(南京)　江可申

浙江(杭州)　钱　昇

广东(广州)　薛为昶

福建（福州） 刘正汉

海南（海口） 于国俊

河北（石家庄） 刘玉华

河南（濮阳） 姜福跃

湖北（武汉） 朱延福

安徽（蚌埠） 王洪春

美国 王逸清 谢世臻 张金彪

澳大利亚 王智太 张照勇

转学 孙国栋

转系 杨日炎

过世 柏东水 田在利 谢禄清 余文华 王正国 段京治